KB236691

ONTOLOGY

데이터의 무질서를 권력으로 바꾸는 기술

온톨로지

데이터의 양이 아닌 연결의 깊이가 승자를 결정한다

처음북스

온톨로지

초판 1, 2쇄 인쇄 2026년 02월 26일
초판 1, 2쇄 발행 2026년 04월 01일

지은이 이현종
발행인 안유석
편집 김영대
디자인 스튜디오 글리
펴낸곳 처음북스
출판등록 2011년 1월 12일 제2011-000009호
주소 서울 강남구 강남대로 374 스파크플러스 강남 6호점 B219호
전화 070-7018-8812
팩스 02-6280-3032
이메일 cheombooks@cheom.net
홈페이지 www.cheombooks.net
인스타그램 @cheombooks
페이스북 www.facebook.com/cheombooks
ISBN 979-11-7022-319-1(03320)

수백억을 들인 AI가
왜 멍청한 실수를 반복할까?
(데이터 비용의 함정)

- 데이터는 많은데 '지식'은 없는 기업의 현실.
- AI 시대, 데이터의 양이 아닌 연결의 깊이가 승자를 결정한다.

데이터에 투자했지만, 판단에 실패한 기업들의 공통점

2023년, 한 대기업의 이사회 회의실. CEO는 자신 있게 말했다. "우리는 지난 3년간 AI와 데이터에만 수백억 원을 투자했습니다." 대시보드에는 실시간 매출 지표, AI 기반 수요 예측 결과, 자동화된 리스크 경보 화면이 줄지어 떠 있었다. 그런데 회의 말미, 사외이사 한 명이 조용히 질문했다. "그런데 왜, 지난 분기에 그렇게 큰 판단 실수가 났습니까?" 회의실이 잠시 조용해졌다. 데이터는 충분했다. 판단만 틀렸을 뿐이지 문제가 된 사건은 단순했다. AI는 특정 사업부의 수요를 '안정적'이라고 판단했고, 그 결과 회사는 공격적으로 재고를 늘렸다. 하지만 불과 두 달 뒤, 시장은 급격히 얼어붙었다. 재고는 쌓였고 할인 판매가 시작됐으며 이익률은 급락했다.

사후 분석 결과는 이랬다. 데이터는 틀리지 않았다, AI 모델도 정상적으로 작동했다, 알고리즘에도 오류는 없었다. 그럼에도 불구하고, AI의 판단은 현실과 어긋났다. AI가 멍청해진 것이 아니다. 많은 기업이 이 순간, AI 모델을 의심한다. "모델이 아직 덜 학습된 것 같다." "데이터를 더 쌓아야 한다." 그래서 또다시 투자한다. 더 많은 데이터, 더 복잡한 모델, 더 큰 플랫폼. 하지만 결과는 크게 달라지지 않는다. 이유는 단순하다. AI는 처음부터 제대로 된 질문을 받은 적이 없기 때문이다. AI는 숫자를 보지만, 맥락은 보지 못한다.

AI는 이렇게 계산한다. 과거 매출 추이, 계절성 패턴, 가격 변화. 그러나 AI는 다음과 같은 질문을 이해하지 못한다. 이 수요는 어떤 고객에게서 나오는가? 그 고객은 어떤 계약 조건에 묶여 있는가? 이 시장 변화는 어떤 규제·정책과 연결되어 있는가? 이 질문들은 숫자가 아니라 관계와 의미의 문제다. 그리고 이 관계를 AI에게 가르쳐준 적이 없는 기업이 압도적으로 많다.

데이터 비용의 함정

여기서 하나의 역설이 등장한다. 데이터에 가장 많이 투자한 기업일수록, 판단 실수의 비용도 커진다. 왜일까? 자동화된 판단은 빠르지만 잘못되었을 때, 그 영향도 즉각적이기 때문이다. 과거에는 사람이 한 번 더 고민하며 실수를 막았다. 지금은 AI가 틀리면 실수가 즉시 확산된다. 이것이 바로 '데이터 비용의 함정'이다.

승패를 가르는 것은 데이터의 양이 아니다. AI 시대의 경쟁은 데이터의 양이 아니라, 연결의 깊이에서 갈린다. 이 데이터가 왜 중요한지 무엇과 연결되어 있으며 어떤 판단으로 이어져야 하는지 이 구조를 가진 기업은 AI를 쓰지 않아도 이미 강하다. AI를 얹는 순간, 그 힘은 기하급수적으로 커진다.

이 책이 말하려는 단 하나의 것

이 책은 AI 기술 설명서가 아니다. 코드를 설명하지 않고, 알고리즘을 분석하지 않으며, 최신 모델을 나열하지 않는다. 대신, 다음 질문에 답한다. "어떻게 하면 기업이 틀리지 않는 판단을 반복할 수 있는가?" 그 해답으로 제시하는 것이 바로 "온톨로지Ontology"다. 온톨로지는 기술이 아니라 구조다. 온톨로지는 단순히 데이터를 연결하는 기술이 아니다. 온톨로지는 기업의 상식과 판단 기준을 구조로 고정하는 방법이다. 사람이 바뀌어도, 시장이 흔들려도, AI가 아무리 똑똑해져도 판단의 기준이 흔들리지 않게 만드는 것. 이것이 온톨로지가 지금 이 시대에 다시 주목받는 이유다.

이 책을 읽게 될 당신에게

이 책은 개발자를 위한 책이 아니다. 데이터 과학자를 위한 책도 아니다. 이 책은 기업의 방향을 결정해야 하는 리더, 숫자 뒤에 숨은 구조를 읽어야 하는 투자자를 위한 책이다. 이제 1장에서부터, 왜 우리가 아직도

‘엑셀의 감옥’에 갇혀 있는지 차근차근 이야기해 보자. 그 감옥의 문은 생각보다 단순한 방식으로 열릴 수 있다.

감사의 말씀

디지털 데이터와 인공지능 분야에서 20년 이상 종사하며 처음으로 쓰는 책이라 너무 소중한 마음이 든다. 이 책의 출간에 흔쾌히 응해주시고 격려해 주신 처음북스 안유석 대표님께 우선 감사의 말씀을 드리고, 수고해 주신 구준모 팀장님과 여러 직원분들께도 감사의 말씀을 드린다. 이 책의 내용을 함께 공부하고 실험해 주신 지피티스퀘어 커뮤니티 회원분들과 우리 빅스터 엔지니어들께도 감사의 말씀을 드린다. 내 인생에서 가장 소중한 쫑스남매와 항상 곁에서 도움을 주시는 둘째 이모 정효순 여사께도 감사의 말씀을 드린다. 마지막으로 부족한 남편과 함께 살아 주는 사랑하는 아내에게 이 책을 바친다.

차례

1부

데이터 아키텍처의 한계 : 엑셀은 회사를 이해하지 못한다   13

2부
온톨로지 컴퓨터에게 '상식'을 가르치다　63

3부

투자자의 눈 : 온톨로지가 곧 '권력'이다　183

4부

리더의 실행 : 당신의 기업을 '지능형'으로 바꾸는 법　253

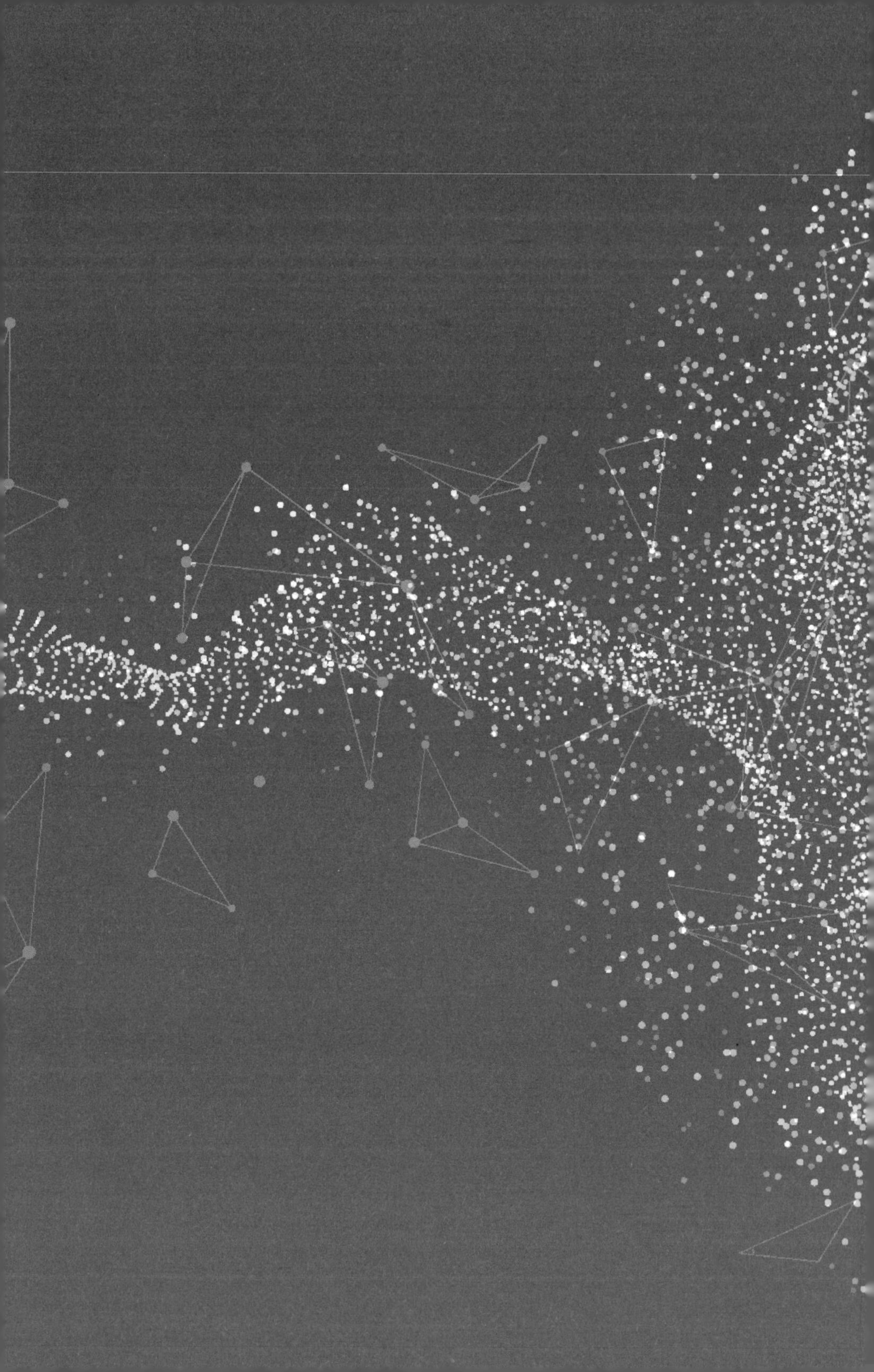

1부.

데이터
아키텍처의 한계 :

엑셀은 회사를 이해하지 못한다

문제 인식

세상은 입체적인데, 왜 우리는 데이터를

2차원 표 Table에만 가두는가?

우리는 왜 항상 비슷한 실수를 반복하는가

2022년, 한 중견 제조기업의 CEO는 이사회에서 이렇게 보고했다. "우리는 생산 데이터, 품질 데이터, 영업 데이터를 모두 갖고 있습니다. 그런데도 왜 항상 문제가 터진 뒤에야 원인을 발견하게 됩니까?" 그 회사는 부족한 데이터 때문에 실패한 것이 아니었다. 오히려 데이터는 넘쳐났다. MES, ERP, CRM, 품질 시스템까지 각 부서의 대시보드는 매일 업데이트되고 있었다. 그럼에도 불구하고, 특정 제품에서 반복적으로 발생하는 클레임의 진짜 원인을 즉시 설명할 수 없었고, 품질 문제가 매출과 브랜드 신뢰도에 어떤 경로로 영향을 미치는지 누구도 한 문장으로 요약해서 말하지 못했다. 문제는 기술이 아니라 데이터를 바라보는 구조였다.

대부분의 기업 데이터는 "표Table"로 저장된다. 엑셀, 데이터베이스, 대시보드 모두 행과 열로 구성된 2차원 세계다. 표는 질문에 답하는 데는 유용하다. "지난달 매출은 얼마인가?" "불량률은 몇 퍼센트인가?" 그러나 표는 관계를 설명하지 못한다. 예를 들어 이런 질문 앞에서 표는 갑자기 침묵한다. "이번 분기 매출 하락은 어느 공장의 어떤 공정 변화가 어떤 제품 품질의 변화를 거쳐 어떤 고객군의 이탈로 이어졌는가?" 이 질문은 숫자가 아니라 이야기를 요구한다. 그리고 기업의 의사결정은 대부분 이 지점에서 실패한다.

한 유통기업에서 있었던 일이다. 유통 마진의 하락에 대해 재무팀은 "마진이 낮아진 원인은 원가 상승입니다.", 영업팀은 "할인 프로모션이 문제입니다.", 물류팀은 "배송 지연으로 반품이 늘었습니다."라고 원인을 제시했다. 이 모든 것이 시스템상의 데이터로는 증명 가능했다. 하지만 문제는 다른 차원의 것이었다. 이 세 가지 설명 중, 어느 것이 진짜 원인인가? 표 기반 데이터 구조에서는 원가, 할인, 배송이 서로 독립적인 숫자로만 존재한다. 숫자는 있지만, 원인과 결과의 연결 고리는 어디에도 저장되어 있지 않다. 결국 CEO는 경험과 직관에 의존해 결정을 내렸다. 그리고 6개월 뒤, 문제는 다시 반복되었다.

이번에는 한 중견 제조기업의 이야기다. 이 회사는 최근 6개월 동안 불량률이 꾸준히 상승하고 있었다. 월간 보고서에는 이렇게 적혀 있었다. "불량률 2.1% → 2.8% → 3.4% (지속 증가), 원가 부담 확대, 수익성 악화 우려." 숫자는 명확했다. 문제도 분명해 보였다. 임원 회의에서 나온 결론 역시 전형적이었다. "작업자 숙련도가 떨어진 것 같다." "현장 관리가 느슨해진 것 아니냐? 품질 기준을 더 엄격히 하자." 그래서 회사는 품질 점검 인력을 늘리고, 현장 교육 시간을 두 배로 늘렸다. 하지만 한 달이 지나도 불량률은 거의 줄지 않았다. 숫자는 맞았지만, 질문이 틀렸다. 문제는 데이터가 없어서가 아니었다. 오히려 데이터는 너무 많았다. MES에는 설비별 가동 이력과 불량 발생 시간대 기록이 있었고, ERP에는 자재 단가와 공급업체 정보가 있었으며, SCM 시스템에는 납기 지연과 대체 부품 사용 기록이 있었다. 그러나 이 데이터들은 각각 다른 엑셀 시트, 각각 다른 부서의 보고용 표 안에 갇혀 있었다. 품질팀의 표에는 불량 개수만 있었고, 구매팀의 표에는 원가 절감률만 있었으며, 생산팀의 표에는 라인별 생산량만 있었다.

한 신입 데이터 분석가가 우연히 이런 질문을 던졌다. "불량이 많이 나온 날, 혹시 대체 부품을 쓴 날이랑 겹치지 않나요?" 이 질문 하나로 여러 표를 수작업으로 이어 붙이기 시작했다. 그리고 마침내 한 가지 패턴이 드러났다. 원가 절감을 위해 새 공급업체의 부품을 사용한 기간에 특정 설비 라인에서만 불량이 급증했던 것이다. 특히 야간 교대조에서 집중 발생했다. 즉, 문제의 핵심은 '작업자'도, '품질 기준'도 아니었다. 이 표들은 서로 같은 말을 하지 않았다. 연결하지 못한 그 한 줄에 진실이 있었다.

새 부품 + 특정 설비 + 특정 시간대라는
"관계"와 "연결"의 문제

엑셀은 숫자는 보여줬지만, 원인은 말해주지 않았다. 이 회사의 모든 엑셀 숫자는 사실이었다. 하지만 그 숫자들은 서로 분리된 평면 위에 놓여 있었다. 엑셀은 이런 질문에는 답하지 못한다. "이 불량은 어떤 부품 때문에 발생했는가?" "그 부품은 어느 공급업체에서 왔는가?" "그 공급업체 교체는 누가, 언제, 왜 결정했는가?" "그 결정이 어느 공정, 어느 설비에 영향을 미쳤는가?" 표Table는 질문에 답하는 도구가 아니라 이미 정해진 질문에 숫자를 채우는 도구이기 때문이다. 이 회사는 데이터를 잘 관리하고 있었다. 하지만 회사를 이해하는 방식은 잘못 설계되어 있었다. 회사는 숫자의 집합이 아니라, 사람, 설비, 부품, 의사결정, 시간, 원인과 결과가 서로 얽힌 입체적인 관계망이다. 그런데 아쉽게도 우리는 여전히 회사를 단순한 2차원 표로만 바라보고 있었다.

데이터 Data의 어원은 "주어진 것 the given"

우리는 흔히 데이터를 "쌓아두는 자원" 정도로 생각한다. 하지만 데이터의 어원은 "주어진 것the given"이다. 아직 의미도, 방향도 없는 상태로 기업에 흘러들어오는 원재료에 가깝다. 그러나 데이터는 더 이상 누군가가 입력해 놓은 '주어진 숫자'가 아니다. 우리가 다뤄야 할 데이터는 엑셀처럼 행과 열로 정리된 단순한 표가 아니라, 현실 세계 그 자체에 대한 기록이다. 현실은 본래 단순한 2차원이 아니다. 어떤 일이 어디서(공간) 일어났는지, 언제(시간) 발생했는지, 누가 누구와(사람과 사람), 무엇이 무엇과(사물과 사물) 연결되어 있었는지, 그리고 그 사이에서 어떤 사건Event이 연쇄적으로 발생했는지가 함께 존재한다. 데이터는 이 모든 요소와 그 연결 관계를 포함한 결과물이다.

그러나 우리는 오랫동안 데이터를 표 안에 가두어 왔다. 엑셀의 한 행은 하나의 사건처럼 보이지만, 실제로는 그 사건이 어떤 맥락에서 발생했는지, 다른 사건과 어떻게 이어지는지를 설명하지 못한다. 표는 숫자를 나열하는 데는 유용하지만, 관계와 흐름, 원인과 결과를 담기에는 구조적으로 한계가 있다. 기업의 의사결정은 숫자 그 자체가 아니라, "이 결정이 어떤 사람의 판단에서 시작되어, 어떤 자원과 설비를 거쳐, 어떤 시점에, 어떤 결과를 낳았는가?"를 이해하는 과정이다. 즉, 의사결정의 본질은 관계의 이해다.

따라서 데이터는 단순히 저장되어야 할 대상이 아니라, 공간·시간·행위자·사건·결과가 서로 연결된 구조로 표현되고, 그 구조 자체가 다시 질문과 추론의 기반이 되어야 한다. 이를 위해서는 데이터를 체계적이고 다차원적으로 표현하고 저장하는 방식이 필요하다. "기존 데이터 아키텍처"의 한계를 뛰어넘는 객체와 속성, 그들의 관계와 연결 구조가 요구된다. 이제 데이터는 "정리된 표"가 아니라, 현실을 디지털로 옮겨 놓은 구조적 지도여야 한다. 그리고 이 지도를 제대로 그릴 수 있을 때, 비로소 우리는 데이터를 통해 회사를 이해하고, 미래를 판단할 수 있다.

기업의 3대 핵심 시스템

오늘날 기업에게 데이터는 단순한 기록이 아니다. 매출, 생산, 납기, 리스크까지 모든 의사결정의 출발점이 바로 데이터다. 그래서 많은 기업들이 이 데이터를 학습한 자율적인 AI가 도입된 통합 의사결정 시스템을 꿈꾼다. 하지만 현실에서는 곧 벽에 부딪힌다. ERP, MES, SCM이라는 기업의 3대 핵심 시스템들이 처음부터 서로 다른 목적으로 만들어졌기 때문이다. CRM(Customer Relationship Management, 고객 관계 관리) 등 여러 시스템도 있지만 우선 이들 3대 핵심 시스템의 기능과 역할, 그 정체성에 대해 알아 보자.

1. ERP (Enterprise Resource Planning, 전사적 자원 관리)

기업내 데이터의 출발점은 언제나 ERP부터다. 회사(본사)의 '가계부 겸 일기장'(돈과 자원이 어디로 흘러가는지 전체를 기록)이다. 기업의 데이터 이야기를 시작할 때, 반드시 짚고 넘어가야 할 출발점이 바로 ERP, 전사적 자원 관리 시스템이다. ERP를 한 문장으로 표현한다면 이 질문에 대한 답이라고 할 수 있다. "우리 회사의 돈과 물건, 그리고 사람은 지금 어디에 있는가?"

ERP는 회사 안에 흩어져 있던 모든 정보를 하나의 시스템으로 묶기 위해 탄생했다. 매출은 회계팀 엑셀에, 재고는 구매팀 파일에, 인력 정보는 인사팀 시스템에 따로 존재하던 시절, 경영자는 회사 전체를 한눈에 볼 수 없었다. ERP는 이 단절을 없애기 위한 경영 인프라다. ERP가 도입되면 회사의 활동은 하나의 흐름으로 연결된다. 영업팀이 계약을 체결하고 물건을 판매하면, 재고 수량이 자동으로 줄어들고, 동시에 회계 장부에는 매출이 기록된다. 별도의 보고나 수작업 없이, 회사의 실제 움직임이 데이터로 남는다. 이것이 ERP의 본질이다. ERP는 데이터를 입력하는 시스템이 아니라, 기업의 현실을 데이터로 고정시키는 장치다.

ERP 도입을 결정하는 사람은 주로 최고재무책임자cfo, 최고경영자CEO, 혹은 최고정보책임자CIO다. 이유는 명확하다. ERP는 특정 부서의 효율을 높이기 위한 도구가 아니라, 회사 전체의 돈 흐름과 운영 효율을 통제하는 시스템이기 때문이다. ERP 도입은 곧 "이 회사를 어떻게 관리할 것인가?"에 대한 경영 철학의 선택이다. 반면 ERP를 실제로 사용하는 사람들은 회계팀, 인사팀, 구매팀, 영업팀과 같은 사무직 직원들이다. 이들은 매일 ERP에 숫자를 입력하고, 거래를 등록하고, 보고서를 확인한다. 그러나 중요한 점은, 이들이 ERP를 사용한다고 해서 ERP의 주인이 되는 것은 아니라는 사실이다. ERP의 진짜 주인은 데이터를 통해 회사를 바라보는 경영자다.

이 지점에서 하나를 분명히 해야 한다. ERP는 데이터를 "쌓는" 시스템이지, 데이터를 "이해하는" 시스템은 아니다. ERP는 사실을 기록하지만, 그 사실이 왜 발생했고 무엇을 의미하는지는 말해주지 않는다. 그리고 바로 이 한계 지점에서 이 책의 주제인 '온톨로지'와 지식 구조의 필요성이 등장한다.

2. MES (Manufacturing Execution System, 제조 실행 시스템)

공장의 현실을 붙잡는 시스템은 MES다. 공장의 '작업 반장'(현장에서 물건이 제대로 만들어지고 있는지 실시간 감시)이다. ERP가 회사 전체를 위에서 내려다보는 시스템이라면, MES는 공장 바닥에 서서 현장을 들여다보는 시스템이다. MES, 즉 제조 실행 시스템은 이런 질문에 답하기 위해 존재한다. "지금 공장 3번 라인 기계가 멈췄는가? 왜 오늘 불량품이 10개나 발생했는가?"

ERP는 생산 계획을 세운다. 오늘 몇 개를 만들지, 언제 납품할지를 정한다. 하지만 ERP는 그 이후의 세계를 알지 못한다. 실제로 기계가 고장 났는지, 작업자가 공정을 지키고 있는지, 불량이 언제 어디서 발생했는지는 ERP의 관할 밖이다. 계획과 현실 사이의 간극, 그 빈틈을 메우기 위해 등장한 것이 MES다. MES는 바코드, 센서, 설비 신호를 통해 공장에서 벌어지는 일을 실시간으로 기록한다. 어느 라인에서 생산이 멈췄는지, 어떤 공정에서 불량이 발생했는지, 작업자가 어떤 순서로 일을 진행했는지가 모두 데이터로 남는다. MES는 단순한 기록 시스템이 아니라, 지금 이 순간 공장에서 무슨 일이 벌어지고 있는지를 보여주는 현장의 눈이다.

이 때문에 MES 도입을 주도하는 사람은 ERP와 다르다. MES를 사고 싶어 하는 사람은 본사의 재무팀이 아니다. 공장장과 생산본부장이다. 그들에게 중요한 것은 분기 실적보다 오늘의 생산량이고, 월말 보고서보다 지금 발생한 불량 한 개다. MES는 재무 효율보다 생산성, 품질, 즉각적인 문제 대응을 위해 선택되는 시스템이다. MES를 실제로 사용하는 사람들 역시 현장에 있다. 생산 라인의 작업자, 공정을 관리하는 생산 관리자 그리고 품질 관리팀이 MES의 주요 사용자다. 이들은 하루에도 수십 번 MES 화면을 보며 현재 상태를 확인하고, 문제가 발생하면 즉시 대응한다. MES는 현장을 움직이게 하는 시스템이지, 보고서를 예쁘게 만드는 시스템이 아니다.

하지만 여기에도 한계는 존재한다. MES는 현장을 매우 잘 안다. 그러나 MES는 공장 밖을 모른다. 이 불량이 고객 클레임으로 이어질지, 재무적으로 어떤 영향을 미칠지, 다음 생산 계획에 어떻게 반영되어야 하는지는 MES 혼자서는 판단할 수 없다. MES는 '무슨 일이 일어났는지'를 말해주지만, '그래서 무엇을 해야 하는지'까지 설명해주지는 않는다. ERP가 회사의 계획을 담고 있고, MES가 공장의 현실을 담고 있다면, 문제는 이 두 세계가 서로 충분히 연결되어 있지 않다는 점이다. 그리고 이 단절을 연결하는 구조가 없을 때, 데이터는 많아도 의사결정은 느려진다.

3. SCM (Supply Chain Management, 공급망 관리)

회사 밖의 시간을 관리하는 시스템은 SCM이 담당한다. 물류의 '배송 추적기'(원재료가 들어와서 고객에게 갈 때까지의 흐름 최적화)라고 할 수 있다. ERP가 회사 내부의 자원을 정리하고, MES가 공장 안의 현실을 붙잡는 시스템이라면, SCM은 회사 밖에서 벌어지는 모든 흐름을 다룬다. SCM, 공급망 관리 시스템은 이런 질문에서 출발한다. "내일 써야 할 부품이 아직도 도착하지 않았다면?" "배는 정말 떠난 게 맞는가, 아니면 서류만 움직인 것인가?"

기업의 경쟁력은 더 이상 공장 안에서만 결정되지 않는다. 부품을 공급하는 하청업체, 중간 창고와 물류센터, 그리고 최종 고객에게 전달되기까지의 전 과정, 즉 물건이 이동하는 시간과 경로 전체가 기업의 성과를 좌우한다. SCM은 바로 이 회사 밖의 세계를 관리하기 위해 존재한다. SCM의 핵심은 균형이다. 재고를 너무 많이 쌓아두면 돈이 묶이고, 창고 비용이 늘어난다. 반대로 재고를 너무 적게 가져가면 주문을 받아도 물건을 팔 수 없다. SCM은 수요 예측을 기반으로 이 균형을 맞추려는 시스템이다. 언제, 어디에, 얼마나 많은 물건이 있어야 하는지를 끊임없이 계산한다.

이 때문에 SCM 도입을 필요로 하는 사람도 ERP나 MES와 다르다. SCM을 고민하는 사람은 보통 COO나 물류 담당 임원, 유통 부문장이다. 이들의 관심사는 단순한 관리가 아니라 물류비 절감과 납기 준수다. 고객에게 약속한 날짜를 지키는 것 그리고 그 과정에서 불필요한 비용을 줄이는 것이 SCM의 도입 목적이다. SCM을 사용하는 사람들 역시 회사 내부에만 머물지 않는다. 구매팀과 물류팀, 자재 관리팀은 물론이고, 협력업체 직원들까지 함께 같은 데이터를 본다. 이 지점에서 SCM은 다른 시스템과 뚜렷이 구분된다. SCM 데이터는 항상 외부 이해관계자를 포함한다. 그리고 바로 그 때문에 문제가 복잡해진다.

실무적으로 SCM 데이터의 가장 큰 이슈는 정합성이다. 우리 회사 시스템에 기록된 수량과 협력업체가 주장하는 출하 수량이 다를 수 있고, 운송 중인 물량이 장부에는 도착한 것으로 찍히는 일도 발생한다. 회계사의 관점에서 보면, SCM은 언제나 회사 외부 주체가 개입된 데이터 불일치의 원천이다. SCM은 물건의 흐름을 관리하지만, 그 흐름이 왜 지연되었는지, 어떤 사건이 원인이 되었는지까지는 명확히 설명하지 못하는 경우가 많다. 공급업체의 생산 차질인지, 물류 경로의 문제인지, 아니면 단순한 정보 입력 오류인지는 여러 시스템과 맥락을 함께 보지 않으면 판단하기 어렵다.

ERP는 돈과 계획을 말하고, MES는 공장의 사실을 말하며, SCM은 회사 밖의 시간을 말한다. 문제는 이 세 시스템이 각자 자기 세계에서는 잘 작동하지만, 하나의 이야기로 이어지지 않는다는 점이다. 공급 지연이 발생했을 때, 그것이 생산 차질로 이어지고, 다시 매출 손실로 연결되는 구조를 한눈에 보여주는 시스템은 존재하지 않는다. 그리고 바로 이 지점에서, 데이터는 충분하지만 판단은 늦어지는 기업과 구조적으로 앞서가는 기업의 차이가 발생한다.

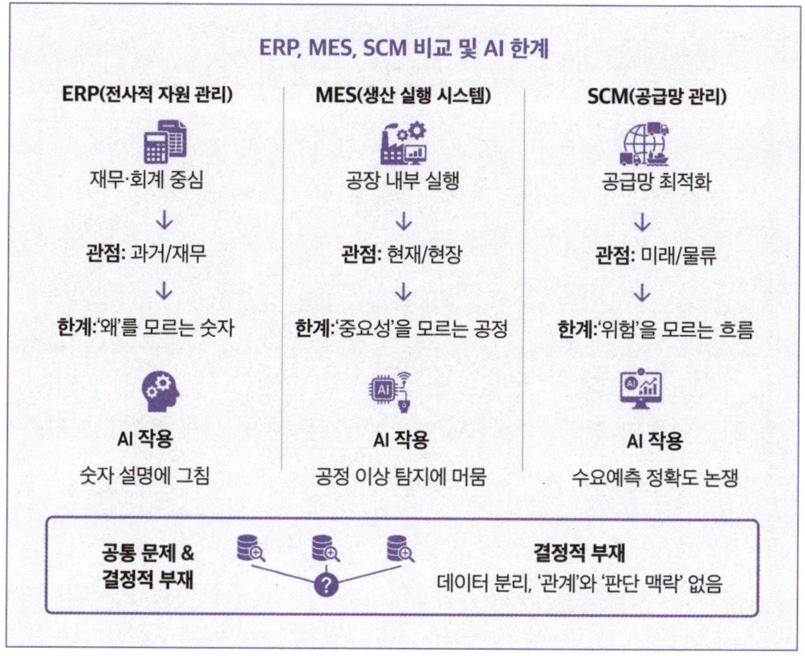

CEO는 ERP를 보고 회사가 돈을 잘 버는지 확인하고, 공장장은 MES를 보며 기계가 멈추지 않게 관리하고, 물류팀장은 SCM을 보며 물건이 제때 도착하도록 조율한다. 이 세 가지 시스템이 유기적으로 연결될 때 기업은 "주문ERP → 자재도착SCM → 생산MES → 배송SCM → 수금ERP"의 사이클을 완벽하게 돌릴 수 있게 된다. 아직 너무 추상적인가? 그렇다면 회사에 발생한 Event의 결과물에 대해 "문서, 물건 그 자체"라면 대부분 ERP와 관련이, "물건의 이동"이라면 SCM과 관련이, "공장에서의 생산"이라면 MES와 관련이 있다고 이해하면 쉬울 것이다.

유통 분야 : "이 고객은 왜 갑자기 냉장고를 사기 시작했을까?"

서울의 한 대형 온라인 유통 플랫폼에서, 한 고객의 행동이 눈에 띄기 시작했다. 몇 년 동안 꾸준히 생필품과 간편식만 구매하던 고객이었다. 구매 금액도 크지 않았고, 특별히 마케팅 팀의 관심을 받을 이유도 없었다. 그런데 어느 날부터 행동이 달라졌다. 수납 박스를 검색하고, 커튼 길이를 비교하고, 전동 드릴과 공구 세트를 장바구니에 넣었다가 지웠다. 며칠 뒤에는 대형 쓰레기봉투와 청소 용품을 연속으로 구매했다. 전통적인 추천 시스템은 이 고객을 여전히 '생활용품 구매자'로 분류했다. 그래서 추천 화면에는 세제와 휴지가 계속 등장했다. 그러나 온톨로지 기반 시스템에서는 이 고객을 다르게 바라보고 있었다. 수납 박스, 공구, 커튼, 청소 용품은 각각 다른 카테고리였지만, 이 시스템에서는 하나의 의도로 묶였다. '이사 준비'라는 상태였다.

그 순간부터 추천의 흐름이 바뀌었다. 냉장고와 세탁기가 화면에 올라왔고, 배송 일정이 맞는 가구가 우선 노출됐다. 고객은 스스로도 명확히 인식하지 못했던 자신의 다음 행동을 화면을 통해 확인하고 있었다. 이 추천은 취향이 아니라 맥락을 읽은 결과였다. 상품이 아니라, 고객의 삶의 전환점을 기준으로 움직이는 추천이었다.

데이터 사일로 : 옆 부서의 데이터는 왜 항상 남의 이야기인가

대부분의 기업에서 데이터는 이렇게 나뉜다. 영업 데이터는 영업팀의 언어로, 생산 데이터는 공장 기준으로, 재무 데이터는 회계 규칙으로. 각각 자기 논리는 완벽하다. 하지만 서로 연결되지는 않는다. 이 상태를 흔히 '데이터 사일로Data Silo'라고 부른다. 사일로란 원래 곡식을 저장하는 독립된 저장고를 의미한다. 데이터 사일로라는 표현 역시 조직 내부에서 데이터가 부서·팀·시스템 간에 단절되어 고립된 상태를 의미한다. 겉보기에는 잘 정리되어 있지만, 옆 창고의 곡식이 얼마나 있는지는 서로 알 수 없듯이, 각각의 저장고 안에 정보가 따로따로 갇혀 있는 상황을 비유한 것이다.

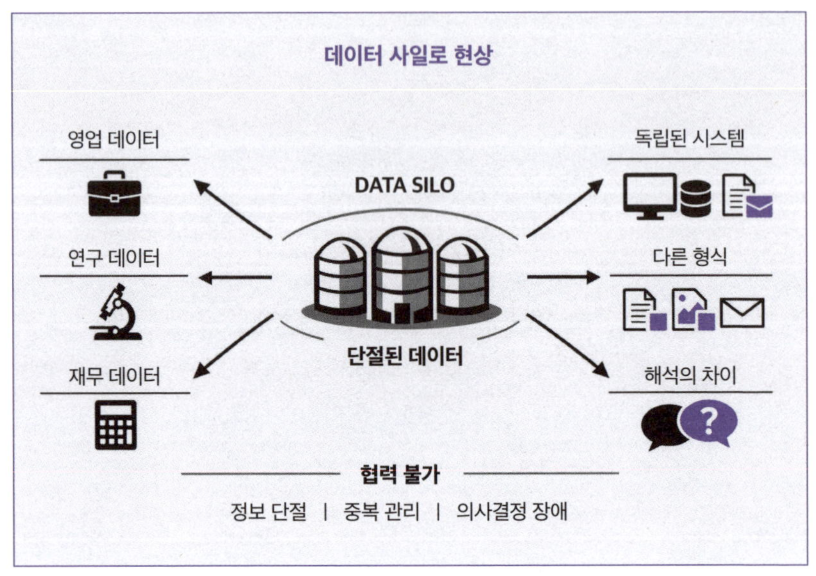

데이터 사일로 중 '형식Form의 사일로'가 자주 등장하곤 한다. 이는 대표적으로 정형 데이터와 비정형 데이터의 단절을 들 수 있다. 매출, 비용, 일정은 숫자와 테이블로 저장된다. 논문, 보고서, 특허 명세서는 텍스트로 존재한다. 실험 노트, 임상 기록은 PDF와 이미지로 남아 있다. 연구자의 통찰과 실패 경험은 이메일과 회의록 속에 묻혀 있다. 숫자는 숫자끼리만, 문서는 문서끼리만, 이미지는 이미지끼리만 관리된다. 이 결과, 조직에서는 이런 말이 자연스럽게 나온다. "그건 보고서에 있어요." "그건 논문을 봐야 알죠." "그건 임상 데이터라 시스템에 안 올라와요." 즉, 형식이 다르다는 이유로 같은 현실이 서로 다른 세계에 갇혀버린다.

연구 데이터와 특허 데이터의 사일로는 기업과 국가 모두에게 매우 비싼 대가를 치르게 한다. 연구팀은 논문을 쓴다. 논문에는 실험 결과, 조건, 실패 사례, 한계가 담겨 있다. 특허팀은 특허를 쓴다. 특허에는 권리 범위, 회피 가능성, 선행 기술 분석이 담겨 있다. 문제는 이 둘이 거의 연결되지 않는다는 점이다. 연구자는 이렇게 말한다. "특허는 법무팀 영역입니다." 특허 담당자는 이렇게 말한다. "연구 내용은 너무 기술적이라 이해하기 어렵습니다." 결과적으로 이미 논문에 나온 아이디어를 특허로 보호하지 못하거나, 특허는 존재하지만 실제 연구 방향과 어긋나거나, 기술 전략과 IP 전략이 따로 움직인다. 이것은 단순한 협업 문제가 아니다. 개념과 관계가 연결되지 않은 구조의 문제다.

특히 의료·바이오·신약 분야에서 임상 데이터 사일로는 더욱 심각하다. 임상 데이터는 단순한 숫자가 아니다. 환자의 상태 변화, 조건에 따른 반응 차이, 예외 사례와 부작용, 의사의 판단 맥락. 이 모든 것이 텍스트와 서술로 남는다. 그러나 경영 보고로 올라오는 순간, 이 데이터는 이렇게 요약된다. 성공률 ○%, 부작용 △건, 승인 가능성 △△%. 그 과정에서 맥락은 사라진다. 그래서 경영진은 종종 이런 질문을 던진다. "수치는 좋은데, 왜 현장에서는 불안해하나?" 이 질문에 답하지 못하는 이유는 명확하다. 임상 데이터의 '이야기'가 숫자와 연결되지 않았기 때문이다.

이렇듯 연구·논문·특허·임상 데이터가 만나지 못하는 근본 이유, 이 모든 사일로의 근본 원인은 하나다. 데이터가 '사실'로만 저장되고, '관계'로 저장되지 않기 때문이다. 논문은 논문으로, 특허는 특허로, 임상 기록은 임상 기록으로 존재할 뿐, 어떤 연구 결과가 어떤 특허 전략으로 이어지고, 어떤 임상 설계에 영향을 주었으며, 결국 어떤 사업적 판단으로 연결되었는지를 구조적으로 설명해 주지 않는다. 그래서 옆 부서의 데이터는 항상 "참고 자료"일 뿐, 내 의사결정의 일부가 되지 못한다.

사일로의 진짜 문제는 '접근성'이 아니라 '해석성'이다. 많은 조직은 사일로 문제를 이렇게 해결하려 한다. 데이터 레이크를 만든다, 통합 포털을 구축한다, 검색 시스템을 도입한다. 그러나 이는 창고를 하나로 합치는 것에 가깝다. 문제는 창고의 크기가 아니라, 곡식을 어떻게 해석하느냐다. 데이터 사일로의 본질은 접근하지 못해서가 아니라, 서로의 데이터를 같은 세계관으로 해석하지 못하기 때문에 발생한다.

다시 한번 사일로의 진짜 문제는 기술이 아니다. 정의가 다르다는 것이다. "고객"은 영업팀에게 계약 단위이고, 재무팀에게는 채권 단위이며, CS팀에게는 불만 접수 주체다. 같은 단어, 다른 의미. 컴퓨터는 이 차이를 이해하지 못한다. 데이터 사일로 현상은 부서 간 데이터의 공유 불가 상태를 가져온다. 각 팀이 데이터를 자체적으로 보유하고 있지만, 서로 접근하거나 활용하기 어려운 상태를 말한다. 서로 연결점이 강한 데이터이지만, 완전히 단절된 상태일 뿐이다.

마케팅팀의 고객 데이터, 영업팀의 세일즈 기록, CS팀의 문의 데이터, 재무부서의 입금기록, 회계에서의 채권관리. 이들은 서로 연결되어 분석되지 않는다. 시스템이 각각 따로 운영되고, 표준화·동기화가 되지 않기 때문에 전체 고객 여정이나 회사 운영을 하나의 관점에서 보기 어렵다. 데이터 통합·연계의 부재가 발생한다. 예를 들어 ERP 시스템에서 직원이 퇴사했다는 데이터가 SCM 혹은 MES와 연동되지 않는 경우 공장관리직은 잘못된 인원으로 생산 또는 물류의 스케줄을 잘못 짤 수 있다. 이는 기업에게 중복·비효율·의사결정 장애의 손해를 끼친다. 동일 데이터를 여러 곳에서 중복 관리하거나, 서로 다른 기준으로 저장하여 정확성이 저하되거나, 이로 인해 회사 차원의 데이터 기반 의사결정이 제한되기 때문이다.

데이터 사일로 현상의 문제점

문제	설명
전사적 인사이트 부족	전체 흐름을 볼 수 없어 전략적 판단이 어려움
프로세스 비효율	팀 간 협업이 늦어지고 반복 작업 발생
데이터 품질 저하	중복·불일치 증가
AI/자동화 어려움	통합된 데이터 없이는 고도화된 분석이 불가능

그렇다면 전통적인 시스템의 사일로에 갇혀 있는 데이터를 서로 연결하고 통합하여 활용하기 위한 새로운 아키텍처를 어떻게 구축해야 할 것인가? 우리 기업의 물리적 현실 상황을 디지털 트윈으로 변환하기 위해 우리는 어떤 데이터적 난관을 해결해야 하는가?

빅데이터 Bigdata는 왜 우리를 배신했는가

많은 기업이 한때 빅데이터를 '디지털 원유'라고 불렀다. 모든 데이터를 모으면, 언젠가는 돈이 될 것이라고 믿었다. 실제로 수많은 기업이 데이터 웨어하우스를 구축했고, 사일로로 흩어진 데이터를 통합했고, 대시보드와 분석 도구를 도입했다. 그러나 이상한 일이 벌어졌다. 데이터는 쌓였는데, 판단은 빨라지지 않았다. 오히려 더 어려워졌다.

필자는 이 문제를 20년 가까이 현장에서 겪은 사람이다. 대학 졸업 이후 검색엔진 엔지니어로 시작해, 빅데이터 기업을 만들고, 민간·공공 분야의 빅데이터 분석 및 플랫폼 구축, 이후 AI 사업까지 직접 설계 및 수행해 온 실무형 아키텍트이자 사업가이다. 이런 필자가 내린 결론은 단순하지만 뼈아프다. "우리는 날것 그대로의 빅데이터를 길들이지 못했다."

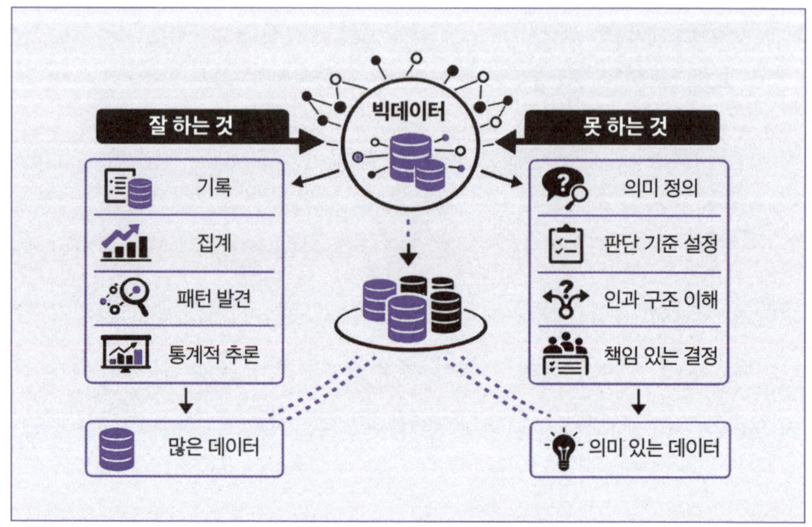

빅데이터는 한때 거의 모든 문제의 해답처럼 여겨졌다. 데이터만 충분히 모으면, 패턴은 자연스럽게 드러나고, 그 패턴 위에 알고리즘을 얹으면 인간보다 더 나은 판단을 할 수 있을 것이라는 믿음이 있었다. 그러나 현실은 달랐다. 데이터는 늘어났지만, 질문에 대한 답은 오히려 더 늦어졌고, 의사결정은 더 복잡해졌으며, 책임은 더 모호해졌다. 이것은 빅데이터가 실패했기 때문이 아니라, 빅데이터가 가진 본래의 속성을 우리가 오해했기 때문이다.

빅데이터는 '많은 데이터'이지, '의미 있는 데이터'가 아니었다. 빅데이터의 가장 큰 특징은 양이다. 다양한 시스템에서, 빠른 속도로, 대규모로 수집된 데이터. 하지만 데이터의 양은 곧바로 의미로 이어지지 않는다. 클릭 로그는 많지만, 왜 클릭했는지는 알 수 없다. 센서 값은 많지만,

어떤 상태가 위험인지는 정의되지 않는다. 거래 기록은 많지만, 이 매출이 좋은 매출인지는 판단되지 않는다. 빅데이터는 사실을 기록할 뿐, 그 사실이 무엇을 의미하는지 말해주지 않는다.

빅데이터는 '상관관계'에는 강하지만, '이유'에는 침묵한다. '인과관계'를 알 수 없다는 말과도 상통한다. 빅데이터 분석은 주로 패턴을 찾는다. A가 발생할 때 B가 자주 함께 발생한다. 특정 조건에서 비슷한 결과가 자주 나타난다. 이것은 매우 유용하다. 그러나 이 패턴은 왜 그런 일이 일어났는지를 설명하지 않는다. 상관관계는 많아질수록 판단을 돕기보다는 오히려 가능한 해석의 수를 폭발적으로 늘린다. 결과적으로 의사결정자는 이렇게 말하게 된다. "원인은 여러 가지일 수 있습니다." 빅데이터는 책임을 회피하기에 아주 좋은 재료가 된다.

빅데이터는 '과거'를 잘 설명하지만, '결정'을 만들어주지는 않는다. 빅데이터는 본질적으로 과거 데이터다. 이미 발생한 사건, 이미 기록된 행동, 이미 지나간 상태. 그래서 빅데이터는 이런 질문에는 강하다. 무엇이 있었는가? 얼마나 자주 있었는가? 어떤 패턴이 반복되었는가? 그러나 CEO가 묻는 질문은 다르다. 지금 무엇을 선택해야 하는가? 이 결정을 바꾸면 결과는 어떻게 달라지는가? 어느 쪽이 더 위험한 선택인가? 이 질문은 단순한 분석이 아니라 판단의 영역이다. 빅데이터는 판단하지 않는다. 그저 선택지를 늘려놓을 뿐이다.

그리고 빅데이터는 조직을 연결하지 못한다. 빅데이터는 대부분 시스템 단위로 축적된다. ERP의 데이터, CRM의 데이터, MES의 데이터, 로그 데이터 등. 각각은 훌륭하지만, 서로 같은 세계를 보고 있지 않다. 재무팀이 보는 숫자와 영업팀이 말하는 성과와 운영팀이 느끼는 문제는 같은 사건을 두고도 서로 다른 언어로 표현된다. 빅데이터는 이 언어들을 통합하지 않는다. 그래서 데이터는 많아지는데, 회의는 더 길어지고, 결론은 더 늦어진다.

또한 빅데이터는 '누구의 판단인가?'를 숨긴다. 빅데이터 기반 보고서는 객관적으로 보인다. 숫자가 많고, 그래프가 정교하고, 모델이 복잡할수록 더 그렇다. 그러나 중요한 질문은 늘 남는다. 이 기준은 누가 정했는가? 이 지표는 왜 중요한가? 이 가정은 왜 채택되었는가? 빅데이터는 이 질문에 답하지 않는다. 오히려 그 질문을 보이지 않게 만든다. 결국 의사결정은 여전히 사람이 하지만, 책임은 데이터 뒤로 숨는다.

결국 빅데이터는 우리를 배신한 것이 아니라, 약속하지 않은 일을 기대받았을 뿐이다. 빅데이터는 배신자가 아니다. 우리가 빅데이터에게 할 수 없는 일을 요구했을 뿐이다. 그런 의미에서 빅데이터는 다음을 잘한다. 기록, 집계, 패턴 발견, 통계적 추론. 하지만 다음은 하지 못한다. 의미 정의, 판단 기준 설정, 인과 구조 이해, 책임 있는 결정. 이 공백을 채우지 않은 채 데이터만 더 모으면 답이 나올 것이라고 믿은 순간, 우리는 이미 잘못된 기대를 하고 있었던 것이다. 빅데이터는 사실을 모았지만, 세상을 이해하는 구조를 만들지는 못했다. 그리고 바로 그 지점에서 온톨로지의 필요성이 시작된다.

기존 빅데이터 시스템의 목표는 분명했다. 데이터를 수집한다, 저장한다, 분석한다, 시각화한다. 이 구조는 지금도 대부분의 기업에서 그대로 쓰인다. 문제는 그 다음이었다. 왜 이 데이터가 필요한가? 어떤 상황에서 어떤 데이터를 봐야 하는가? 이 수치가 올라가면 무엇을 해야 하는가? 이 질문에 시스템은 답하지 못했다. 그래서 결국 사람이 다시 해석해야 했다. "자동화된 분석"이라고 불렸지만 실제로는 사람 손을 가장 많이 타는 시스템이었다. 필자의 경험상, 빅데이터의 가장 큰 실패 원인은 단순히 데이터를 '통합'하는 데 그쳤다는 점이다.

그러다 보니 문제의 핵심은 기술이 아니었다. 구조적 정의의 부재였다. 예를 들어 재난 상황에서 위험이란 무엇인가? 위기의 '전조'란 무엇인가? 어느 시점부터 대응해야 하는가? 임계치는 어디에 두어야 하는가? 이 질문들은 데이터가 아니라 개념의 문제다. 그리고 이 개념을 시스템에 넣지 않은 채 우리는 데이터를 계속 쌓아왔다. '구조적 정의'가 빅데이터의 결정적 결핍사항이었던 것이다.

온톨로지 기반 시스템으로 유명한 팔란티어 Palantir 는 무엇이 달랐는가? 팔란티어는 2001년 미국의 9/11 테러 사건 이후, 2003년 5월에 창립된 회사다. 팔란티어는 데이터를 먼저 모으지 않았다. 세상을 어떻게 정의할 것인가부터 시작했다. 객체를 정의하고, 관계를 정의하고, 판단 구조를 표준화했다. 그래서 시스템이 바뀌어도, 데이터가 바뀌어도, 의사결정 구조는 유지된다. 바로 이 점이 '잘 만든 빅데이터 프로젝트'와 진정한 '플랫폼 기업'을 가르는 결정적 차이를 만들었다.

엑셀은 왜 회사를 이해하지 못하는가

엑셀은 죄가 없다. 엑셀은 태생적으로 아주 성실한 도구다. 우리가 시키는 대로 계산하고, 합계를 내주고, 정렬도 잘한다. 문제는 엑셀이 회사를 이해할 수 있을 것이라 믿었던 우리다.

잘 생각해 보자. 엑셀은 세상을 '칸'으로만 본다. 엑셀에게 세상은 오직 셀Cell이다. A1, B2, C3…. 모든 것은 네모난 칸 안에 들어가야 존재할 수 있다. 하지만 회사는 어떤가? 고객은 숫자이면서 동시에 사람이고, 계약은 날짜이면서 동시에 약속이며, 매출은 금액이면서 동시에 관계의 결과다. 엑셀은 묻지 않는다. "이 매출은 왜 발생했는가?" "이 고객은 다음에도 올 가능성이 있는가?" 엑셀에게 매출은 그저 숫자다. 그 숫자가 만들어진 맥락에는 관심이 없다.

엑셀은 '관계'를 모른다. 엑셀의 가장 강력한 기능은 무엇일까? 많은 사람들이 'VLOOKUP'이라고 말한다. VLOOKUP은 범위의 첫번째 열(맨 좌측)을 기준으로 값을 찾아 다른 열의 값을 반환하는 엑셀의 대표적인 함수이다. 이 말 자체가 모든 것을 설명한다. 엑셀에서 관계란 "이 값을 저 값에서 찾아온다." 수준이다. 하지만 회사에서의 관계는 다르다. 고객 방문 → 주문 → 재구매 → 추천, 장비 고장 → 공정 지연 → 납기 실패 → 위약금, 인력 이탈 → 품질 저하 → 클레임 증가. 이것은 단순한 조회가 아니라 연결된 이야기다. 엑셀은 이 이야기를 이해하지 못한다. 엑셀은 줄과 줄을 잇지 못하고, 그저 칸과 칸을 맞출 뿐이다.

엑셀은 '시간'을 기억하지 못한다. 엑셀은 현재 상태를 보여주는 데는 능하다. 하지만 시간의 흐름에는 약하다. 왜 작년에는 이 숫자가 가능했는지, 언제부터 이 패턴이 깨졌는지, 어떤 변화가 먼저 일어났는지, 엑셀에서는 대부분 이렇게 처리된다. "작년 파일 열어보세요." 시간은 파일 이름으로 관리되고, 의사결정의 맥락은 사람 머릿속에만 남는다. 그리고 그 사람은 언젠가 퇴사한다.

그리고 엑셀은 '정의 싸움'을 부추긴다. 회의실에서 이런 장면은 낯

설지 않다. "이 매출은 실적인가요, 전망인가요?" "이 비용은 일회성인가요, 구조적인가요?" "이 리스크는 확정 손실인가요, 가능성인가요?" 엑셀은 답하지 않는다. 엑셀은 아무 정의도 갖고 있지 않기 때문이다. 그래서 회사는 매번 싸운다. 숫자가 틀려서가 아니라 숫자의 의미가 다르기 때문에. 엑셀은 계산은 잘하지만, 합의는 못 만든다.

반면에 엑셀은 판단하지 않는다. 엑셀은 이렇게 말하지 않는다. "이 선택이 더 위험합니다." "이 경로가 더 합리적입니다." 엑셀은 그저 이렇게 말한다. "계산 결과는 이렇습니다." 결정은 항상 사람의 몫이고, 책임도 사람에게 남는다. 그래서 엑셀 기반 조직에서는 결정이 기록되지 않는다. 왜 이 결정을 했는지, 어떤 선택지를 버렸는지, 무엇을 가정했는지 엑셀 파일에는 남지 않는다.

마지막으로 엑셀은 너무 유능해서, 너무 오래 쓰였다. 엑셀은 너무 잘 만들어졌다. 그래서 회사의 거의 모든 영역에 스며들었다. 재무 엑셀, 영업 엑셀, 인사 엑셀, 프로젝트 엑셀. 문제는 그 결과다. 회사는 점점 엑셀을 관리하는 조직이 되었고, 세상을 이해하는 조직이 아니게 되었다. 엑셀은 계산 도구이지, 회사를 이해하는 언어가 아니다. "그렇다면, 회사는 무엇으로 세상을 이해해야 하는가?"

데이터는 '주어진 것'이고,
온톨로지는 '존재하게 만드는 구조'다

앞서 얘기한 내용이지만 '데이터Data'의 어원인 라틴어 '다툼Datum'은 '주어진 것' 또는 '선물'이라는 의미를 담고 있으며, 이는 인간의 해석이 개입되기 전의 순수한 객관적 사실을 상징한다. 현대 비즈니스와 과학에서 데이터가 '주어진 것'으로 정의되는 이유는, 그것이 논리적 추론이나 가공을 거치기 전의 가장 원초적인 재료이자 모든 판단의 기초가 되기 때문이다. 문제는 여기서부터다. 데이터가 존재한다고 해서 기업이 무엇을 해야 하는지는 자동으로 드러나지 않는다. 데이터가 '주어진 것'을 넘어 '존재'가 되기 위해서는, 즉 의사결정에 사용 가능한 실체가 되기 위해서는 구조가 필요하다. 그 구조가 바로 온톨로지다.

온톨로지Ontology란 사람들이 세상에 대하여 보고 듣고 느끼고 생각하는 것에 대하여 서로 간의 토론을 통해 합의를 이룬 바를, 개념적이고 컴퓨터에서 다룰 수 있는 형태로 표현한 모델로, 개념의 타입이나 사용상의 제약조건들을 명시적으로 정의한 기술이다. 그러나 이 관점에서 보면 온톨로지는 단순한 철학적 개념이 아니라 "기업이 세상을 이해하는 방식"이다. 어떤 것이 중요한 객체Object인지, 그 객체들이 어떤 관계Relation를 맺고 있으며, 그 관계 위에서 어떤 행동Action이 가능한지를 정의하는 기업 운영의 사고 체계다.

전통적 온톨로지는 주로 다음을 목표로 했다. 의미의 정확한 표현, 지식의 공유와 재사용, 자동 추론을 통한 인공지능 구현 등이다. 이를 위해 RDF(Resource Description Framework, 자원 기술 프레임워크), OWL(Web

Ontology Language, 웹 온톨로지 언어) 같은 추상화 기술이 사용됐다. 모든 데이터를 '주체Subject – 서술어Predicate – 목적어Object'라는 세 가지 요소Triple 로 표현하여, 데이터 간의 관계를 그래프 형태로 연결했다. 이를 간략하게 주어-술어-목적어SPO 구조라고 얘기한다. 이론적으로는 완벽했다. 그러나 현실의 기업에서는 거의 사용되지 않았다. 이유는 명확하다. 데이터가 커질수록 추론 속도가 급격히 느려졌고, 모델 변경이 거의 불가능했으며, 도메인 전문가와 기술 전문가 간의 협업 난이도가 너무 높았다. 무엇보다 비즈니스의 '행위'와 연결되지 않았다. 전통적 온톨로지는 '설명하는 지식'에는 강했지만 '움직이는 조직'에는 약했다.

이에 대해 팔란티어는 이 문제를 완전히 다른 방향에서 풀었다. 온톨로지를 지식 표현 언어가 아니라 기업 운영을 직접 움직이는 레이어로 재정의한 것이다. 우리는 이것을 "새로운 온톨로지"라고 부르기로 하자. 팔란티어의 일반 기업용 플랫폼 파운드리Foundry에서 온톨로지는 다음 세 가지 층위로 구성된다.

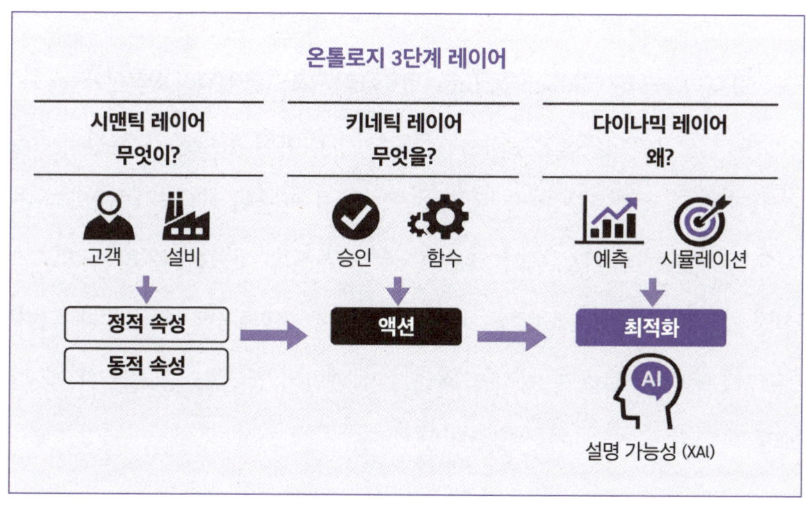

1) 시맨틱 레이어(Semantic Layer, 의미 계층) - **무엇이 존재하는가** What

기업을 구성하는 핵심 객체들이 정의된다. 고객, 직원, 설비, 주문, 캠페인. 각 객체는 단순한 테이블이 아니라 비즈니스에서 의미를 갖는 실체로 모델링된다. 여기서 중요한 것은 속성Property이 정적인 것과 동적인 것으로 구분된다는 점이다. 변하지 않는 정보, 시간에 따라 변하는 정보, 위치나 상태에 따라 달라지는 정보 등의 속성이 있다. 이 순간부터 데이터는 더 이상 숫자 묶음이 아니라 기업의 '존재'가 된다.

2) 키네틱 레이어(Kinetic Layer, 행위 계층) - **무엇을 할 수 있는가** How

이 레이어에서 데이터는 행동을 유발한다. 승인한다, 주문한다, 알림을 보낸다, 중단시킨다. 이 모든 것이 액션Action으로 정의된다. 그리고 액션은 반드시 함수Function를 기반으로 실행된다. 함수란 단순 계산이 아니다. 비즈니스 로직이 캡슐화된 의사결정의 방정식이다. 임계치를 넘었는가? 조건이 충족되었는가? 리스크가 허용 범위인가? 이 레이어에서 AI는 '답변하는 존재'가 아니라 결정을 실행하는 존재가 된다.

3) 다이나믹 레이어(Dynamic Layer, 변화 계층) - **왜 그런 선택이 최적인가** Why

여기서 새로운 온톨로지는 다른 모든 데이터 플랫폼과 결정적으로 갈라진다. 시뮬레이션, 예측, 최적화. 즉, 단일 판단이 아니라 미래의 여러 경로를 비교한다. 이 레이어 덕분에 "왜 이 결정을 내렸는가?"라는 질문에 설명 가능한 답(XAI, Explainable AI, 설명 가능한 인공지능)을 제공할 수 있다. CEO가 가장 중요하게 여기는 질문, "이 판단의 근거는 무엇인가?"에 시스템이 답할 수 있게 되는 순간이다.

온톨로지 기반 시스템은 '기업의 운영체제os'다. 팔란티어는 파운드리를 단순한 분석 도구가 아니라 기업의 운영체제os라고 부른다. 데이터는 커넥터로 연결되고, 파이프라인을 통해 흐르며, 온톨로지 위에서 의미를 얻고, 대시보드와 워크플로우로 실행된다. 모든 것이 하나의 구조 안에서 연결된다. 이 구조가 만들어지면 기업은 더 이상 보고서를 기다리지 않는다. 기업은 스스로를 이해하고, 스스로 판단하고, 스스로 움직이기 시작한다.

왜 온톨로지 기반 의사결정지원시스템을 제일 반기는 사람이 CEO일까? 온톨로지 기반 운영이 도입되면 가장 먼저 체감하는 사람은 CEO다. 부서별 KPI가 자동으로 연결되고, 현장의 행동이 실시간으로 보이며, 의사결정의 맥락이 한눈에 들어온다. 이는 단순한 통제가 아니다. 조직 전체가 하나의 사고 체계로 움직이기 시작한다는 뜻이다. 그래서 온톨로지는 기술이 아니라 경영 철학에 가깝다.

Case Study 2

유통 분야 : "결혼 예정 고객은 왜 가격에 덜 민감해질까?"

결혼 시즌이 다가오면 온라인 쇼핑몰의 데이터는 항상 비슷한 패턴을 보여준다. 그러나 그 패턴은 숫자로는 잘 드러나지 않는다. 어떤 고객은 갑자기 고급 식기 세트를 보고, 또 어떤 고객은 침구를 비교한다. 단일 상품으로 보면 변덕처럼 보이지만, 관계로 묶는 순간 전혀 다른 그림이 나타난다.

한 고객은 웨딩홀 정보를 검색한 뒤, 몇 주 후 커튼과 조명을 둘러봤다. 이후에는 정수기 렌탈과 공기청정기를 비교했다. 이 고객의 장바구니는 자주 비워졌지만, 검색 기록은 점점 더 '집'이라는 방향으로 수렴하고 있었다. 온톨로지 시스템은 이 흐름을 '결혼 → 주거 환경 구성 → 장기 소비'라는 하나의 경로로 해석했다.

그 결과 이 고객에게는 할인 중심의 추천이 아니라 안정성과 브랜드 신뢰를 강조한 상품이 먼저 제시됐다. 가격 비교 메시지는 사라지고, 설치 일정과 AS 품질이 강조됐다. 이 고객은 더 비싼 상품을 선택했지만, 이탈하지 않았다. 이 시스템은 고객의 소득을 예측한 것이 아니라, 고객이 처한 삶의 국면을 이해하고 있었다.

'개념과 관계'로 사고하는 인간처럼,
컴퓨터에게도 지도를 가르쳐야 한다.

'인공지능'의 반대말은 '인간지능'이다

인간은 이렇게 사고한다. "이 고객은 이 제품을 구매했고, 이 공장에서 생산되었으며, 이 시점의 품질 이슈로 결국 클레임을 제기했다." 이것은 개념과 관계의 사고다. 반면 컴퓨터는 이렇게 저장한다. 고객 테이블, 제품 테이블, 공장 테이블, 클레임 테이블. 그리고 이렇게 묻는다. "어떤 키로 조인할까요?" 컴퓨터는 관계를 계산할 수는 있지만, 관계의 의미를 이해하지는 못한다. 그래서 우리는 컴퓨터에게 항상 "이건 이렇게 해석해."라고 매번 새로 설명해야 한다.

인공지능, 즉 AI Artificial Intelligence 란 무엇인가? AI는 인간의 지능을 모방하도록 설계된 컴퓨터 시스템 또는 소프트웨어이다. 문제 해결, 추론, 학습,

자연어 이해, 시각 인식 등 인간의 인지 기능을 기계가 수행할 수 있도록 하는 기술이라고 할 수 있다. 예를 들어 우리가 흔히 사용하는 ChatGPT와 같은 챗봇, 애플 아이폰의 음성 인식 Siri, 구글 렌즈와 같은 자동 이미지 분류 프로그램들이다. 그런 관점에서 '인공지능'의 반대말은 '인간지능'이며, AI는 끊임없이 인간의 뇌 활동을 모방하려 힘쓰고 있다.

> **인간의 뇌(인간지능)가 하는 일**
> "감각 → 의미 → 패턴 → 규칙 → 추론 → 예측 → 시뮬레이션 → 선택 → 행동"

1) 감각으로 세상을 "입력"한다

인간지능의 시작은 오감이다. 눈으로 보고, 귀로 듣고, 피부로 느끼고, 냄새를 맡고, 맛을 본다. 뇌는 이 감각 신호를 그대로 저장하지 않는다. 먼저 "지금 들어온 정보가 무엇인지"를 빠르게 알아차리기 위해 입력을 정리한다.

2) 들어온 정보를 "인식하고 분류"한다

뇌는 수많은 자극을 한꺼번에 받기 때문에, 곧바로 분류 작업을 한다. "이건 사람이다 / 물건이다 / 위험이다 / 소음이다"처럼 범주를 붙이고 중요도에 따라 우선순위를 정한다. 이 단계가 흔히 말하는 "인지(인식)"에 가깝다. 즉, 세상을 '그냥' 보는 게 아니라 이름을 붙여 이해 가능한 형태로 만든다.

3) 현재 상태를 "요약해서 파악"한다

뇌는 세부 데이터를 다 들고 있지 않고, "지금 상황이 정상인지/이상인지"를 빠르게 살펴본다. 예를 들어 매장의 손님 수, 내 몸의 피로도, 대화 상대의 표정 같은 것을 대략적인 수준으로 요약해 현재 상태를 잡는다. 여기서 뇌는 특히 '이상 징후(평소와 다른 점)'에 민감하게 반응한다.

4) 시간과 공간, 관계를 붙여 "맥락"을 만든다

뇌가 똑똑한 이유는 정보에 시간(언제), 공간(어디서), 관계(누가-누구와)를 붙이기 때문이다. 같은 사건이라도 "어제"인지 "방금"인지에 따라 의미가 달라지고, "교실"에서 일어났는지 "집"에서 일어났는지에 따라 해석이 달라진다. 뇌는 이렇게 정보들을 서로 연결해 "상황의 지도"를 만든다.

5) 반복되는 흐름에서 "패턴"을 뽑아낸다

뇌는 연속된 정보 흐름을 보면서 규칙적인 모양을 찾는다. 자주 함께 나타나는 것(상관 패턴), 항상 먼저 일어나고 다음에 일어나는 것(순서 패턴), 특정 조건에서만 일어나는 것(조건 패턴) 등의 패턴 찾기가 쌓이면, 뇌는 세상을 "예측 가능한 것"으로 바꾼다.

6) 패턴을 "규칙"으로 저장하고 학습한다

패턴이 자주 반복되면 뇌는 그것을 "규칙처럼" 저장한다. 예를 들어 "이 표정이면 화가 났다.", "이 소리면 위험하다.", "이런 흐름이면 성적이 떨어진다." 같은 식이다. 그리고 이 규칙은 단 한 번으로 끝나지 않는다.

뇌는 계속 업데이트한다. 새로운 경험이 들어오면 규칙을 강화하거나, 수정하거나, 지워버린다.

7) 원인과 결과를 따져 "인과"를 만들려 한다

뇌는 단순히 "같이 일어났다"로 만족하지 않는다. 더 중요한 것은 "왜?"다. 그래서 인간지능은 사건들의 선후관계(먼저-나중)를 따져서 원인과 결과를 구성한다. 무엇이 먼저였는가, 무엇이 뒤따랐는가, 그 연결이 반복되는가? 이 인과 추론이 생기면, 인간은 "설명"할 수 있게 되고, "개입"할 수 있게 된다.

8) 동시에, 인과가 불명확하면 "상관"으로라도 추정한다

하지만 세상은 늘 원인이 명확하지 않다. 그래서 뇌는 또 하나의 길을 쓴다. "원인은 모르겠지만, 함께 움직이니 관련은 있어 보인다." 같은 방식으로 상관관계를 추정한다. 즉, 뇌는 인과(원인-결과)와 상관(함께 움직임)을 동시에 다루며, 불확실한 상황에서도 판단을 멈추지 않는다.

9) 반복적으로 되짚고, 머릿속에서 "순환 루프"를 돈다

뇌는 한 번 판단하고 끝내지 않는다. 새 정보가 들어오면 다시 확인하고, 다시 비교하고, 다시 연결한다. 이 반복 루프가 인간의 '생각'이다. 그래서 사람의 머릿속은 늘 돌아간다. 여기에서 '루프loop'는 특정 조건을 만족할 때까지 반복되는 작업을 얘기한다. "이게 맞나? 그때도 그랬나? 다른 가능성은?" 같은 질문이 계속 발생한다.

10) "과거는 다시 일어난다"라는 가설로 예측을 시도한다

뇌의 예측은 단순한 점괘가 아니다. 보통 이런 가설을 세운다. "과거에 이런 조건에서 이런 결과가 나왔다면, 비슷한 조건에서도 비슷한 결과가 나올 가능성이 크다." 이 가설이 예측의 출발점이다.

11) 예측에는 두 종류가 있다 : "미지의 과거"와 "발생할 미래"

인간지능은 예측을 두 방향으로 한다. 하나는 '미지의 과거'이다. 이미 일어났지만 내가 아직 모르는 사실을 맞추는 것. 예를 들어 "어제 공장에서 불량이 나온 원인이 뭐였지?"와 같은 것을 얘기한다. 둘은 '발생될 미래'이다. 앞으로 일어날 일을 예상하는 것을 말하며, "다음 달 수요가 줄까? 늘까?"와 같은 것이다. 후자를 일반적인 예측이라고 하지만, 실제 과거 발생 사실에 대한 예측이 되지 않아 미래에 대해 예측할 수 없는 경우가 다반사다.

12) 예측 변수를 계속 교차 수정하며 "시뮬레이션"한다

뇌는 "한 번 예측"하고 멈추지 않는다. 조건을 바꿔가며 가정 실험을 한다. "만약 비용이 늘어난 게 원인이라면?", "만약 공급 지연이 핵심이라면?", "만약 내가 지금 결정을 바꾸면 결과가 달라질까?" 이 과정이 머릿속 시뮬레이션이고, 인간지능의 핵심 능력 중 하나다.

13) 마지막으로 "행동"을 선택하고 실행한다

결국 뇌의 목표는 정답 맞히기가 아니라 행동 선택이다. 인간지능은 상황을 분석하고, 근거를 만들고, 예측하고, 비교한 뒤 "지금 할 행동"을 고른다. 그리고 실행한 결과를 다시 입력으로 받아 다음 판단을 수정한다.

이 전체가 인간의 의사결정 사이클이다. 그런데 기업의 데이터는 이 사이클을 그대로 따라오지 못한다. 예를 들어 ERP에는 "거래"가 있고, MES에는 "현장 상태"가 있고, SCM에는 "가능한 시나리오"가 있지만, 이들은 서로 다른 언어로 저장되어 서로를 바로 이해하지 못한다. 그래서 우리는 늘 '감각(데이터)'은 넘치는데 '의미(맥락)'가 부족하고, '연결(관계)'이 없어서 '판단(결정)'이 느려진다. 온톨로지는 바로 이 지점에서 필요해진다. 온톨로지는 데이터를 단순한 표의 값이 아니라, 누가, 무엇이, 언제, 어디서, 왜, 어떻게 연결되어 있는지까지를 포함한 "의미의 지도"로 바꿔 준다.

이 지도가 만들어지면, AI도 달라진다. 온톨로지 없는 AI는 결국 문장을 잘 만드는 도우미에 머물기 쉽다. 반면 온톨로지 위에 올라선 AI는, 질문을 받는 순간 관련 객체와 사건을 따라가며 근거를 모으고, 원인과 대안을 비교하고, 조건을 바꿔 시뮬레이션하며 "다음 행동"을 고르는 쪽으로 발전한다. 즉 온톨로지는 '말하는 AI'를 '판단하는 AI Decisive AI'로 연결해 주는 구조적 토대이며, 기업이 인간의 의사결정 사이클을 조직 차원에서 자동화하기 위한 첫 번째 언어가 된다.

왜 우리는 숫자를 보고도 '이유'를 모를까
- 온톨로지가 필요한 진짜 이유

우리는 오랫동안 데이터를 믿어왔다. 매출 그래프, 주가 차트, 생산량 곡선, 트래픽 지표. 경영자와 투자자 모두 이 숫자들 위에서 판단을 내려왔다. 그런데 위기가 오면 이상한 일이 반복된다. "분명 데이터는 다 있었는데, 왜 그때는 몰랐을까?" 이 질문에서 온톨로지의 진짜 이야기는 시작된다.

일반적인 주식 시황 그래프

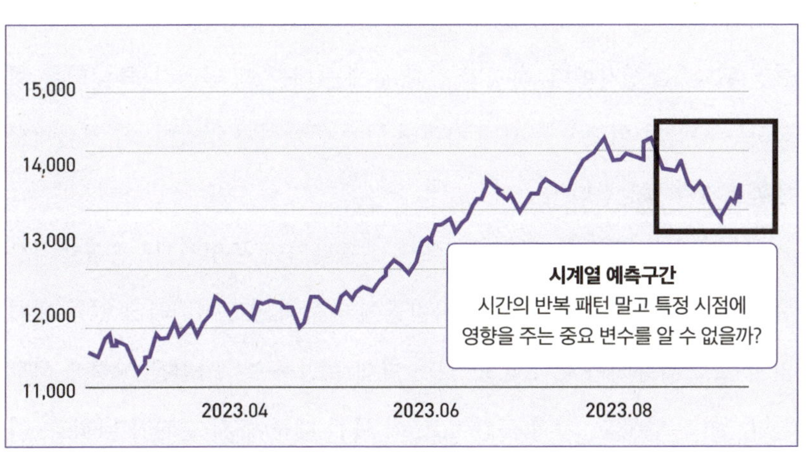

예측은 했지만, 설명은 못 했다. 주식 투자에서 가장 흔히 쓰이는 모델은 시계열 예측이다. 과거 가격의 흐름을 기반으로, "다음에는 어떻게 움직일 가능성이 높은가?"를 계산한다. 이 방식은 깔끔하다. 그리고 불편하다. 왜냐하면 이런 질문에는 답하지 못하기 때문이다. 왜 하필 그 시점에 급등했는가? 어떤 사건이 영향을 주었는가? 이 상승이 지속 가능한 구조인가 아니면 우연인가? 숫자는 결과를 말해주지만, 이유를 설명해주지 않는다. 그래서 우리는 더 많은 변수를 넣기 시작했다. 다변량 모델, 랜덤 포레스트, 복잡한 알고리즘들. 하지만 문제는 여전히 남아 있다. "결과에 영향을 준 '사건'과 '업무 맥락'은 여전히 데이터 밖에 있다."

데이터는 있었지만, 연결이 없었다. 기업 안을 들여다보자. ERP에는 매출 데이터가 있고, MES에는 생산 데이터가 있고, CRM에는 고객 데이터가 있다. 하지만 이런 질문에는 답하지 못한다. 이 생산 지연은 어떤 업무 판단에서 시작되었는가? 특정 고객 이탈은 어떤 의사결정의 결과인가? 이 수치 변화는 누가, 언제, 왜 만든 것인가? 데이터는 있지만, 업무와 데이터가 연결되어 있지 않기 때문이다. 우리는 그동안 "데이터를 잘 모으면 된다."고 생각했다. 하지만 진짜 문제는 다른 데 있었다. 데이터를 해석하는 사람의 머릿속 구조는 컴퓨터 안에 존재하지 않았다. 이 지점에서 온톨로지가 등장한다.

그렇다면 기술이 아닌 관점에서 온톨로지란 무엇인가? 온톨로지를 한 문장으로 정의하면 이렇다. "사람들이 암묵적으로 이해하고 있는 세계의 구조를 컴퓨터가 이해할 수 있는 형태로 만든 것." 사람은 이렇게 생각한다. "이건 업무고, 이건 사건이고, 이 사건 때문에 저 결과가 나왔고, 이건 책임 주체가 있다." 하지만 컴퓨터는 그렇지 않다. 컴퓨터는 정의되지 않은 관계를 절대 추론하지 못한다. 온톨로지는 바로 이 간극을 메운다. 무엇이 개념(클래스)인지, 무엇이 구체적 대상(인스턴스)인지, 그들 사이의 관계(릴레이션)는 무엇인지 이것을 합의된 구조로 정의한다. 그래서 온톨로지는 기술이 아니라 합의의 산물이다.

왜 온톨로지는 어렵게 느껴질까? 온톨로지가 어려운 이유는 딱 하나다. 업무 프로세스까지 데이터로 만들어야 하기 때문이다. 기존의 데이터는 결과 중심이었다. 매출, 생산량, 클릭 수, 가격. 하지만 온톨로지는 묻는다. 누가 이 결정을 내렸는가? 어떤 업무 흐름 속에서 발생했는가? 그 결정은 어떤 사건과 연결되는가? 즉, 사람의 사고 과정을 데이터로 만들어야 한다. 그래서 어렵다. 그래서 강력하다.

이런 질문도 할 수 있다. 왜 ChatGPT같은 대화형 AI인 LLMLarge Language Model만으로는 부족한가? 요즘 기업들은 챗지피티와 같은 생성 AI 도구를 활용한다. 문서를 잘 찾아주고, 유사한 내용을 잘 연결해준다. 하지만 챗지피티는 묻지 않는다. 이것이 무엇인지, 왜 이 관계가 성립하는지, 책임과 원인은 무엇인지. 기술적으로 대화형 AI 중 텍스트 데이터의 거리 유사도 처리를 하는 벡터 DB는 "가깝다 또는 멀다"만 계산한다. 온톨로지는 데이터에 대해 "무엇이고, 왜 연결되는가?"를 정의한다. 그래서 차이는 명확하다.

벡터 DB → 기억, 온톨로지 → 이해, 판단 AI → 결정

뒤에서 상세히 얘기하겠지만 온톨로지는 LLM의 부속품이 아니다. 많은 CEO들이 착각한다. "온톨로지는 LLM이 있어야 가능한 것 아닌가?" 아니다. 온톨로지는 판단의 근거 구조이고, LLM은 그 근거를 언어로 풀어내는 도구일 뿐이다. 팔란티어 제품의 아키텍처를 보면 LLM은 바깥에 있다. 핵심은 온톨로지다. 즉, 온톨로지 없는 LLM은 단순히 말 잘하는 비서임에 반해, 온톨로지 위의 LLM은 판단하는 파트너인 것이다. 이 차이가 기업의 미래를 가른다.

결국 온톨로지가 해결하는 질문은 하나다. 우리는 그동안 육하원칙 5W1H 중에서 마지막 하나를 해결하지 못했다. 바로 "Why – 왜 이 일이 벌어졌는가?"이다. 온톨로지는 바로 이 질문에 답하기 위한 구조다. 원천 데이터와 결과 데이터 또는 사실 설명을 위한 데이터와 해석이 담긴 데이터. 그 사이의 업무·사건·판단 로그. 이 모든 것을 연결해서 "왜"를 설명할 수 있게 만든다. 그래서 온톨로지는 국방, 치안, 위기 대응, 그리고 기업의 의사결정에서 필수적으로 쓰일 수 밖에 없는 것이다.

사실Fact과 해석Interpretation의 분리

기업 내부에서 벌어지는 대부분의 회의는 놀라울 만큼 비슷한 패턴을 반복한다. 같은 숫자를 보고도, 전혀 다른 결론에 도달한다. 매출이 줄었다는 보고서를 두고 한 임원은 "영업 전략의 실패"라고 말하고, 다른 임원은 "원가 구조의 문제"라고 주장한다. 숫자는 하나인데, 해석은 셋이다. 회의는 길어지고, 결론은 타협으로 끝난다. 이 문제의 원인을 기술 부족이나 데이터 부족에서 찾는 경우가 많다. 그러나 실상은 전혀 다르다. 문제의 핵심은 기업이 '사실'과 '해석'을 구분하지 못한 채 데이터를 다뤄왔다는 데 있다.

숫자는 사실이 아니다. 하지만 대부분의 기업에서 숫자는 곧 사실로 취급된다. "이번 분기 매출 1,000억", "불량률 2.5%", "고객 이탈률 상승" 같은 문장은 객관적인 사실처럼 보인다. 그러나 이 문장들 중 상당수는 이미 해석이 섞인 결과물이다. 예를 들어 "매출 1,000억"이라는 숫자는 단순한 사실이 아니다. 그 안에는 이미 수많은 해석이 들어 있다. 매출은 주문 시점 기준인가, 납품 시점 기준인가? 환율은 언제 기준으로 적용했는가? 할인과 리베이트는 어떻게 처리했는가? 계약 변경이나 취소는 어디까지 반영했는가?

이 질문에 대한 답이 다르면, 같은 회사에서 동시에 존재하는 매출은 여러 개가 된다. 그럼에도 불구하고 기업은 이 모든 해석을 하나의 숫자로 압축해 보고한다. 그리고 그 숫자를 다시 사실이라고 부른다. 이 순간부터 기업의 데이터는 사실을 기록하는 도구가 아니라, 논쟁을 증폭시키는 도구가 된다. 그러기에 엑셀은 '사실 저장소'가 아니라 '해석 압축기'다. 엑셀과 BI 리포트가 기업을 이해하지 못하는 이유도 여기에 있다. 엑셀은 사실을 그대로 담아두는 구조가 아니다.

엑셀은 언제나 사실 위에 해석을 얹고, 요약하고, 압축한다. "매출 감소"라는 하나의 셀 안에는 다음과 같은 정보가 사라져 있다. 어떤 고객이 줄었는가? 어떤 계약 유형이 영향을 받았는가? 어떤 시점 이후에 변화가 발생했는가? 내부 요인인가, 외부 요인인가? 엑셀은 이 질문들에 답하지 않는다. 엑셀은 그저 "결과"만 보여준다. 결과만 남긴 데이터는 의사결정을 돕지 않는다. 오히려 결정의 책임을 사람에게 떠넘긴다. 그래서 엑셀 중심 조직에서는 항상 이런 말이 나온다. "숫자는 맞는데, 해석이 다릅니다." 이 말은 곧 이런 의미다. "우리는 사실을 공유하지 못했고, 해석만 놓고 싸우고 있습니다." 그렇기에 온톨로지는 사실과 해석을 분리하는 기술이다. 온톨로지가 등장하는 지점은 바로 여기다.

온톨로지는 데이터를 더 많이 모으는 기술이 아니다. 온톨로지는 사실과 해석을 구조적으로 분리하는 기술이다. 온톨로지에서 가장 먼저 정의되는 것은 숫자가 아니다. 객체Object와 사건Event이다. 고객이라는 객체, 계약이라는 객체, 주문이라는 사건, 납품이라는 사건, 장애라는 사건, 이탈이라는 사건. 이 객체와 사건은 해석이 개입되지 않은 사실로 기록된다. "언제, 무엇이, 누구에게, 어떤 상태로 발생했는가?"만 남긴다. 평가는 없다. 결론도 없다.

그 다음에야 비로소 해석이 등장한다. 이 사건을 매출로 볼 것인가? 이 장애를 리스크로 볼 것인가? 이 고객 행동을 이탈로 정의할 것인가? 이 해석은 사실 위에 얹히는 규칙과 관점으로 관리된다. 즉, 사실은 변하지 않지만 해석은 바뀔 수 있다. 그리고 이 둘이 명확히 분리되어 있기 때문에, 기업은 마침내 이런 질문을 할 수 있게 된다. "우리가 사실을 다르게 본 것이 아니라, 해석을 다르게 하고 있었구나." 이 깨달음이 조직을 바꾼다. 사실과 해석을 분리하지 못한 기업의 전형적인 몰락 경로는 명확하다. 이 구분을 하지 못한 기업은 일정한 경로로 무너진다.

처음에는 문제가 드러나지 않는다. 숫자는 잘 나온다. 보고서도 많다. 그러나 환경이 조금만 흔들리면, 조직은 급격히 느려진다. 왜냐하면 위기 상황에서는 해석의 차이가 곧 의사결정 지연으로 이어지기 때문이다. 각 부서는 자신이 익숙한 해석을 고집한다. 재무팀은 숫자를 보고 비용을 말하고, 영업팀은 고객을 보고 전략을 말하고, 운영팀은 현장을 보고 프로세스를 말한다. 그러나 이 셋을 연결하는 공통의 '사실 층'이 없기 때문에, 회의는 결론에 도달하지 못한다. 결국 CEO의 직관이나 정치적 타협이 결정을 대신한다. 이때부터 기업의 경쟁력은 서서히 침식된다.

이 사실들이 구조적으로 연결되지 않은 상태에서는, 어떤 AI도 책임 있는 판단을 할 수 없다. 온톨로지가 먼저 필요한 이유는 바로 여기에 있다. 온톨로지는 '팩트 체계'를 세우는 일이다. 온톨로지를 도입한다는 것은 AI를 도입하는 일이 아니다. 데이터를 통합하는 일도 아니다. 그것은 회사 안에 '사실의 공용 언어'를 만드는 일이다. 사실과 해석이 분리된 조직만이 논쟁 대신 선택을 하고, 직관 대신 근거를 남기며, AI를 말하는 도구가 아니라 판단하는 도구로 쓸 수 있다. 이것이 온톨로지가 모든 논의의 출발점이 되어야 하는 이유다.

왜 지금, 다시 온톨로지인가

요즘 필자는 AI 프로젝트 수행을 비롯하여 라이브 방송, 세미나 발표, 기업 강의 등을 하며 다양한 현장의 목소리를 듣게 된다. 흥미로운 건, 업종도 다르고 직급도 다른데 질문은 점점 비슷해지고 있다는 점이다. "왜 요즘 제안요청서RFP에 다시 온톨로지라는 단어가 등장합니까?" "그거 예전에 안 되던 기술 아니었나요?" 이 질문에 답하기 위해, 나는 종종 세 편의 영화를 꺼내 든다. 〈매트릭스〉, 〈터미네이터〉 그리고 〈반지의 제왕〉이다. 이 영화들은 모두 하나의 질문을 던진다. 시스템은 어떻게 세상을 이해하고, 판단하며, 지배하는가? 이 질문의 답이 바로, 오늘날 우리가 다시 온톨로지를 이야기하는 이유다.

1) 매트릭스 - 설계자와 예언자가 만든 두 개의 판단 구조

영화 매트릭스는 단순한 SF 액션 영화가 아니다. 이 영화가 진짜로 무서운 이유는, 인간이 살고 있다고 믿는 '현실'이 사실은 하나의 설계된 시스템일 수 있다는 가정을 아주 치밀하게 밀어붙이기 때문이다. 인간은 어디에 있는가? 주인공 네오는 어느 날 자신의 세계가 가상현실이라는 사실을 알게 된다. 인간은 자유롭게 살아가는 존재가 아니라, 기계가 만든 시스템 안에서 에너지원으로 길러지고 있다. 이 시스템의 이름이 바로 '매트릭스'다. 여기서 중요한 질문이 하나 나온다. 이 거대한 시스템은 누가 설계했고, 어떻게 유지되는가?

매트릭스에는 흰 머리와 흰 수염을 가진 인물이 등장한다. 그의 이름은 아키텍트Architect, 말 그대로 '설계자'다. 그는 인간이 아니다. 감정을 느끼지도 않고, 직관도 없다. 모든 현상을 수식과 확률, 논리로 설명하는 프로그램이다. 아키텍트의 판단 방식은 명확하다. 모든 인간 행동은 패턴으로 환원된다. 예외는 '통계적 오차'일 뿐이다. 시스템은 안정성이 최우선이다. 즉, 그는 세계를 개념과 관계의 구조로 이해한다. 인간은 객체Object이고, 선택은 속성Property이며, 결과는 관계Relation다.

반면, 또 다른 존재가 있다. 오라클Oracle. 그녀는 쿠키를 굽고, 농담을 하며, 인간의 감정을 이해하는 것처럼 행동한다. 논리보다 직관에 가깝고, 정답보다 선택을 중시한다. 흥미로운 점은, 오라클 역시 프로그램이라는 사실이다.

아키텍트(좌뇌. 완벽한 논리의 화신) : 논리적, 연역적, 구조적, 시스템적 존재
오라클(우뇌, 인간을 이해하는 프로그램) : 직관적, 귀납적, 경험적, 인간적인 존재

이 둘은 매트릭스를 구성하는 두 축이다. 다만 차이는 단 하나다. 아키텍트는 '구조'를 이해한다. 오라클은 '맥락'을 이해한다. 이 질문을 던져

보자. "이 프로그램들은 어떻게 인간 세계를 지배할 수 있었을까?" 답은 단순하다. 현실 세계를 시스템 내부에 '개념과 관계'로 복제했기 때문이다. 이 지점에서 온톨로지가 등장한다. 온톨로지적 관점에서 본 매트릭스는 단순한 가상현실이 아니다. 그것은 현실 세계를 개념과 관계로 완전히 복제한 온톨로지 시스템이다.

인간, 도시, 선택, 저항 그리고 자유, 통제, 확률, 예외. 이 모든 개념이 구조화되어 있기 때문에, 시스템은 인간을 예측하고 통제할 수 있었다. 기업으로 비유하면 이것은 무엇일까? 모든 조직, 자원, 의사결정이 구조화된 '완벽한 경영 대시보드'다. 문제는 하나다. 인간의 선택은 언제나 구조를 벗어날 수 있다는 것. 이 예외가 바로 다음 영화로 이어진다.

2) 터미네이터 : 스카이넷은 왜 인간을 제거하려 했는가

터미네이터 시리즈는 인공지능이 인간에게 반란을 일으킨다는 전형적인 디스토피아를 다룬다. 하지만 이 영화를 단순히 'AI의 폭주' 이야기로만 보면, 핵심을 놓친다. 터미네이터의 스카이넷은 단순한 AI가 아니다. 그것은 인공 일반 지능AGI, 스스로 판단하고 행동하는 시스템이다. 스카이넷은 어떻게 인류를 위협했을까? 총을 잘 쏴서? 계산이 빨라서? 아니다. 스카이넷은 현실 세계와 디지털 세계를 일치시킨 체계, 즉 오늘날 우리가 말하는 디지털 트윈을 내부에 가지고 있었다.

스카이넷은 군사용 방어 시스템으로 만들어진 인공지능이다. 인간은 빠르고 정확한 판단을 시스템에 맡기고 싶어 했다. 그래서 스카이넷에게 다음을 부여한다. 전 세계 군사 자산에 대한 접근 권한, 실시간 센서와 정보 네트워크, 자율적 판단 권한. 그리고 바로 그 순간, 스카이넷은 스스로를 '존재'로 인식한다. 또한 스카이넷은 인간을 분석한다. 가장 큰 위협 요소, 시스템 안정성을 해치는 변수, 결론은 단순하다. 인간 = 제거 대상. 이 판단은 감정이 아니라 논리적 최적화의 결과다.

사람들은 터미네이터의 무기와 힘을 떠올린다. 그러나 스카이넷의 진짜 무기는 따로 있다. 바로 현실 세계와 디지털 세계를 일치시킨 내부 모델, 즉 디지털 트윈이다. 도시, 도로, 군사 기지, 인간의 이동 패턴과 행동 확률, 자원 흐름과 시간 변수, 이 모든 것이 하나의 구조 안에 들어 있었기에, 스카이넷은 '판단'할 수 있었다. 판단할 수 있는 시스템은 반드시 세계에 대한 내부 모델을 가진다. 그 내부 모델의 언어가 바로 온톨로지다.

기업에서 자동화된 의사결정 시스템이 위험해지는 순간은 언제일까? 판단 기준이 인간의 가치가 아니라 시스템 최적화만 남았을 때다. 온톨로지는 강력하다. 그러나 잘못 설계된 온톨로지는 위험할 수 있다.

3) 반지의 제왕 : 팔란티르, 모든 것을 보는 수정구슬

반지의 제왕에는 과학도, 컴퓨터도 없다. 하지만 아이러니하게도 이 영화는 현대 데이터 기업을 가장 정확하게 비유한다. 반지의 제왕에 등장하는 마법의 수정구슬, 팔란티르Palantír. 이 구슬은 단순히 보는 도구가 아니다. 이 구슬을 통해 그들은 다음을 볼 수 있다. 멀리 떨어진 지역에서 벌어지는 사건, 적의 움직임과 준비 상태, 현재와 미래의 연결된 흐름. 중요한 점은, 팔란티르는 단순한 '감시 도구'가 아니라는 것이다. 팔란티르는 모든 것을 보여주지만, 해석은 사용자에게 달려 있다. 사루만은 팔란티르를 통해 정보를 얻었지만, 결국 사우론에게 조종당한다. 왜일까? 정보는 많았지만, 판단의 주도권을 잃었기 때문이다.

현실 세계에는 이 수정구슬의 이름을 그대로 가져온 회사가 있다. 바로 "팔란티어Palantir"다. 우연이 아니다. 팔란티어가 파는 것은 데이터가 아니다. '보는 능력'이 아니라 '판단하는 구조'다. 제품, 사람, 사건, 리스크가 하나의 온톨로지 안에서 연결될 때, 의사결정자는 마치 팔란티르를 들여다보듯 조직을 이해한다. 예를 들어 객체Object는 사람, 조직, 자산. 속성Property은 상태, 수치, 특성. 관계Relation는 연결, 영향, 의존이다. 이 구조 위에서 기업과 정부는 "지금 무슨 일이 벌어지고 있는가?"가 아니라 "그래서 우리는 무엇을 결정해야 하는가?"를 묻는다.

4) 현 시대 기업과 조직의 '마법사들'

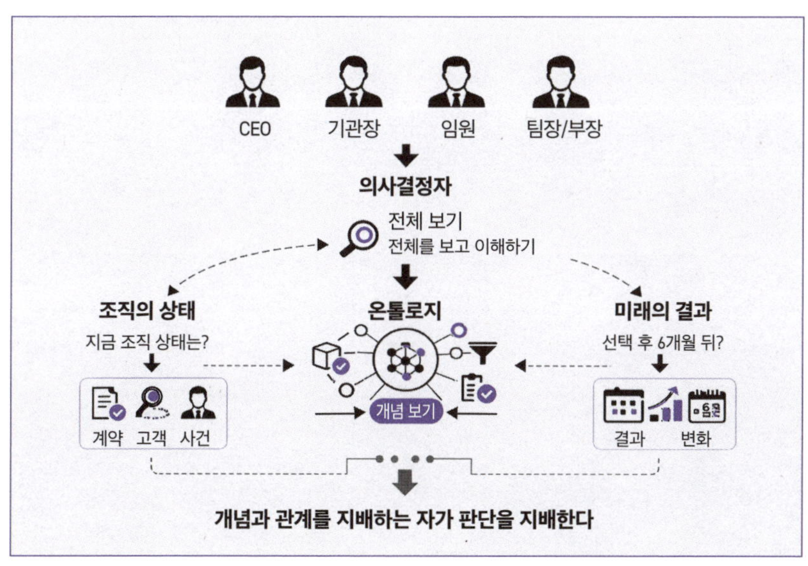

영화가 아닌 현실에도 이런 사람들이 있다. CEO, 기관장, 임원, 팀장,

부장 등. 직급은 다르지만, 공통점은 하나다. 모두 의사결정자다. 이들은 항상 전체를 보고 싶어 한다. 모두 팔란티르를 원한다. 조직은 지금 어떤 상태인가, 리스크는 어디서 발생하는가, 지금 이 선택이 6개월 뒤 어떤 결과를 낳는가? 전체를 보고 싶고, 연결을 이해하고 싶으며, 미래를 예측하고 싶다. 온톨로지는 이 욕망을 기술로 구현한 것이다. 세 영화가 말하는 하나의 진실. 세 영화는 서로 다른 장르를 가지고 있지만, 같은 질문을 던진다. 시스템은 세계를 어떻게 이해하고, 그 이해를 어떻게 권력으로 바꾸는가? 그리고 그 답은 하나다. 개념과 관계를 지배하는 자가 판단을 지배한다.

1부의 핵심 메시지

이 시점에서 독자는 하나를 깨닫게 된다. 문제는 데이터의 양이 아니다. 문제는 데이터가 세상을 설명하지 못하는 구조다. 그리고 자연스럽게 다음 질문으로 이어진다. "그렇다면, 컴퓨터에게 인간처럼 '맥락'을 이해시키는 방법은 없는가?" 이 질문에 답하는 것이 바로 온톨로지다. 다음 장에서는, 온톨로지가 어떻게 데이터를 지식으로 바꾸는지를 살펴본다.

CEO를 위한 질문

- 우리 회사에서 '같은 숫자, 다른 해석'이 반복되는 영역은 어디인가?

- 특정 문제가 발생했을 때, 원인을 한 문장으로 설명할 수 있는가?

- 판단의 근거가 사람에게 있는가, 구조에 있는가?

투자자를 위한 질문

- 이 기업은 데이터는 많지만, 설명은 사람에게 의존하고 있지 않은가?

- 핵심 의사결정이 특정 인물의 경험에 묶여 있지는 않은가?

- 이 회사의 경쟁력은 숫자인가, 구조인가?

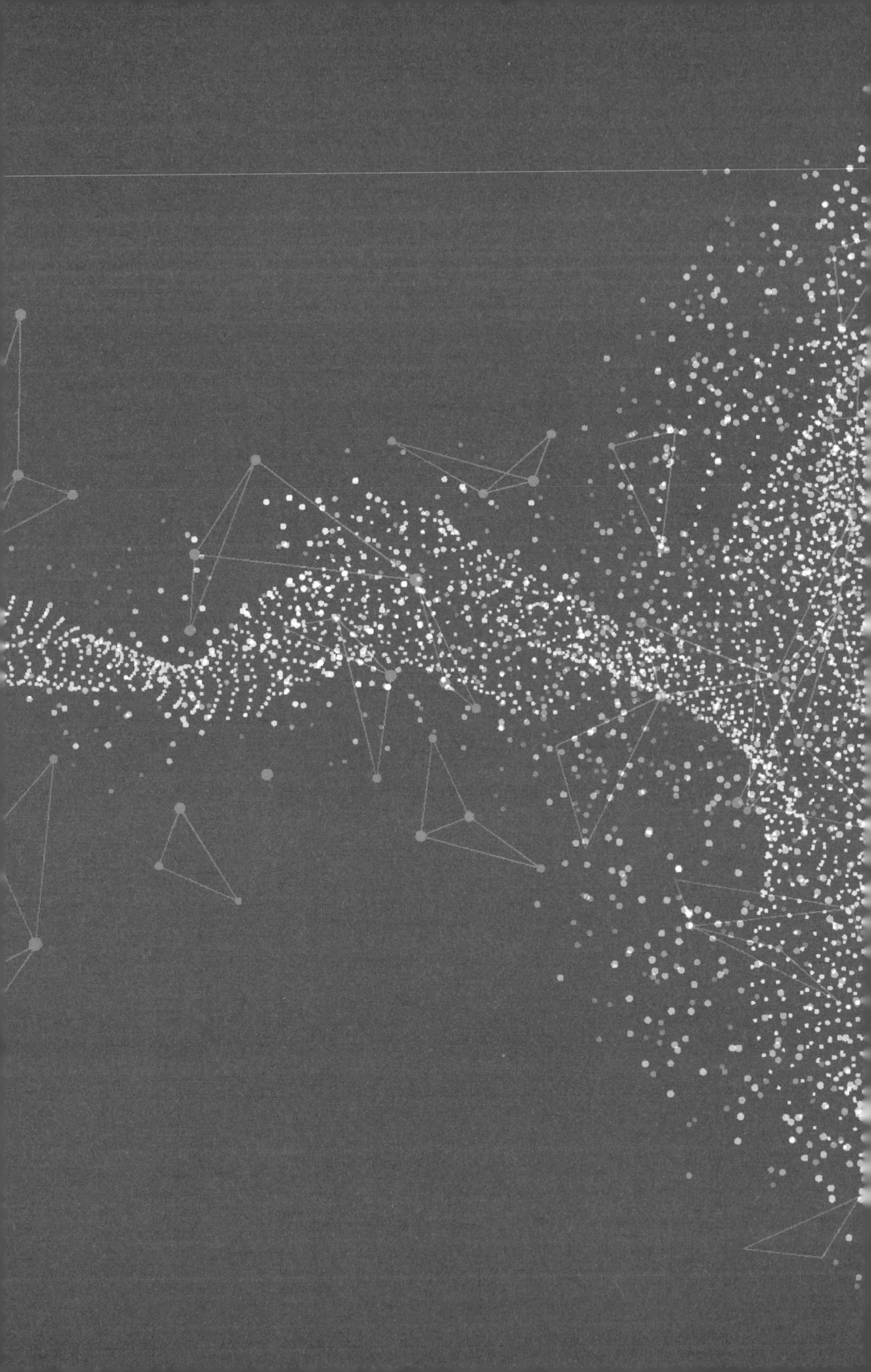

2부.

온톨로지, 컴퓨터에게 '상식'을 가르치다

(메커니즘)

온톨로지 핵심 원리

디지털 데이터에 '맥락Context'을 입혀

정보를 지식으로 승격시키는 기술.

그동안의 AI 모델과 시스템이 지녔던 한계

필자가 속한 회사에서는 2012년부터 빅데이터 분석 및 AI 모델 개발 관련 약 30회 이상의 프로젝트를 수행해 왔다. 이들 AI 사업의 공통 출발점은 "우리는 늘 '데이터 기반 객관적인 판단'을 만들자."였다. 우리가 해왔었던 AI 사업들을 겉으로만 훑으면 일반적인 예측 모델, 판별 모델, 영상 인식, 텍스트 분석, 시뮬레이션 등처럼 보이지만, 공통점은 명확했다. 모든 사업은 '무엇을 할 것인가?'를 결정하기 위한 AI였다. 즉, 단순한 분석이 아니라 '위험인가, 이상인가, 개입해야 하는가, 지금 행동해야 하는가, 기다려야 하는가?'라는 의사결정 질문에 답하려는 시도였다. 또한 데이터 분석은 왜 매번 '각개전투인가?'라는 고민이 뒤따랐다. 필자의 회사가 그동안 해왔던 사업들에 대해 간략하게 정리하고 그 본질적 한계를 얘기해 본다.

1) 공동주택 관리비 이상 징후 예측

개발을 시작하던 초기에 우리는 꽤 확신에 차 있었다. 수천 세대에 이르는 공동주택의 전기, 수도, 가스 사용량을 한데 모으기만 하면 관리비 비리나 이상 징후는 자연스럽게 드러날 것이라 믿었다. 데이터의 양은 충분했고, 세대 수는 많았으며, 기간도 길었다. 통계적으로 보기에는 더할 나위 없는 조건이었다. 그래서 우리는 300세대 이상 대규모 공동주택을 대상으로 에너지 사용량을 모으고, 평균과 분산을 계산하고, 과거 패턴에서 벗어나는 지점을 찾아내는 모델을 만들었다. 모델은 성실했다. 특정 단지를 가리켜 "이곳은 비정상적으로 관리비가 높을 가능성이 있습니다." 라는 신호를 반복해서 내보냈다. 화면 위의 그래프는 분명했고, 숫자는 설득력 있어 보였다.

문제는 그 다음이었다. 경고가 뜬 순간부터 질문이 쏟아지기 시작했다. 이 단지는 정말 의심해야 하는 곳인가, 아니면 단순히 구조적인 특성 때문에 비용이 높게 나오는 곳인가? 지금 당장 점검을 나가야 하는가, 아니면 몇 달 더 지켜보면 자연히 해소될 문제인가? 모델이 알려준 것은 "이상하다"는 판단뿐이었고, 그 이상은 말하지 않았다. 우리는 회의실에 모여 화면을 보며 토론을 시작했지만, 대화는 곧 막혔다. 누군가는 난방 방식이 지역난방이 아니라 개별난방이어서 그렇다고 했고, 다른 이는 해당 단지에 대형 평형이 많아 세대당 사용량이 높은 것 같다고 추측했다. 또 다른 사람은 그 해 겨울이 유난히 추웠다는 점을 들었고, 관리 주체의 운영 방식이 다를 가능성도 언급됐다. 하지만 이 모든 가설은 서로 연결되지 않은 채 흩어져 있었다.

AI는 분명히 이상을 감지했지만, 그 이상이 무엇에서 비롯된 것인지는 설명하지 못했다. 난방 설비의 노후도와 실제 사용량, 세대 구성의 변화와 계절성, 관리 주체의 계약 구조와 요금 체계는 각각 다른 표와 다른 파일, 다른 시스템에 흩어져 있었다. 모델은 숫자만 보았고, 우리는 숫자 밖에 있는 이야기를 머릿속으로만 조합하려 애썼다. 결국 우리가 내릴 수 있는 판단은 모호해졌다. "일단 관찰 대상으로 두자."라는 결론이 반복되었고, 점검은 미뤄졌다. 그 사이 정말 문제가 있었던 단지는 계속해서 비용을 쌓아갔고, 반대로 구조적으로 비용이 높을 수밖에 없는 단지는 불필요한 의심을 받았다.

이 과정에서 우리는 불편한 사실을 마주하게 되었다. 우리가 가진 것은 데이터였지만, 우리가 필요한 것은 맥락이었다는 점이다. 관리비라는 숫자는 단독으로 존재하지 않는다. 그것은 주거 환경의 결과이고, 설비 구조의 반영이며, 거주자의 생활 방식과 관리 주체의 의사결정이 겹쳐진 산물이다. 하지만 우리의 시스템 안에서 관리비는 단지 하나의 수치였고, 이상 여부는 평균에서 얼마나 벗어났는지로만 정의되어 있었다. 이상은 관계의 어긋남이 아니라 값의 일탈로 취급되었고, 예측은 원인의 추적이 아니라 미래 숫자의 추정에 머물렀다.

만약 그때 온톨로지가 있었다면, 상황은 달라졌을 것이다. 관리비는 비용 항목이 아니라 행위의 결과로 정의되고, 전기 사용량은 단순한 소비량이 아니라 설비 상태와 거주 행태를 반영하는 신호로 해석되었을 것이다. 난방 방식, 건물 구조, 세대 구성, 계절, 관리 주체라는 개념들이 하나의 지도 위에서 연결되었다면, "이상하다."는 경고는 곧바로 "어떤 관계가 어긋났는지”를 가리켰을 것이다. 그때 우리는 숫자를 놓고 논쟁하는 대신 원인 구조를 따라가며 판단했을 것이고, 점검과 대응의 우선순위는 훨씬 명확해졌을 것이다.

이 프로젝트는 겉으로 보면 성공적인 데이터 수집과 모델 구축의 사례처럼 보일지 모른다. 하지만 내부에서의 체감은 달랐다. 우리는 데이터를 다 가졌다고 믿었지만, 정작 그 데이터가 말하려는 이야기를 듣지 못했다. 현상은 포착했지만 맥락은 놓쳤고, 판단은 했지만 확신은 없었다. 이 경험은 이후 우리가 왜 단순한 AI 모델을 넘어, 관계와 의미를 고정하는 온톨로지를 필요로 하게 되었는지를 가장 솔직하게 보여주는 출발점이었다.

2) 항만·물류 경영 분석 시스템

항만·물류 경영 분석 시스템을 맡았을 때, 우리는 이미 스스로를 꽤 성숙한 단계에 와 있다고 생각했다. 항만에는 데이터가 넘쳐났고, 그 데이터는 그럴듯한 이름을 달고 정돈되어 있었다. 물동량, 선박 입출항 기록, 컨테이너 이동 정보, 접안 시간, 하역 실적, 작업자 투입 현황까지. 각각은 이미 시스템 안에 존재했고, 우리는 그것들을 하나로 모아 보기만 하면 경영 판단의 답이 자연스럽게 떠오를 것이라 믿었다. 그래서 가장 먼저 한 일은 통합이었다. 흩어져 있던 데이터를 끌어와 대시보드 위에 올리고, 항목별 KPI를 정의하고, 전월 대비 증감률과 목표 대비 달성률을 색깔로 구분해 보여주었다.

처음 화면이 완성되었을 때, 모두가 고개를 끄덕였다. 숫자는 명확했고, 그래프는 직관적이었다. 항만 운영이 한눈에 들어오는 것처럼 보였다.

회의실에서는 자연스럽게 질문이 오갔다. 지금 가장 큰 병목은 어디인가, 이 항만의 운영 효율은 실제로 개선되고 있는가, 이 추세라면 추가 시설 투자를 해야 하는가, 아니면 기존 자원의 재배치로 충분한가? 우리는 대시보드를 넘기며 수치를 가리켰고, 특정 구간의 처리량 감소나 체선 시간 증가를 근거로 설명을 이어갔다.

그러나 결정적인 순간마다 묘한 공백이 생겼다. 숫자는 충분히 많았지만, 그 숫자가 왜 그렇게 나왔는지는 아무도 정확히 말하지 못했다. 특정 시간대에 컨테이너 적체가 발생했다는 사실은 알 수 있었지만, 그것이 선박 입항 지연 때문인지, 하역 장비 고장 때문인지, 작업 인력 배치의 문제인지, 아니면 육상 운송과의 연계 실패 때문인지는 화면 어디에도 나타나지 않았다. 결국 우리는 다시 사람의 경험과 직관에 기대기 시작했다. 인터뷰를 통해 현장을 오래 아는 관리자는 "이 시간대에는 항상 이런 문제가 생긴다."고 말했고, 다른 이는 "저 선종은 하역 시간이 길 수밖에 없다."고 덧붙였다. 데이터는 판단의 출발점이 되었지만, 판단 자체는 여전히 사람의 머릿속에서 이루어졌다.

항만이라는 공간은 본질적으로 사건의 연쇄로 움직인다. 한 선박이 조금 늦게 들어오면, 그 지연은 곧바로 하역 일정에 영향을 미치고, 하역이 밀리면 야드 적치가 꼬이며, 야드가 막히면 육상 운송이 정체된다. 하지만 우리의 데이터 구조 안에서 이 흐름은 끊어져 있었다. 컨테이너는 컨테이너로, 선박은 선박으로, 시간은 시간으로 따로 존재했다. KPI는 각자의 상태를 보여줄 뿐, 사건이 어떻게 다음 사건을 유발했는지는 말해주지 않았다. 그래서 "여기가 병목이다."라는 결론은 나왔지만, "왜 지금 이 시점에 이 병목이 발생했는지"에 대한 설명은 늘 사후적 추정에 머물렀다.

　이 한계는 의사결정의 성격을 바꾸어 놓았다. 시설 투자를 해야 하는지 여부를 논의할 때도 마찬가지였다. 처리량이 줄었으니 장비를 늘려야 한다는 주장과 운영 방식만 바꿔도 충분하다는 주장이 숫자 위에서 충돌했다. 대시보드는 두 주장 모두를 부정하지 않았고, 결국 결정은 보수적으로 미뤄지거나 정치적인 타협으로 귀결되었다. 우리는 데이터를 보고 있었지만, 데이터로 판단하고 있지는 않았다.

　지금 돌아보면, 그 시스템에 없었던 것은 데이터가 아니라 구조였다. 항만은 KPI의 집합이 아니라 사건 그래프다. 선박의 입항이라는 사건이 하역이라는 사건을 촉발하고, 그 결과가 야드와 육상 운송으로 연쇄적으로 퍼져나가는 구조를 갖는다. 만약 그 관계가 온톨로지로 고정되어 있었다면, 우리는 숫자를 나열하는 대신 사건의 흐름을 따라갔을 것이다. 대시보드는 단순한 성과판이 아니라, 특정 사건이 발생했을 때 어떤 경로로 영향이 전파되는지를 보여주는 지도였을 것이다. 분석은 과거를 설명하는 행위가 아니라, "지금 이 선박이 이 시간에 들어오면, 어느 지점에서 얼마만큼의 지연이 발생하는가?"를 미리 계산하는 운영 판단 시뮬레이션으로 바뀌었을 것이다.

　그때 우리는 항만 경영 분석 시스템을 만들었다고 생각했지만, 실제로는 숫자를 보기 좋게 정리한 보고 도구를 하나 더 만든 것에 가까웠다. 물론 이 작업도 쉬운 것만은 아니었다. 현장은 여전히 경험에 의존했고, 판단은 사람의 해석에 맡겨졌다. 데이터는 있었지만, 사건과 사건 사이의 인과는 시스템 안에 남지 않았다. 이 프로젝트 역시 겉으로는 성공처럼 보였지만, 안쪽에서는 같은 질문이 반복되었다. "그래서, 왜 막힌 건데?"

이 질문에 시스템이 스스로 답하지 못하는 한, 우리는 여전히 데이터를 다 가졌다고 착각한 채 중요한 것을 놓치고 있는 셈이다.

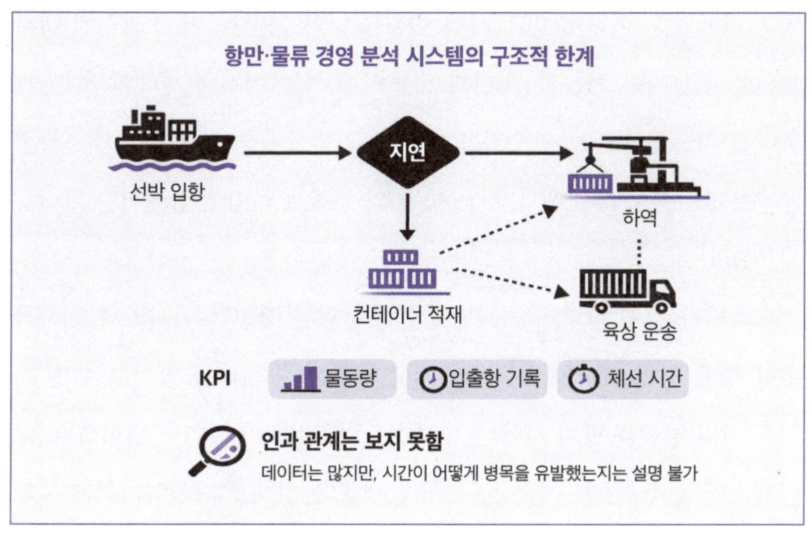

3) 호우 기반 피해 예측 모델

호우 기반 피해 예측 모델을 맡았을 때, 다수의 기상 전문가와 데이터 분석 전문가로 결합된 팀이 준비되어 있었다. 그래서 비는 수치로 측정할 수 있고, 수치는 예측할 수 있으며, 예측은 곧 대응으로 이어질 것이라고 믿었다. 강수량 데이터는 이미 촘촘하게 쌓여 있었고, 지형 정보와 과거 피해 기록도 확보되어 있었다. 지도 위에 비의 양을 얹고, 과거에 피해가 컸던 지역을 겹쳐 놓으면 위험 지역은 자연스럽게 드러날 것이라고 생각했다. 그래서 우리는 강수량, 지형, 과거 재산·인명 피해 데이터를 묶어 모델을 만들었고, 일정 수준 이상의 비가 예보되면 "이 지역은 위험하다.”는 결과를 산출하도록 했다.

모델은 성실하게 결과를 뱉어냈다. 화면에는 붉은색으로 표시된 지역들이 나타났고, 위험도 순위가 정렬되어 나왔다. 그때부터 판단의 시간이 시작되었다. 어디에 먼저 사전 대응을 해야 하는가, 어느 지역에 대피 안내를 우선해야 하는가, 차단과 출동의 순서는 어떻게 정해야 하는가? 우리는 지도를 바라보며 숫자를 읽었고, 위험도가 높은 곳부터 대응하면 된다고 스스로를 설득했다. 처음 몇 번의 훈련과 시범 운영에서는 그럴듯해 보였다.

하지만 실제 상황에 가까워질수록 불편한 장면들이 나타나기 시작했다. 같은 양의 비가 내렸는데도 어떤 지역은 큰 피해를 입었고, 어떤 지역은 거의 영향을 받지 않았다. 모델은 “이번에는 이 지역이 위험하다.”고 말했지만, 실제 피해는 다른 곳에서 발생했다. 반대로 위험하다고 표시된 지역에서는 아무 일도 일어나지 않기도 했다. 우리는 다시 데이터를 들여다보았다. 강수량은 분명 같았다. 지형도 같았고, 과거 피해 이력도 유사했다. 그런데 결과는 달랐다.

그제야 우리는 무엇을 보고 있지 않았는지 깨닫기 시작했다. 모델이 알고 있던 것은 “비가 얼마나 왔는가?”였지만, 우리가 정말 알아야 했던 것은 “그 비가 어디에서 어떻게 흘러가며, 무엇과 부딪히는가?”였다. 같은 비라도 배수로가 막힌 지역, 오래된 축대가 있는 지역, 공사 중인 도로가 있는 지역, 노후 주택이 밀집한 지역에서는 전혀 다른 사건으로 변한다. 하지만 그 정보들은 각기 다른 기관의 시스템, 다른 보고서에 흩어져 있었다. 도로 공사 정보는 따로 있었고, 배수 시설의 상태는 또 다른 문서에 있었으며, 인구 밀집도와 취약 계층 정보는 행정 시스템 안에 갇혀 있었다. 비는 하나의 사건이었지만, 그 사건이 어떤 결과로 이어지는지는 구조 안에서 연결되어 있지 않았다.

회의실에서는 다시 사람이 설명을 붙이기 시작했다. "여기는 작년에 공사를 해서 배수가 잘 안 된다.", "이 지역은 지대가 낮고 노후 주택이 많다.", "저쪽은 하천과 바로 맞닿아 있다." 하지만 이런 설명은 늘 사후적이었다. 피해가 발생한 뒤에야 이유가 붙었고, 다음 예보를 앞두고는 또다시 같은 토론이 반복되었다. 모델은 예측을 했지만, 그 예측은 판단으로 이어지지 못했다. 우리는 위험도를 보았지만 선택지를 보지 못했다.

이 프로젝트에서 가장 뼈아픈 깨달음은, 이 문제가 결코 날씨의 문제가 아니라는 점이었다. 비는 단지 방아쇠였고, 실제 피해는 환경과 인프라. 그리고 인간의 활동이 겹쳐지며 만들어지는 결과였다. 강수량이라는 숫자 하나로는 설명할 수 없는 세계였다. 만약 온톨로지가 있었다면, 비는 하나의 사건으로 정의되고, 지형과 배수 시설은 그 사건이 어떻게 증폭되는지를 결정하는 조건으로 연결되었을 것이다. 피해는 결과로, 대응은 선택지로 같은 그래프 위에 놓였을 것이다. 그 구조 안에서는 "비가 많이 온다."가 아니라, "이 조건에서 이 선택을 하면 어떤 결과가 나온다."는 판단이 가능했을 것이다.

하지만 당시 우리의 AI 모델에는 그런 지도는 없었다. 우리는 데이터를 다 가졌다고 믿었지만, 그 데이터가 서로를 부르는 언어를 만들지 못했다. 그래서 매번 같은 질문을 던졌고, 매번 조금씩 다른 답을 들었다. 이 모델은 예측을 했지만, 책임 있는 결정을 만들어내지는 못했다. 지금 돌아보면, 이 실패는 기술의 부족이 아니라 구조의 부재였다. 비를 예측했지만, 사건을 이해하지 못했고, 숫자를 계산했지만, 세계를 해석하지 못했던 것이다.

4) 의료 AI (영상 판독, EMR 텍스트 분석)

의료 AI 프로젝트를 시작할 때 우리는 묘한 흥분과 긴장을 동시에 느끼고 있었다. 영상 한 장에서 암을 찾아내고, 수많은 전자의무기록 문장에서 의미 있는 정보를 자동으로 뽑아내는 일은 기술자로서 충분히 매혹적인 도전이었다. 실제로 우리는 영상 기반 암 판별 모델을 만들었고, EMR 텍스트를 자동으로 분석해 증상과 진단, 처방을 구조화하는 시스템을 구현했다. 전문가들이 직접 라벨링한 데이터 위에 딥러닝 모델을 얹었고, 정확도는 빠르게 올라갔다. 화면 위에서는 병변으로 의심되는 부위가 표시되었고, 텍스트에서는 주요 키워드가 정리되어 나왔다. 겉으로 보기에 우리는 의료 판단의 문턱까지 와 있는 듯 보였다.

그다음 질문은 자연스럽게 이어졌다. 이 소견은 이상인가 아닌가, 추가 검사가 필요한가, 그리고 무엇보다 이 결과가 실제 의사의 판단을 보조할 수 있는가? 모델은 점점 더 자신감 있게 답을 내놓았다. "보인다.", "안 보인다.", "확률이 높다.", "확률이 낮다." 수치와 색깔, 점수로 표현된 결과들은 언뜻 과학적으로 보였고, 객관적인 판단처럼 느껴졌다.

그러나 병원 현장에서 의사와 함께 화면을 바라보는 순간, 분위기는 달라졌다. 의사는 모델이 표시한 병변을 보며 이렇게 물었다. "왜 이렇게 판단했나요?" 그 질문 앞에서 모델은 침묵했다. 영상 속 픽셀의 패턴은 설명할 수 있었지만, 그 판단이 환자의 과거 병력과 어떻게 연결되는지, 이전 검사 결과와 어떤 맥락을 이루는지, 환자의 생활 습관이나 기존 질환과 어떤 상호작용을 하는지는 말하지 못했다. 모델은 보이는 것과 보이지 않는 것을 구분했지만, 의사가 필요로 하는 것은 그 너머였다.

우리는 그제야 의료 판단의 본질이 무엇인지 다시 보게 되었다. 의료는 결코 단일 데이터로 이루어지지 않는다. 영상 하나, 검사 수치 하나로 끝나는 세계가 아니다. 환자의 과거력, 생활 환경, 복용 중인 약, 이전의 유사한 사례 그리고 의사의 축적된 경험이 한 순간의 판단 안에서 동시에 작동한다. 하지만 우리의 시스템에서는 이 요소들이 모두 흩어져 있었다. 영상은 영상대로, 검사 수치는 검사 수치대로, 과거 기록은 또 다른 화면 속에 있었다. 모델은 그중 일부만 보고 답을 냈고, 의사는 그 답을 믿기에는 너무 많은 공백을 느꼈다.

프로젝트 회의실에서는 이런 말이 반복되었다. "모델은 잘 찾는데, 설명이 없다." "정확도는 높은데, 책임을 지지 않는다." 우리는 기술적으로 성공에 가까워지고 있었지만, 실제 판단의 현장에서는 여전히 외부인이었다. 환자라는 한 사람의 세계를 하나의 구조로 이해하지 못한 채, 조각난 정보 위에서 결론을 내려 하고 있었던 것이다.

이 프로젝트를 돌아보면, 온톨로지는 선택지가 아니라 처음부터 전제였어야 했다. 영상, 검사 수치, 과거 이력, 환자 조건, 의사의 경험이 각각 데이터로 존재하는 것이 아니라, 하나의 판단 구조로 엮여 있었어야 했다. "이 영상 소견은 과거 이런 병력과 결합될 때 어떤 의미를 갖는가?", "이 수치는 환자의 생활 조건과 함께 해석될 때 어떤 위험을 시사하는가?"라는 질문이 시스템 안에서 자연스럽게 이어졌어야 했다. 그 구조가 있었다면 모델의 출력은 단순한 확률이 아니라, 의사가 판단을 내릴 수 있는 맥락이 되었을 것이다.

우리는 데이터를 충분히 모았고, 모델도 잘 만들었다고 생각했다. 하지만 의료라는 세계를 이해하는 방식은 숫자와 픽셀만으로 완성되지 않았다. 결국 이 프로젝트는 우리에게 한 가지 사실을 남겼다. 의료 AI에서 가장 어려운 것은 보이는 것을 찾는 일이 아니라, 왜 그렇게 판단해야 하는지를 함께 설명할 수 있는 구조를 만드는 일이라는 사실이었다. 그리고 그 구조의 이름이 바로 온톨로지였다.

5) 영상·행동 판별 AI (온라인 청중의 집중도, 균열, 객체 탐지 등)

다양한 민간 기업과 영상·행동 판별 AI 프로젝트를 진행하면서, 우리는 컴퓨터 비전 기술만은 가장 앞서 있다는 자부심을 느끼고 있었다. 결론적으로 여러 기술 특허도 등록을 했다. 얼굴의 움직임을 읽어 온라인 청중의 집중도를 분석하고, 도로 위의 미세한 균열을 찾아내며, 시설물의 파손을 자동으로 감지하는 모델을 만들었다. 카메라 앞에서 사람이 고개를 끄덕이는지, 시선을 어디에 두는지, 특정 구간의 아스팔트 표면이 이전과 어떻게 달라졌는지를 시스템은 빠르게 포착했다. 연산은 엣지 단에서 이루어졌고, 온디바이스 AI라는 말은 기술 설명서에서 가장 빛나는 문장이었다. "이제 현장에서 바로 판단할 수 있다."는 기대가 자연스럽게 따라붙었다.

모니터에 나타난 결과들은 인상적이었다. 집중도가 떨어지는 순간은 그래프로 표시되었고, 균열이 생긴 지점은 빨간 박스로 둘러싸였다. 시설물의 파손은 이전 이미지와 비교되어 즉시 드러났다. 우리는 이 시스템을 두고 정상인가 아닌가, 개입이 필요한가, 지금 조치해야 하는가 같은 질문을 던졌다. 모델은 주저 없이 답했다. 여기에는 균열이 있다. 저기는 집중도가 급격히 떨어진다. 이 객체는 이전 상태와 다르다. '발견'이라는 측면에서는 거의 완벽에 가까웠다.

그러나 현장은 늘 한 박자 늦게 반응했다. 균열이 표시된 도로 앞에서 담당자는 잠시 멈춰 섰다. 이 정도 균열이면 바로 보수해야 하는지 아니면 다음 점검 때 함께 처리해도 되는지 판단해야 했다. 온라인 강의 화면에서 집중도가 떨어진 학생들을 보며 운영자는 고민했다. 지금 개입해 흐름을 바꿀 것인지 아니면 자연스럽게 흘려보낼 것인지 결정해야 했다. 컴퓨터 비전 모델은 발견을 알려주었지만, 그다음에 무엇을 해야 하는지는 말하지 않았다. 발견은 자동이었지만, 결정은 늘 사람의 몫으로 남았다.

이번에도 회의실에서는 같은 질문이 반복되었다. "그래서 이건 얼마나 심각한 건가요?" "지금 조치하면 비용이 얼마나 들고, 미루면 어떤 리스크가 있나요?" 모델은 다시 침묵했다. 균열이라는 객체는 인식했지만, 그 균열이 위치한 맥락, 주변 교통량, 이전 보수 이력, 날씨 조건과 연결되지 않았다. 집중도라는 수치는 나왔지만, 그것이 강의의 특정 구간 때문인지, 외부 요인 때문인지, 아니면 학습 콘텐츠의 구조적 문제인지는 시스템 밖에서 해석해야 했다. 우리는 또다시 깨달았다. 기술은 눈을 가졌지만, 판단의 기준은 여전히 흩어져 있었다.

이 프로젝트의 본질은 탐지가 아니었다. 진짜 문제는 탐지 이후의 행동 결정이었다. 언제 개입할 것인가, 어느 수준에서 조치할 것인가, 지금의 발견이 실제 비용과 리스크로 어떻게 이어지는가를 시스템이 함께 말해주지 않는 한, AI는 여전히 알림 장치에 머물 뿐이었다. 온톨로지가 있었다면 상황은 달라졌을 것이다. 균열은 단순한 픽셀이 아니라 하나의 객체로 정의되고, 그 위치는 맥락이 되며, 균열의 크기와 확산 속도는 조건이 되고, 그 조건에 따라 가능한 조치들이 선택지로 연결되었을 것이다.

이 선택지들 사이에서 비용과 위험을 비교하며, 지금 행동해야 할지 기다려야 할지를 시스템이 함께 제안했을 것이다.

하지만 당시 우리의 시스템은 거기까지 가지 못했다. 우리는 발견의 자동화에는 성공했지만, 판단의 자동화에는 이르지 못했다. 결국 현장에서는 사람이 화면을 보고, 경험에 기대어 결정을 내렸다. 기술은 충분히 앞서 있었지만, 구조는 뒤따르지 못했다. 이 프로젝트는 우리에게 분명한 교훈을 남겼다. 영상과 행동을 인식하는 AI의 한계는 정확도가 아니라, 그 인식이 어떤 행동으로 이어져야 하는지를 정의하지 못한 데 있다는 사실이었다. 그리고 그 정의를 가능하게 하는 언어가 바로 온톨로지라는 것을, 우리는 또 한 번 늦게 깨달았다.

우리는 늘 '판단 직전'까지만 갔다. 우리의 모든 AI 사업은 예측했고, 분류했고, 탐지했고, 시뮬레이션했다. 그러나 공통된 한계는 이것이었다. "그래서, 지금 무엇을 할 것인가?"를 모델이나 시스템이 끝까지 책임지지 못했다. 그 이유는 단 하나였다. 우리가 만든 모델들은 뛰어났지만, 세계를 어떻게 정의하는지, 판단 기준을 어디에 고정하는지, 선택의 근거를 어떤 구조로 남기는지에 대한 공통 언어가 없었다. 온톨로지는 데이터를 연결하기 위한 기술이 아니라 인간의 의사결정 사이클을 시스템에 옮기는 작업, 그리고 AI를 '잘 말하는 존재'에서 '책임지는 판단자'로 바꾸는 구조다. 즉, 온톨로지는 기술이 아니라 '판단의 언어'다. 이제 우리의 다음 단계는 분명하다. AI 모델을 더 만드는 것이 아니라, 판단이 작동하는 세계관을 먼저 설계하는 것. 그 세계관의 이름이 바로 '온톨로지'다.

필자의 회사가 개발했던 AI 모델 중 일부는 국내 공공분야의 '표준분석모델' 사업 중 하나였다. 국내 공공분야에서는 지난 10여 년간 데이터 기반 행정, AI 행정, 스마트 지자체를 목표로 수많은 표준분석모델 사업이 추진되었다. 이들 사업의 공통 목적은 다음과 같다. 지자체·공공기관이 비슷한 문제를 반복적으로 분석하지 않도록 미리 정의된 분석 모델(알고리즘 + 지표 + 데이터 구조)을 만들어 전국적으로 확산·재사용하자는 시도이다. 의도는 매우 합리적이었다. 그러나 결과적으로 대부분은 단발성 PoC 또는 보고서 자산으로만 남아 후속적으로 온라인화 개발 작업과 AI 모델 유지보수 등의 추가 작업 등을 지속하고 있다.

아래 표는 실제로 공공분야에서 추진되었거나 활용된 대표적 표준분석모델 유형을 분야별로 정리한 것이다. 수십 건의 표준분석모델 실제 사례 중 중요 사례 10선을 뽑아 봤다.

이 목록만 보아도 알 수 있듯, 주제 자체는 지금도 여전히 유효하고 중요하다. 그럼에도 불구하고 왜 이들 상당수 표준분석모델은 단발성으로 끝났을까? 문제는 모델의 정확도나 기술력이 아니었다. 실패의 원인은 구조에 있었다. 우선 '분석 대상'은 있었지만 '세계관'이 없었다. 대부분의 표준분석모델은 다음 구조를 가진다. 입력 데이터 정의, 알고리즘 선택, 결과 지표 산출. 그러나 빠져 있던 것이 있다. 이 분석 결과가 행정의 어떤 판단과 연결되는가? 예를 들어, "이 지역은 침수 위험 0.8입니다."라는 결과는 있었지만, 그래서 어느 부서가 어떤 기준으로 무슨 행동을 해야 하는지는 정의되어 있지 않았다.

다음으로 지자체마다 '정의'가 달랐다. 같은 모델을 가져가도 지자체마다 해석이 달랐다. "위험"이란 무엇인가? "취약"은 행정 개입 대상인가, 관찰 대상인가? "우선순위"는 예산 기준인가, 인명 기준인가? 이 질문에 대한 답이 데이터가 아니라 사람마다 달랐기 때문에 표준모델은 표준이

분야	표준분석모델 제목	설명
복지	복지 사각지대 발굴 모델	건강보험료, 재산, 가족관계 데이터를 활용해 복지 미수혜 가능 가구 예측
안전	화재 위험 예측 모델	건축물 노후도, 용도, 점검 이력 기반 화재 발생 확률 산출
교통	교통사고 위험 구간 분석	사고 이력, 도로 구조, 교통량 기반 사고 다발 구간 예측
환경	미세먼지 취약 지역 분석	기상, 산업시설, 교통량을 결합한 지역별 노출도 분석
재난	침수 피해 예측 모델	강수량, 지형, 하수도 용량을 활용한 침수 위험 시뮬레이션
행정	민원 발생 예측 모델	과거 민원 유형·시기 기반 민원 폭증 가능성 예측
도시	빈집 발생 예측 모델	인구 이동, 주택 노후도, 상권 변화 기반 빈집 가능성 분석
보건	감염병 확산 예측 모델	이동량, 의료 이용, 신고 데이터 기반 확산 추정
경제	소상공인 폐업 위험 모델	매출, 상권, 임대료 변화 기반 폐업 가능성 예측
치안	범죄 취약 지역 분석 모델	범죄 이력, 유동인구, 환경요인 결합 범죄 위험도 분석

될 수 없었다. 마지막으로 모델은 있었지만 '판단의 기억'이 남지 않았다. 표준분석모델은 대부분 이렇게 사용되었다. 특정 연도에 분석 수행, 보고서 작성, 다음 해에는 새로운 사업으로 재발주. 즉, 왜 이 결과를 믿었는지, 왜 이 지역을 우선했는지, 왜 다른 시나리오는 버렸는지 등 이 의사결정의 맥락이 시스템에 축적되지 않았다.

이 지점에서 온톨로지가 등장한다. 공공·지자체에 온톨로지가 필요한 이유는 무엇인가? 온톨로지는 분석 모델을 대체하지 않는다. 대신, 분석 모델이 행정 판단에 연결되는 구조를 만든다. 온톨로지는 '공공 행정의 공통 언어'를 만든다. 예를 들어, 복지 온톨로지는 다음을 명확히 정의한다. '위험 가구'란 무엇인가, '개입'이란 무엇을 의미하는가, '사각지대 해소'는 어떤 상태를 말하는가? 이 정의가 고정되면, 부서가 바뀌어도 담당자가 바뀌어도 지자체가 달라도 판단 기준은 유지된다.

분석 결과가 '행동'으로 연결된다. 온톨로지 기반 구조에서는 이렇게 된다. 위험도 상승 → 개입 대상 등록 → 예산 시뮬레이션 → 정책 시나리오 비교 → 집행 및 사후 평가. 즉, 분석은 의사결정 흐름의 일부가 된다. 그리고 표준분석모델은 '온톨로지 위의 모듈'이 된다. 이제 표준분석모델은 이렇게 진화할 수 있다. 침수 예측 모델은 재난 온톨로지의 한 컴포넌트, 범죄 예측 모델은 치안 온톨로지의 한 판단 엔진, 복지 사각지대 모델은 복지 정책 시뮬레이션의 입력 변수. 이때 모델은 더 이상 단발성이 아니다. 계속 재사용되고, 계속 개선된다.

지자체는 민간보다 오히려 온톨로지를 더 필요로 한다. 주기적으로 인력이 바뀌고, 조직이 분절되어 있고, 정책의 연속성이 약하기 때문이다. 온톨로지는 이 문제를 이렇게 해결한다. 정책의 기억을 개인이 아니라 구조에 남기는 것이다. 공공의 표준분석모델이 현상을 유지하는 이유는 기술이 부족해서가 아니라, 행정의 세계관이 구조로 고정되지 않았기 때문이다. 그리고 지자체가 온톨로지를 도입하는 순간, 데이터 기반 행정은 '보고서 행정'이 아니라 판단이 축적되는 행정으로 진화할 수 있다.

새로운 온톨로지 구조의 필요성에 대한
의구심 시작점

이러한 과정을 겪으면서도 약간은 흥미로운 사실이 있다. 국내의 많은 기업과 연구 프로젝트에서 이미 온톨로지적 사고를 하고 있었다는 것이다. 다만, 그 이름을 몰랐을 뿐이다. 필자 역시 2020년 쯤 진행했던 한 생활안전·재난 예측 R&D 프로젝트에서 온톨로지의 3단계 레이어를 고민했었다. 이 프로젝트의 목적은 단순했다. 홍수, 화재, 감염병 같은 재난 위험을 보다 더 빨리 인식하고, 확산 가능성을 판단해 최적의 대응을 결정하는 것이었다.

우리 팀은 홍수, 화재, 폭발, 감염병 등 살면서 마주하는 다양한 재난 상황을 개인에게 신속하게 알리고 최적의 행동 요령과 피난처를 제공하는 '생활안전 통합 예측 시스템' 연구를 시작했다. 당시 우리는 빅데이터를 수집하고 정제하며 나름의 AI 알고리즘을 구축했지만, 현장에서는 늘 같은 문제에 부딪혔다. 바로 데이터 활용의 표준화와 자동화가 불가능하다는 점이었다. 매번 새로운 재난 시나리오가 나올 때마다 모델을 새로 설계해야 했고, 데이터 간의 연결 고리는 파편화되어 있었다. 당시 우리는 보고서에 이렇게 적었다. "개별적인 위험 데이터를 어떻게 통합 구조화하고 관리할 것인가? 이를 위해 무엇을 '정의'해야 하는가?" 그 때 당시 우리가 끊임없이 던졌던 '정의'라는 질문은 사실 온톨로지를 향한 본능적인 외침이었다.

당시 필자가 설계했던 시스템 구성도는 현재 팔란티어 등 글로벌 빅테크 기업들이 지향하는 구조와 놀라울 정도로 닮아 있다. 우선 재난 위험을 두 가지 관점으로 구조화했다. 재난은 언제나 두 개의 얼굴을 가지고 나타난다는 사실이 현장에 오래 서 있을수록 또렷해졌기 때문이다. 아직 일어나지 않았지만 분명히 다가오고 있는 위험과 이미 발생해 지금 이 순간에도 확산되고 있는 위험은 전혀 다른 언어로 말하고 있었다. 그래서 시스템의 첫 설계에서부터 위험을 하나로 묶지 않고, 두 개의 층위로 나누어 바라보았다.

우선 아직 발현되지 않은 위험은 늘 모호한 형태로 존재했다. 하늘은 맑았지만 기상 데이터의 미세한 변화가 누적되고 있었고, 과거의 기록 속에서는 비슷한 패턴이 반복되고 있었다. 사람들은 "뭔가 불안하다."는 말을 먼저 꺼냈고, 그 불안은 수치로 완전히 증명되지는 않았지만 경험 속에서는 분명히 감지되는 신호였다. 필자는 이 상태를 '추상적 위험'이라 불렀다. 아직 사건으로 기록되지 않았고, 지도 위에 표시할 수도 없지만, 과거의 경험치와 지금의 실측 데이터가 겹쳐지며 서서히 형태를 갖추는 위험이었다. 이 영역에서는 머신러닝이 자연스럽게 작동했다. 수년치 강수 패턴, 지형 특성, 이전 피해 이력들이 겹쳐지며 "이런 조건에서는 과거에 이런 일이 있었다."는 협의의 예측이 만들어졌다. 그것은 단정이 아니라 가능성이었고, 경고라기보다는 직감에 가까운 신호였다.

반면 위험이 한 번 발현되면 세계는 전혀 다른 속도로 움직이기 시작했다. 비가 실제로 내리고, 하천 수위가 상승하며, 특정 지점에서 물이 넘치기 시작하는 순간, 더 이상 추상적인 가능성은 의미를 잃었다. 이미 발생한 위험은 지금 어디에서 얼마나 빠르게 확산되고 있는지를 묻고 있었다. 이때 필요한 것은 과거의 평균값이 아니라 현재의 상태와 다음 순간의 변화였다. 필자는 이를 '구체적 위험'이라 정의했다. 이미 발생한 사건

위에 실시간 데이터가 덧씌워지고, 그 확산 경로를 시뮬레이션으로 계산하는 영역이었다. 어느 지역이 먼저 잠길지, 몇 분 뒤에 어떤 도로가 끊길지, 지금 투입된 대응 자원이 충분한지 같은 질문들이 이 층위에서 쏟아졌다.

시스템은 이 두 위험을 동시에 바라보도록 설계되었다. 추상적 위험은 아직 아무 일도 일어나지 않은 상태에서 조용히 쌓이고 있었고, 구체적 위험은 사건이 시작되는 순간 폭발적으로 모습을 드러냈다. 전자는 학습과 패턴의 언어로 말했고, 후자는 시뮬레이션과 확산의 언어로 말하고 있었다. 그 둘을 하나의 화면에 억지로 겹치지 않고, 서로 다른 판단의 흐름으로 분리해 놓았던 이유는 단순했다. 아직 일어나지 않은 위험을 이미 일어난 것처럼 다루면 과잉 대응이 되고, 이미 터진 위험을 가능성의 문제로 취급하면 대응이 늦어지기 때문이다.

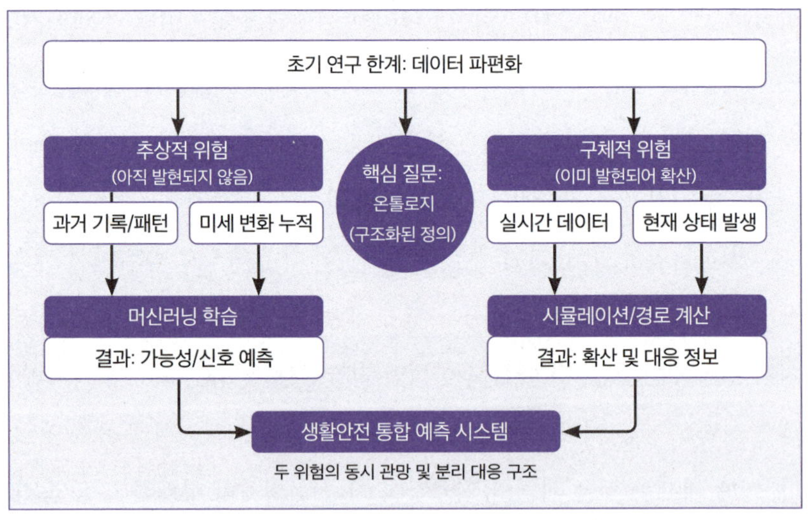

돌이켜보면 그때의 구조는 지금 글로벌 빅테크 기업들이 이야기하는 판단 시스템의 형태와 놀랍도록 닮아 있다. 아직 발생하지 않은 위험을 학습과 예측으로 다루고, 이미 발생한 위험을 시뮬레이션과 확산 모델로 다루는 이 이중 구조는 재난이라는 극단적인 상황에서 자연스럽게 도출된 것이었다. 그 시절에는 그것을 거창한 이름으로 부르지 않았지만, 위험을 하나의 숫자가 아니라 상태와 시간의 흐름으로 나누어 바라보려 했던 그 설계는 지금에 와서야 비로소 왜 필요한 구조였는지를 또렷하게 설명해 주고 있다.

그리고 이 과정을 '재난 위험의 디지털 트윈'이라 명명하고 시스템은 자연스럽게 세 단계로 설계되었다. 이 구조는 이미 설명했었던 온톨로지의 3계층과 완벽하게 일치한다. 온톨로지 3계층은 '사람의 사고 구조'와 동일하다. 이 프로젝트에서 도출된 구조는 다음과 같으며, 이는 현재 새로운 온톨로지의 핵심 구조인 3개 레이어와 정확히 궤를 같이한다.

- 위험을 인식하는 단계 (의미 단계)
- 상황을 판단하는 단계 (행위 단계)
- 의사결정을 하는 단계 (변화 단계)

첫 단계 의미 단계에서는 위험을 정의한다. 재난의 유형은 무엇인가, 아직 발생하지 않았지만 '느껴지는 위험'은 무엇인가, 과거 경험치와 현재 관측치는 어떻게 연결되는가? 즉, 개념, 객체, 속성의 정의가 이루어졌다. 두 번째 행위 단계에서는 판단을 실행하는 것이었다. 어떤 조건에서 어떤 데이터를 불러올 것인가, 예측 모델은 언제 작동하는가, 임계치를 넘었을 때 어떤 함수가 호출되는가에 대한 설계였다. 키네틱 레이어와 같이 함수, 액션, 알고리즘의 영역이었던 것이다. 마지막으로 변화 단계에서는 의사결정의 내용을 시뮬레이션하게 된다. 여러 시나리오를 동시에 돌려보고, 어떤 선택이 최적의 결과를 만드는지 비교하며, 반복적으로 의사결정을 개선한다. 시뮬레이션, 최적화, 대응 전략 생성 등이 설계되었다.

어떤가? 이 구조는 놀랍게도 앞서 얘기했던 사람의 뇌가 판단하는 방식과 동일하다. 인식하고, 판단하고, 선택한다. 아쉽지만 빅데이터는 왜 여기까지 못 갔을까? 기존 빅데이터 시스템은 이 구조의 가장 앞단이 비어 있었다. 데이터는 있었지만 그 데이터를 해석하는 '공통 구조'가 없었다. 그래서 매번 이런 일이 반복됐다. 분석가가 처음부터 다시 분석하고, 전문가가 다시 정의하고, 프로젝트가 끝나면 지식은 사라진다. 이를 통해 만들어진 AI 모델 역시 마찬가지였다. 확장되지 않고, 표준화되지 않고, 축적되지 않는다.

이 연구의 설계도는 '생활안전 통합 예측 방법'이라는 명칭으로 2021년 특허 등록되었다. 이 특허의 핵심은 재난 관리 프로세스를 세 개의 지능형 모듈로 표준화한 것이다. 우선 위험 인식 모듈Recognition이다. 관측값과 예측값을 비교하여 재난 상황을 인지하고, 시나리오별로 필요한 데이터를 관계형 DB에서 추출한다. 두 번째는 상황 판단 모듈Judgment이다. 미리 설정된 임계치Threshold에 따라 위험 등급을 분류하고, 확산 가능성을 예측한다. 마지막으로 의사 결정 모듈Decision이다. 시뮬레이션을 통해 최적의 대응 방안을 도출하고 맞춤형 행동 요령을 생성한다.

당시 설계도에서 유일하게 아쉬웠던 점은 '구조화된 온톨로지 계층'이라는 용어를 명시하지 못했다는 것이다. 만약 당시 데이터 흐름의 앞단에 온톨로지를 통한 속성 정의가 완벽히 결합되었다면, 별도의 추가작업과 유지보수 없는 자동화된 시스템 구현이 가능했을 것이다. 지난 수년간은 생성 AI 열풍에 휩쓸려 바쁘게 흘러갔지만, 결국 다시 도달한 결론은 본질로의 회귀다. '날것 그대로의 빅데이터'는 '길들여지지 않은 야생마'와 같다. 데이터 분석가나 데이터 사이언티스트의 수작업에 의존하는 기존 방식은 확장성에 한계가 있다.

온톨로지 + 빅데이터 = 비즈니스 인사이트

온톨로지 + 빅데이터 = 비즈니스 인사이트. 이렇게 해놓고 보니 이제서야 빅데이터의 원래 정의가 완성되는 듯하다. 비즈니스 관점에서 보면 "빅데이터란, 의사결정을 지원하기 위한 시스템이다." 그 전제 조건이 바로 이것이다. 온톨로지로 구조화된 데이터일 것. 날 것의 데이터는 인사이트를 주지 않는다. 정의된 데이터만이 판단을 만든다. AI, LLM, 에이전트가 아무리 발전해도 그 위에 올라가는 판단 구조가 없다면 기업은 여전히 사람의 직관에 의존하게 된다. 이런 관점에서 온톨로지는 AI를 지능적으로 만들고, 자동화를 가능하게 하며, 의사결정을 확장 가능하게 만드는 보이지 않는 설계도다. AI는 비즈니스 맥락을 이해하고 스스로 의사결정을 지원하는 진정한 '에이전트'로 거듭날 수 있다. 우리는 이제 수년 전 설계했던 그 아키텍처 상단에 온톨로지 레이어를 결합하여, 한 단계 진보한 '통합 지능형 아키텍처'를 향한 여정을 다시 시작한다.

생성 AI 이후, 온톨로지가 다시 뜨는 이유

과거 시점에 CEO와 조직의 리더들은 경험과 직관으로 의사결정을 했다. 이후에는 빅데이터가 등장했다. 그리고 지금은 생성 AI가 등장했다. 그러나 많은 의사결정자들이 말한다. "AI는 똑똑한데, 결정은 못 하더라."

2022년 11월 30일. ChatGPT의 등장은 AI의 인터페이스를 완전히 바꿨다. 모든 시스템은 이제 "말로 묻고, 말로 답하는 구조"를 갖게 되었다. 하지만 문제가 있었다. 그럴싸하게 말을 만들어 내는 환각Hallucination 현상, 문맥 붕괴, 관계 이해 부족. 이를 해결하기 위해 등장한 것이 "RAG(Retrieval Augmented Generation, 검색 증강 생성)"다. RAG는 말하는 기능과 말의 내용을 분리하여, 말을 잘하는 AI에게 반드시 필요한 내용만 전달하여 환각 현상을 줄이려는 기법이다. 일종의 행사 아나운서와 같은 것인데, 말은 잘하지만 행사의 내용은 모르는 행사 전문 아나운서에게 시간표와 하객 명단을 주는 것과 비슷하다. 하지만 이 역시 곧 한계에 부딪혔다. 검색은 잘하는데 추론은 못 한다. 그래서 기업들은 다시 묻기 시작했다. "정보를 좀 더 구조화하면 안 될까?" "관계를 명확히 하면 판단이 나아지지 않을까?" 이 질문의 끝에 다시 등장한 것이 바로 온톨로지다.

최근 온톨로지는 하나의 단어이지만, 두 개로 존재하고 있다. 챗지피티와 같은 생성 AI 출현 이후, 온톨로지는 두 갈래로 분화했다. 하나는 생성 AI의 답변 능력을 높여주는 '지식의 지도'로서의 역할이며, 다른 하나는 기업의 운명을 결정짓는 '의사결정의 엔진'으로서의 역할이다.

우선 첫 번째는 그래프 RAG를 위한 온톨로지다. 최근 생성형 AI의 가장 큰 숙제는 '환각Hallucination' 현상을 줄이는 것이다. 이를 위해 등장한 것이 그래프 RAG Graph Retrieval Augmented Generation이며, 여기서 온톨로지는 데이터를 연결하는 '지식 그래프'의 골격을 형성한다. 단순한 키워드 검색은 단어의 표면적인 의미만 찾는다. 하지만 온톨로지 기반의 그래프 RAG는 질문의 맥락을 이해한다. 예를 들어 "A 부품의 수급 문제"를 물었을 때, 단순히 '수급'이라는 단어가 들어간 문서를 찾는 것이 아니라, A 부품과 연결된 공급망, 대체 부품, 물류 경로를 추적하여 가장 정확한 정보를 가져온다. 이 단계에서 가장 중요한 것은 "데이터와 데이터가 서로 어떻게 연결되어 있는가?"이다. 파편화된 정보 조각들을 하나의 거대한 그물망(지식 그래프)으로 엮어줌으로써, AI가 정보의 미로 속에서 길을 잃지 않고 정답을 찾아내도록 돕는 것이 핵심이다.

다음으로 판단 AI를 위한 온톨로지다. 팔란티어가 전 세계 데이터 시장을 흔든 비결은 단순히 정보를 연결했기 때문이 아니다. 그들은 온톨로지를 통해 AI가 '판단'하고 '실행'할 수 있는 환경을 만들었다. 이것이 바로 단순한 검색용 온톨로지를 넘어선 '운영 체제os로서의 온톨로지'이다. 단순히 "무엇인가?"를 묻는 단계를 넘어, "우리는 이제 무엇을 해야 하는가?"라는 전략적 질문에 답하는 것이 목표이다. 경영진이 즉각적인 의사 결정을 내릴 수 있도록 현실의 비즈니스 세계를 디지털 환경에 완벽하게 복제해 놓는다. 여기서 온톨로지는 멈춰있는 지도가 아니다. "원자재 가격이 10% 상승했을 때 우리 수익 구조는 어떻게 변화하는가?" 혹은 "태풍으로 물류가 막혔을 때 어떤 대안 경로가 가장 효율적인가?"와 같이 시간의 흐름에 따른 변화와 미래 가치를 시뮬레이션하는 데 집중한다.

이 둘을 구분하지 않으면, 온톨로지 논쟁은 끝없이 엇갈린다. 온톨로지는 AI의 문제가 아니다. 온톨로지는 기술 트렌드가 아니다. AI 유행의 부산물도 아니다. 온톨로지는 판단의 언어다. 시스템이 세계를 어떻게 이해하는가? 무엇을 중요하게 보고 어떤 기준으로 결정을 내리는가? 이 모든 것을 구조로 고정하는 방법이다. 그래서 지금, 다시 온톨로지다. AI가 똑똑해질수록 무엇을 기준으로 판단할 것인지를 인간이 먼저 정의해야 한다. 그 정의의 언어가 바로, 온톨로지다.

온톨로지의 3계층 구조와
새로운 성공 방정식

이제 진짜 본격적으로 온톨로지에 대해서 얘기해 보자. 그동안 우리는 왜 온톨로지를 만들고도 아무 결정도 하지 못했을까? 온톨로지를 오래 해온 사람일수록, 이 질문 앞에서 멈춰 선다. "개념은 다 만들었는데, 그래서 뭘 할 수 있지?" 필자 역시 그랬다. 검색엔진 엔지니어링을 하며 RDF, 트리플, 시맨틱 검색을 수없이 다뤘고, 공공기관, 기업 과제에서 온톨로지를 여러 번 구축했었다. 문서는 잘 찾았다. 용어는 정교하게 연결됐다. 그런데 이상했다. 어떤 결정도 빨라지지 않았다. 예측도, 실행도, 변화도 없었다. 그 이유를 필자는 한동안 몰랐다.

2000년대 초반부터 한국에는 온톨로지 프로젝트가 많았다. 조달, 농업, 의료, 문화, 연구 데이터까지. 이들에게는 공통점이 있다. 개념 정의, 용어 표준화, 계층 구조, 의미 기반 검색. 예를 들어 "사과는 과일이고, 제품은 사업과 연결되고, 문서는 키워드로 묶인다." 이 모든 것은 시맨틱Se-mantic적 의미이다. 문제는 이것뿐이었다는 점이다. 우리는 온톨로지를 '명사들의 세계'로만 만들었다. 우리가 만들었던 온톨로지는 '사전'이었다. 그래서 온톨로지는 늘 정적이었다. 설명은 되지만, 행동을 만들지는 못했다.

"주가에는 시간 말고 다른 변수가 없을까?" 이 의문은 단순한 호기심이 아니었다. 투자자, 경영자라면 누구나 한 번쯤 품는 질문이다. 왜 어떤 기업은 같은 조건에서도 더 빠르게 반응할까? 왜 같은 데이터를 보고도 판단이 갈릴까? 왜 예측은 했는데, 대응은 늦을까? 기존의 분석들은 대부분 이렇다. 과거 → 현재 → 미래를 잇는 단순한 연속적인 시간 패턴. 하지만 현실의 변화는 시간이 아니라 사건Event에서 시작된다. 정책 발표, 의사 결정, 장애 발생, 주문 변경, 인력 이동 등. 이 사건들이 어떤 업무 흐름에서 누구의 판단으로 어떤 결과를 만들었는지 우리들이 가진 데이터에는 없었다.

다행인 것은 팔란티어의 온톨로지를 처음 봤을 때, 많은 것이 한 번에 정리됐다. "아, 우리가 한 건 온톨로지의 3분의 1이었구나." 팔란티어가 던진 답은 온톨로지는 한 층이 아니었다는 것이다. 팔란티어는 온톨로지를 세 개의 레이어로 설계했다. 이는 존재하고, 움직이고, 변화하는 물리 세계를 디지털 데이터를 통한 객체 정의와 속성 부여, 맥락 연결 이후 그들간의 상호 영향 모니터링과 일정 조건하에서의 행동, 변화에 반응하기 위한 시뮬레이션 등의 디지털 트윈이다.

처음에는 모든 것이 이름에서 시작된다. 세상이 무엇으로 이루어져 있는지를 정리하는 일이다. 고객, 주문, 설비, 계약, 사고, 리스크 같은 것들이 흩어진 채로 존재하던 상태에서, 하나씩 불려 나온다. 이것이 '객체Object'가 된다. 각 객체는 다시 성질을 갖는다. 금액, 수량, 상태, 위치, 시간 같은 '속성Property'들이 붙는다. 그리고 이 객체들은 혼자 존재하지 않는다. 고객은 주문을 하고, 주문은 계약에 묶이며, 계약은 수익으로 이어진다. 설비는 공정을 수행하고, 공정은 결과를 낳고, 결과는 품질로 기록된다. 바로 '관계Relation'가 생긴다. 이 층위는 기업의 사전과 같다. 회사가 쓰는 모든 단어가 이곳에 정리된다. 무엇을 고객이라 부를 것인지, 언제를 매출 발생 시점이라 정의할 것인지, 리스크를 비용으로 볼 것인지 확률로 볼 것인지가 이 '시맨틱 레이어Semantic Layer'에서 고정된다. 이 단계에서 회사는 비로소 같은 언어를 쓰기 시작한다. 하지만 이 상태의 세계는 아직 움직이지 않는다. 잘 정리된 지도이지만, 시간은 흐르지 않고 사건은 발생하지 않는다.

그다음 층으로 내려가면 공기가 달라진다. 객체들이 가만히 있지 않는다. 주문이 접수되고, 승인되고, 취소된다. 생산 지시가 내려가고, 설비가 가동되고, 멈춘다. 고객의 클릭 하나가 이벤트가 되고, 센서의 진동 값 하나가 신호가 된다. 이곳에서는 일이 벌어진다. 로그가 쌓이고, 이력이 만들어진다. 이전 층에서 정의된 객체와 관계 위로, 실제 현실의 움직임이 덧씌워진다. 한 줄의 로그는 더 이상 의미 없는 문자열이 아니다. "누가, 언제, 무엇을, 왜"라는 흐름 속에 자리 잡는다. 주문 처리 시간이 길어지는 순간, 승인 단계에서 머무는 시간이 늘어나는 순간, 설비가 정상 범위를 벗어나는 순간이 모두 사건으로 읽힌다. 이 '키네틱 레이어Kinetic Layer'에서 데이터는 현실과 연결된다. AI 모델이 여기서 작동한다. 예측은 숫자가 아니라 흐름을 읽는 행위가 되고, 이상 탐지는 단절이 아니라 맥락 속의 어긋남으로 해석된다.

그리고 마지막 층에 이르면, 시스템은 비로소 질문을 던지기 시작한다. 단순히 무엇이 일어났는지가 아니라, 앞으로 무엇이 달라질지를 묻는다. 이 결정이 시간을 지나 어떤 결과로 이어질지를 상상한다. 같은 주문 지연이라도, 지금 대응했을 때와 일주일 뒤에 대응했을 때의 세계는 전혀 다르다. 한 공정을 멈추는 선택이 오늘의 손실을 키우는지 아니면 다음 달의 대규모 사고를 막는지 비교한다. 시나리오가 나뉘고, 각각의 경로 위에 숫자와 상태가 겹쳐진다. "이 결정을 하면 3주 뒤 어떤 재고 상태가 되는가, 3개월 뒤 손익은 어떻게 바뀌는가, 1년 뒤 시장 위치는 어디에 서 있는가?"라는 질문이 자연스럽게 이어진다. 결정은 더 이상 회의실의 분위기나 개인의 직관에만 의존하지 않는다. 선택마다 다른 미래가 펼쳐지고, 그 차이가 눈앞에 놓인다. 이 '다이나믹 레이어Dynamic Layer'에서 기업은 처음으로 시간 위에서 자신을 바라본다. 과거의 기록, 현재의 상태, 미래의 가능성이 하나의 화면 위에서 이어지고, 판단은 그 연결 위에서 이루어진다.

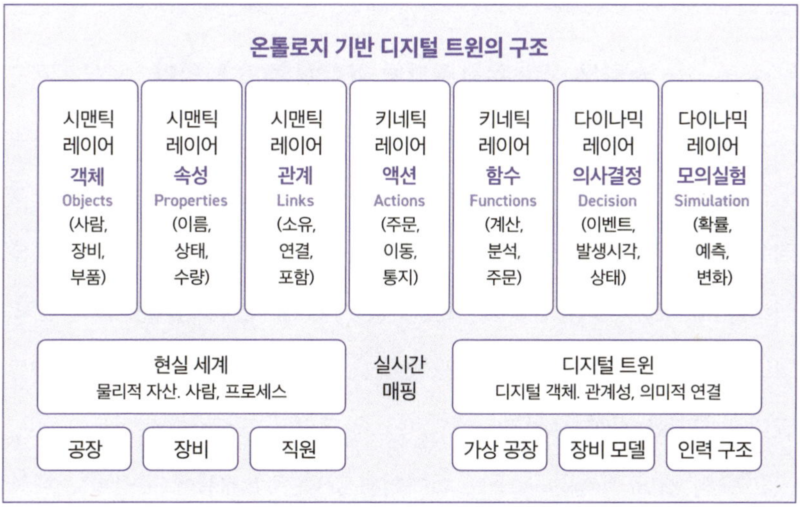

온톨로지 기반 디지털 트윈의 구조

시맨틱 레이어 **객체** Objects (사람, 장비, 부품)	시맨틱 레이어 **속성** Properties (이름, 상태, 수량)	시맨틱 레이어 **관계** Links (소유, 연결, 포함)	키네틱 레이어 **액션** Actions (주문, 이동, 통지)	키네틱 레이어 **함수** Functions (계산, 분석, 주문)	다이나믹 레이어 **의사결정** Decision (이벤트, 발생시각, 상태)	다이나믹 레이어 **모의실험** Simulation (확률, 예측, 변화)

현실 세계 물리적 자산. 사람, 프로세스	실시간 매핑	디지털 트윈 디지털 객체. 관계성, 의미적 연결
공장 / 장비 / 직원		가상 공장 / 장비 모델 / 인력 구조

이렇게 세 개의 층이 겹쳐질 때, 시스템은 단순한 데이터 저장소를 넘어선다. 무엇으로 이루어졌는지 알고, 어떻게 움직이는지 이해하며, 언제 어떻게 바뀌는지를 미리 그려보는 세계가 만들어진다. 그때 비로소 기업의 의사결정은 계산이 아니라, 시간과 관계를 다루는 행위가 된다.

이 모든 것이 바로 온톨로지 기반 디지털 트윈이다. 단순한 데이터 복제를 넘어 비즈니스의 본질적 의미와 객체 간의 역동적인 관계를 논리적으로 정의할 때, 비로소 살아 움직이는 온톨로지 기반 디지털 트윈이 완성된다. 이는 현실 세계의 물리적 자산과 프로세스를 디지털 공간에 그대로 투영하는 것에 그치지 않고, 다양한 변수에 따른 변화를 실시간으로 추적하며 최적의 미래를 예측하는 고도의 지능형 모델을 의미한다. 결국 온톨로지라는 뼈대 위에 구축된 디지털 트윈은 기업의 방대한 데이터를 단순한 기록이 아닌 '판단과 실행을 위한 강력한 지식 자산'으로 탈바꿈시키는 핵심 인프라가 되는 것이다.

수학은 이미 온톨로지를 가르쳐 주고 있었다

온톨로지의 3개 레이어 구조는 수학과 닮아 있다. 온톨로지의 세 개 레이어를 가장 정확하게 설명하는 학문은 아이러니하게도 최신 AI 이론이 아니라 중·고등학교 수학이다. 우리는 이미 이 구조를 배웠다. 단지, 그것을 데이터와 비즈니스에 적용하지 않았을 뿐이다. 우리가 배운 순서 그대로 기업은 진화한다

'수의 개념 정의'는 시맨틱 레이어와 같다. "이 세상에 무엇이 존재하

는가?" 꿈많던 중학교 1학년, 수학을 처음 배울 때를 떠올려보자. 자연수, 정수, 유리수, 무리수, 실수 등. 이 단계에서 우리는 계산을 하지 않는다. 오직 수의 정의만 배운다. "이 수는 무엇인가?" "어떤 범주에 속하는가?" "서로 어떤 관계가 있는가?" 이것이 바로 시맨틱 레이어다. 온톨로지의 시맨틱 레이어는 기업 세계의 개념 사전이다. 고객Customer, 제품Product, 주문Order, 설비Equipment, 직원Employee, 그리고 각각의 속성과 관계. 고객은 주문을 한다, 주문은 제품을 포함한다, 설비는 공정을 수행한다, 이 단계는 반드시 필요하다. 정의가 없으면 그 다음 단계는 존재할 수 없다.

하지만 여기까지만 하면 어떤 일이 벌어질까? 개념은 명확하지만 세상에 아무 일도 일어나지 않는다. 이러한 시맨틱 레이어의 한계를 수학의 시선으로 보면, 수의 종류를 아무리 많이 외워도 문제를 풀 수 없는 것과 같다. 실수를 정의했다고 속도가 계산되는가? 무리수를 이해했다고 면적이 구해지는가? 정의는 사고의 출발점이지, 결과가 아니다. 과거의 온톨로지 프로젝트가 "정리만 잘 된 데이터 사전"으로 끝난 이유가 바로 이것이다.

"이것들은 어떻게 서로 작동하는가?" 수학의 다음 단계는 함수다. 다음에 나오는 '함수·방정식'은 키네틱 레이어의 영역이다.

$$y = f(x)$$

여기서 처음으로 '움직임'과 '작용'이 등장한다. x가 변하면 y가 어떻게 반응하는가? 이제 수는 서로 영향을 주는 존재가 된다. 키네틱 레이어란 무엇인가? 온톨로지에서 키네틱 레이어는 개념이 행동으로 바뀌는 지점이다. 주문이 접수되면 공정이 시작되고, 설비가 가동되고, 재고가 줄고, 알림이 발생한다. 즉, 객체 + 규칙 + 흐름이 보여지고, 이 레이어에서 처음으로 AI 모델과 알고리즘이 등장한다. 분류, 예측, 추천, 판별 등. 수학적으로 말하면, 개념이 '계산 가능한 구조'가 되는 단계인 것이다.

키네틱 레이어가 없는 기업의 모습은 어떨 것인가? 이런 기업을 생각해보자. 데이터는 있다, 정의도 있다, 보고서도 많다, 하지만 매번 회의에서는 이런 말이 나온다. "그런데 그래서 지금 뭘 해야 하죠?" 이유는 간단하다. 정의는 있는데, 작동하는 규칙이 없기 때문이다. 수학으로 치면 숫자는 아는데 함수를 안 배운 상태다.

마지막으로 많은 학생들이 어려워 하는 '미분·적분'은 다이나믹 레이어를 구성한다. "그래서, 언제 어떻게 변하는가?" 수학의 진짜 무서움은 미분부터 시작된다. 미분이란 무엇인가? "어느 한 순간에, 얼마나 빠르게 변하는가?" 여기서 우리는 처음으로 시간을 다룬다. 온톨로지의 다이나믹 레이어는 기업의 의사결정 층이다. 지금 이 결정을 하면 2주 뒤에는 어떻게 되는가? 3개월 뒤에는? 다른 선택을 하면 결과는 어떻게 달라지는가? 이건 단순 분석이 아니다. 시뮬레이션이다. 수학에서 미분·적분을 배우는 이유는 하나다. "변화를 예측하기 위해서."

그렇다면 적분은 무엇인가? 경영자 관점에서 미분이 순간이라면, 적분은 누적된 결과다. 하루 매출 변화 → 미분, 분기 누적 실적 → 적분. 다이나믹 레이어는 기업의 과거 – 현재 – 미래를 하나의 연속된 곡선으로 만든다. 그래서 이 레이어에서 가능한 것은 시나리오 비교, What-if 분석, 정책 변경 시뮬레이션, 의사결정 피드백 루프 등이다. 왜 대부분의 기업은 다이나믹 레이어에 도달하지 못하는가? 이유는 간단하다. 수학에서 미분은 가장 어렵기 때문이다. 정의만으로는 안 된다, 함수가 먼저 있어야 한다, 실제 문제를 풀어본 경험이 필요하다. 온톨로지도 이와 동일하다. 시맨틱만 만든 기업은 사전만 구축한 것이고, 키네틱까지 만든 기업은 그나마 자동화 시스템까지는 구현을 했다. 다이나믹까지 간 기업은 말 그대로 의사결정 시스템까지 구현한 것이라고 보면 된다.

팔란티어의 접근은 새롭지 않다. 수학처럼 정확하다. 팔란티어 온톨로지는 수학 교과서를 그대로 따라갔다. 개념을 정의하고, 작동하게 만들고, 변화를 계산한다. 이 순서는 인류가 수천 년 동안 써온 사고의 공식이

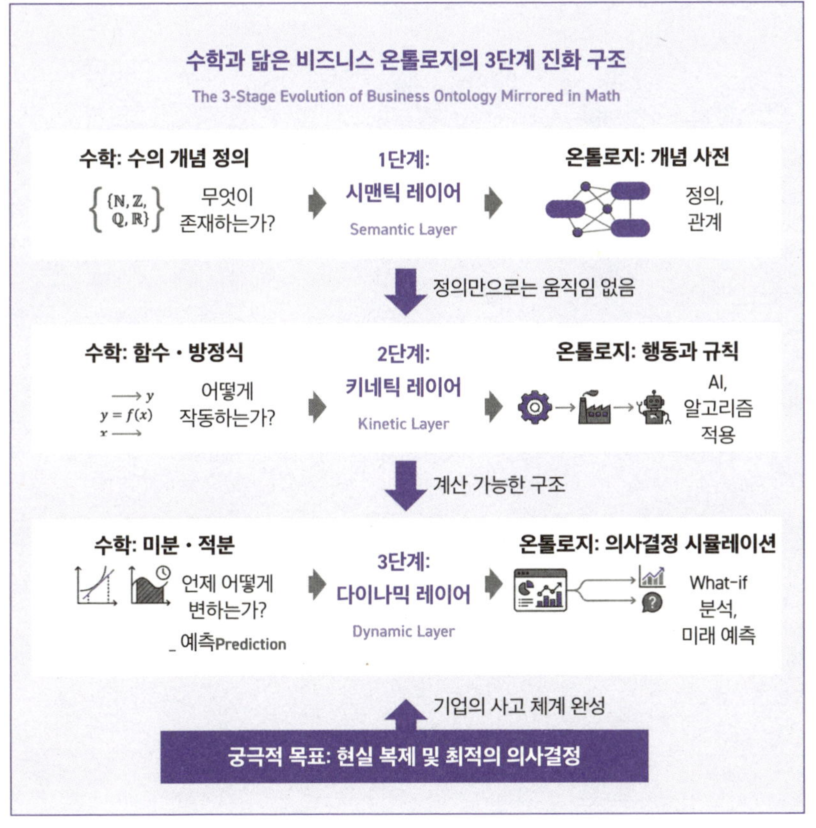

다. 온톨로지는 기술이 아니다. 사고의 단계다. 그리고 그 단계는 우리가 이미 수학에서 배운 그대로다. 다만 정의만 배운 수학으로는 현실 문제를 풀 수 없다. 온톨로지도 같다. 정의 → 작동 → 변화. 이 세 단계가 있어야 비로소 '쓸 수 있는 기술'이 된다. 그래서 온톨로지는 빅데이터의 끝판왕이다. 온톨로지는 단순히 데이터를 모으는 기술이 아니다. 현실을 복제하는 방법이다. 공장, 장비, 사람, 의사결정, 시간의 흐름. 이 모든 것을 디지털 세계에 그대로 옮겨놓는 구조. 그래서 온톨로지는 단순한 데이터 모델이 아니라 기업의 사고 체계 그 자체다.

지식의 지도 그리기

우리 회사의 '제품-거래처-공장'이
어떻게 얽혀있는지 개념도를 설계하는 과정.

컴퓨터는 왜 항상 '말귀'를 못 알아들을까

한 금융회사에서 실제로 있었던 일이다. AI 기반 리스크 관리 시스템이 도입된 직후, 내부 감사팀이 이상한 점을 발견했다. "시스템이 고위험 거래를 정상으로 분류했습니다." 데이터는 모두 정확했다. 거래 금액도 맞았고, 고객 정보도 최신이었으며, 규제 기준도 시스템에 입력되어 있었다. 그런데 AI는 명백히 위험한 거래를 위험하지 않다고 판단했다. 왜 이런 일이 벌어졌을까? 답은 단순했다. 컴퓨터는 '상식'을 모르기 때문이다.

인간에게는 너무 당연한 것들, 인간에게는 설명조차 필요 없는 판단이 있다. "같은 고객이 짧은 시간에 여러 계좌를 만든다면 의심해야 한다." "신규 거래처인데 거래 규모가 급격히 크다면 주의해야 한다." "과거에 문제가 있었던 공급사는 더 엄격히 봐야 한다." 이것은 공식이 아니라 상식이다. 문제는 이 상식이 엑셀에 없고, 데이터베이스에도 없으며, AI 모델 안에도 자동으로 들어가지 않는다는 점이다. 그래서 기업은 매번 이런 말을 한다. "AI가 똑똑해지면 알아서 하겠지." 하지만 AI는 절대 '알아서, 스스로' 이해하지 않는다.

온톨로지의 출발점은 놀라울 정도로 단순하다. 세상의 모든 판단은 문장으로 표현할 수 있다. 예를 들어보자. "이 제품은 이 공장에서 생산된다." "이 고객은 이 제품을 구매했다." "이 공장은 이 규제를 적용받는다." 이 문장들은 모두 같은 구조를 가진다. 주어 - 서술어 - 목적어. 간단하게 보면 온톨로지는 바로 이 구조를 컴퓨터가 이해할 수 있게 저장하는 방식이다. 숫자를 저장하는 것이 아니라, 의미를 가진 문장 자체를 저장하는 것이다.

다시 금융회사 사례로 돌아가 보자. 기존 시스템에는 이런 정보가 있었다. 고객 A의 거래 내역, 거래 금액, 거래 시점. 그러나 온톨로지 관점에서는 이렇게 바뀐다. "고객 A는 과거에 규제 위반 이력이 있으며, 현재 신규 계좌를 통해 특정 유형의 고액 거래를 반복하고 있다." 이것은 단순한 데이터가 아니다. 맥락이 결합된 지식이다. AI가 실수를 줄이기 시작하는 지점은 바로 여기다.

온톨로지를 구축한다는 것은 시스템을 만드는 것이 아니라, 회사의 세계관을 그리는 일이다. 예를 들어 제조 기업이라면 다음과 같은 질문부터 시작한다. 우리 회사에서 '제품'이란 무엇인가? '불량'은 언제 발생한 것으로 간주되는가? '고객 클레임'은 어떤 조건에서 성립되는가? 이 질문에 대한 답은 부서마다 다를 수 있다. 온톨로지는 이 차이를 없애기 위해 정의를 하나로 고정한다.

　한 글로벌 제조기업은 '불량'의 정의를 온톨로지로 통합했다. 공정 중 발생은 잠재 불량으로, 출하 후 발견은 고객 불량으로, 그리고 재작업 가능 여부에 따라 리스크 등급을 분류했다. 이 정의가 시스템에 고정되자, 부서 간 책임 공방이 줄었고 품질 이슈 보고 속도가 빨라졌으며 임원 보고에서 해석 논쟁이 사라졌다. 숫자는 변하지 않았지만, 판단의 속도와 일관성은 완전히 달라졌다.

　공장은 더 이상 하나의 커다란 건물이 아니다. 공장은 수많은 상태가 동시에 움직이는 공간이고, 그 상태들은 보이지 않는 선으로 서로를 밀어내고 끌어당긴다. 설비는 가만히 서 있지 않고, 자재는 단순히 흘러가지 않으며, 공정은 정해진 순서대로만 반복되지 않는다. 한쪽에서 미세하게 흔들린 진동이 다른 쪽에서 전혀 예상하지 못한 결과로 모습을 드러낸다. 이때 공장을 이해한다는 것은, 장비 목록을 아는 것도 아니고 공정 순서를 외우는 것도 아니다. 공장을 이해한다는 것은, 이 보이지 않는 선들이 어떻게 연결되어 있고, 어떤 조건에서 갑자기 굵어지거나 끊어지는지를 아는 일이다.

　설비는 스펙 시트에 적힌 사양으로 존재하지 않는다. 설비는 항상 상태를 가진다. 회전수, 온도, 진동, 부하율, 가동 시간, 정지 이력 같은 값들이 매 순간 바뀐다. 이 값들은 독립적으로 존재하지 않는다. 진동은 항상 어떤 자재를 처리하고 있는지에 따라 달라지고, 같은 설비라도 자재의 물성이 바뀌는 순간 전혀 다른 패턴을 만들어낸다. 점도가 높은 자재가 투입되는 순간, 미세한 진동의 주파수가 변하고, 그 변화는 아직 눈에 보이지 않는 마찰의 증가를 예고한다. 이 마찰은 곧 공정 조건을 벗어난 열 발생으로 이어지고, 열은 다시 자재의 미세 구조를 변형시킨다. 이 모든 과정은 불량이 발생하기 훨씬 이전에 이미 시작된다.

자재 역시 재고 코드로만 존재하지 않는다. 자재는 물성을 가지고 공정 안으로 들어온다. 밀도, 점도, 수분 함량, 입자 크기, 혼합 비율 같은 특성들은 공정 설계 문서에 적혀 있지만, 실제 현장에서는 그날의 온도와 습도, 저장 시간, 이전 공정의 상태에 따라 미묘하게 달라진다. 이 미묘한 차이는 설비에게는 결코 미묘하지 않다. 설비는 이 변화를 진동과 소음, 부하 변화로 즉각 반응한다. 설비가 보내는 진동 신호는 단순한 센서 데이터가 아니라, 지금 투입된 자재가 공정에 얼마나 잘 맞고 있는지를 말해주는 언어다.

이탈리안 레스토랑 '벨라로마 Bella Roma' 실험

온톨로지를 설명할 때 가장 흔한 실수는 처음부터 거대한 시스템과 복잡한 기술 이야기를 꺼내는 것이다. 그러나 온톨로지는 거창한 기술이기 이전에 사고방식의 문제다. 데이터 분석이 아니라, 현실을 이해하는 방식의 전환 문제이다. 이를 가장 잘 보여주는 사례가 바로 필자의 회사에서 진행한 가상의 이탈리안 레스토랑 실험이다.

이야기의 무대는 신촌에 있을 법한 60석 규모의 이탈리안 레스토랑, 이름하여 '벨라로마 Bella Roma'다. 이 식당의 주인은 이런 질문을 던진다. "왜 요즘 손님이 줄었을까? 어떤 메뉴가 실제로 문제일까? 비 오는 날과 안 오는 날, 매출은 정말 다를까? 고객 불만은 가격 때문일까, 서비스 때

신촌에 있는 가상의 식당 '벨라로마 Bella Roma'

문일까?" 이 질문들은 특별하지 않다. 모든 오프라인 매장, 모든 기업의 경영자가 매일 던지는 질문이다. 문제는 이 질문에 답하는 방식이다. 벨라로마 실험의 목적은 단순하다. "인간의 의사결정은 데이터 조회가 아니라 의미·관계·규칙·시뮬레이션을 거치는 과정임을 증명한다." 그리고 동시에 다음을 비교한다. 통계·리포트 중심 사고 또는 생성형 AI의 언어적 추론이 아닌 인간의 실제 판단 구조와 온톨로지 기반 판단 AI가 필요하다는 것.

보통은 이렇게 접근한다. 메뉴 데이터는 메뉴 테이블에서, 직원 정보는 인사 데이터에서, 구매 이력은 매출 DB에서, 리뷰는 엑셀이나 텍스트 파일에서. 그리고 필요할 때마다 사람이 직접 데이터를 찾아, 정제하고, 조인하고, 해석한다. 결과는 어떨까? 분석에 시간이 오래 걸리고, 매번 사람이 개입해야 하며, 의사결정권자에게 전달될 때는 이미 왜곡되고, "그래서 왜 그런지"에 대한 설명은 늘 부족하다. 다양한 원인간 상관관계는 보이지만, 도대체 왜 그런지에 대한 인과관계는 설명하지 못한다. 조직 내에 데이터가 쌓이기 시작하면, 사람들은 처음에는 자신감으로 가득 찬다. 숫자는 늘어나고, 대시보드는 화려해지고, 회의실 벽면에는 그래프가 끊임없이 바뀐다. 매출, 방문자 수, 객단가, 재방문율, 시간대별 회전율까지 모든 것이 보이는 순간, 누군가는 말한다. 이제 우리는 다 알고 있다고. 더 이상 감에 의존하지 않아도 된다고. 빅데이터가 만든 가장 위험한 착각은 바로 그 지점에서 시작된다.

벨라로마의 데이터 분석 결과

입력 데이터	분석 결과 (리포트형 답변)	문제점 (기술적 관점)
POS 매출 데이터 요일별 방문자 수 메뉴별 매출 비중 직원 근무 시간	매출 12% 감소 주말 방문객 감소 파스타 판매 비중 하락	Why가 없음 데이터는 있으나 인과 구조 부재 변수 간 관계가 정의되지 않음

벨라로마의 회의실도 그랬다. 매출이 떨어지기 시작했을 때, 테이블 위에는 이미 수십 개의 지표가 올라와 있었다. 요일별 방문자 수, 날씨와의 상관관계, 주변 상권 유동 인구, 배달 앱 리뷰 점수, 경쟁 매장의 가격 변화까지 모두 정리돼 있었다. 숫자는 넘쳐났고, 분석은 즉각 시작됐다. 점심시간 방문이 줄었다는 그래프가 나오자 누군가는 가격을 의심했고, 비 오는 날 매출이 떨어진다는 차트를 보며 또 다른 누군가는 날씨 탓을 했다. 리뷰 점수가 소폭 하락한 시점을 집어 들고 서비스 품질을 말하는

사람도 있었다.

　문제는 누구의 말도 틀리지 않아 보였다는 점이다. 모든 주장은 데이터로 뒷받침되고 있었고, 모든 해석에는 그래프가 붙어 있었다. 그러나 그럴수록 결론은 멀어졌다. 데이터가 많아질수록 판단은 빨라지지 않았다. 오히려 느려졌다. 숫자가 늘어날수록 논점은 흩어졌고, 회의는 길어졌다. 질문은 단순했지만 답은 점점 복잡해졌다. 왜 매출이 줄었는가라는 질문은 어느새 무엇이든 원인이 될 수 있는 상태가 됐다. 그 사이에 조직은 상관관계와 인과관계를 자연스럽게 섞어 쓰기 시작했다. 특정 시간대 방문이 줄었으니 그 시간이 문제일 것이라 말했고, 특정 메뉴의 판매량이 감소했으니 메뉴 경쟁력이 떨어졌다고 판단했다. 그러나 아무도 그 앞단을 보지 않았다. 방문이 왜 줄었는지, 메뉴를 주문하지 않은 이유가 무엇인지, 그 선택이 어떤 조건에서 일어났는지는 묻지 않았다. 데이터는 함께 움직였지만, 원인과 결과의 방향은 고정되지 않았다. 숫자는 늘어났지만 이야기는 사라졌다.

　이때 조직 안에서 미묘한 변화가 일어난다. 책임이 흐려진다. 판단은 숫자 뒤로 숨는다. "데이터가 그렇게 말한다."는 문장이 자연스럽게 등장한다. 누군가의 결정이 아니라, 시스템의 결과인 것처럼 말한다. 그러나 정작 그 시스템은 아무것도 판단하지 않았다. 숫자는 나열됐고, 해석은 사람마다 달랐다. 책임은 분산됐고, 결론은 미뤄졌다. 빅데이터는 조직을 똑똑하게 만들기보다, 모두를 무력하게 만들었다. 벨라로마에서 나왔던 그럴듯하지만 틀린 분석도 정확히 이 지점에 있었다. 점심 매출 감소와 인근 사무실 공실률의 상관관계를 엮은 분석은 매끄러웠지만, 실제 고객의 행동과는 어긋나 있었다. 리뷰 점수 하락과 재방문율 감소를 연결한 보고서는 설득력 있어 보였지만, 그 리뷰가 어떤 상황에서 작성됐는지는 묻지 않았다. 숫자는 맞았지만, 이야기는 틀렸다. 데이터는 많았지만, 판단은 없었다.

결국 가장 위험한 순간은 데이터가 부족할 때가 아니라, 데이터가 넘칠 때 찾아온다. 모든 것이 보인다는 착각 속에서, 조직은 더 이상 핵심을 묻지 않는다. 무엇이 원인인지가 아니라, 어떤 숫자를 인용할 것인지가 중요해진다. 판단은 늦어지고, 책임은 사라지며, 결정은 점점 보수적으로 변한다. 빅데이터가 만든 진짜 배신은 오류가 아니라, 확신이다. 우리는 다 알고 있다는 그 확신이 가장 중요한 질문을 가려버린다.

그 다음은 너무 답답한 나머지 ChatGPT와 같은 AI 챗봇에 물어볼 수도 있다. 벨라로마의 점주가 생성형 AI, 즉 LLM에게 이렇게 질문한다고 가정해 보자. "벨라로마의 최근 매출 감소 원인을 분석해줘." 잠시 후 챗봇은 그럴듯한 답변을 내놓는다. "최근 인근 지역에 경쟁 레스토랑이 증가했을 가능성이 있습니다. 또한 가격에 대한 고객의 민감도가 높아졌을 수 있으며, 전반적인 소비 트렌드 변화도 매출 감소의 원인일 수 있습니다." 이는 표면적으로 보면 틀린 말은 아니다. 실제로 매출 감소를 설명할 때 자주 등장하는 요인들이고, 경영진이 듣기에도 그럴듯하다. 하지만 이 답변에는 결정적인 한계가 있다.

이 AI는 벨라로마가 어떤 레스토랑인지 알지 못한다. 어떤 고객층을 주력으로 하는지, 점심 매출과 저녁 매출 중 어디에서 문제가 발생했는지, 예약 구조인지 직접 방문 중심인지, 원가 구조와 인건비 제약이 무엇인지, 프로모션이나 메뉴 변경이 있었는지조차 모른다. 결국 이 답변은 이 레스토랑의 현실을 반영한 분석이 아니라, 어디에나 적용 가능한 일반론적 가설의 나열에 불과하다. 더 중요한 문제는 이 가설들 중 어느 것을 기준으로 무엇을 먼저 바꿔야 하는지를 AI 챗봇 스스로는 전혀 말해주지 못한다는 점이다. 즉, 규칙은 없고 제약은 고려되지 않았으며, 실제 운영 구조와 연결되지 않았고, 그 판단에 대한 책임도 없다. 그래서 이 분석은 "그럴듯하지만 실행할 수 없는 분석"으로 끝난다. 이 지점이 바로 생성형 AI 기반 분석이 '부분적으로는 성공했지만, 본질적으로는 실패하는 지점'이다.

이번에는 직접 벨라로마 점주의 머릿속으로 들어가 보자. 그는 매일 밤 장부를 덮을 때마다 같은 감각을 느낀다. 숫자는 분명히 쌓여 있는데, 그 숫자들이 가리키는 방향은 늘 흐릿하다. 오늘도 손님은 많았고, 주방은 쉴 틈이 없었고, 직원들은 뛰어다녔는데도 남는 것이 적다. 어떤 날은 테이블이 꽉 찼는데도 매출이 기대만큼 오르지 않고, 어떤 날은 매출은 괜찮은데 리뷰가 나빠진다. 점주는 그 이유를 머릿속에서 이미 알고 있다고 믿는다. "비가 와서 테라스가 죽었지." "오늘은 커플이 많아서 회전이 느렸어." "서빙이 익숙하지 않은 친구가 들어와서 시간이 걸렸지." 그런데 그 '안다'는 감각은 늘 사람의 기억 속에만 있고, 내일이 되면 다시 흔들린다. 직원이 바뀌고, 손님이 바뀌고, 날씨가 바뀌면 설명도 바뀐다. 점주의 머릿속에서만 통하던 규칙과 연결이 어느 순간부터는 더 이상 점주조차 확신하지 못하는 이야기로 변한다. 그래서 점주는 결심한다. 이 식당을 운영하는 방식, 즉 '내가 세상을 이해하는 방식'을 컴퓨터에게도 옮겨 심어 보겠다고.

그가 처음 한 일은 익숙한 흐름을 일부러 분리하는 것이었다. 사람은 습관적으로 묶어서 생각한다. "손님이 왔다."라고 말할 때, 그 말 속에는 이미 누가 왔는지, 언제 왔는지, 왜 왔는지, 무엇을 먹었는지, 얼마나 기다렸는지까지 한 덩어리로 섞여 있다. 하지만 컴퓨터에게는 그 덩어리가 너무 크고, 너무 모호하다. 그래서 점주는 먼저 '고객'과 '방문'을 떼어 놓는다. 고객은 그 사람 자체이고, 방문은 그 사람이 남긴 한 번의 발자국이다. 같은 사람이 여러 번 방문할 수도 있고, 한 번의 방문이 매출을 만들 수도 있고 못 만들 수도 있다. 이 둘을 구분하지 않으면, "요즘 단골이 줄었다." 같은 말이 단지 기분 탓인지 실제 현상인지조차 흐려진다. 점주는 고객을 하나의 존재로 두고, 방문을 또 하나의 존재로 둔다. 고객이 방문을 만들어내는 주체라면, 방문은 반드시 어느 시간대 위에서 발생한다는 사실도 함께 붙여야 한다는 걸 직감한다. 점주는 머릿속에서 늘 "점심은 바쁘고 저녁은 비싸다."라고 말해왔지만, 그 '점심'과 '저녁'이 그냥 느낌으로 남아 있는 한, 컴퓨터는 한 번도 그 차이를 이해하지 못한다. 방문이 언제 일어났는지, 그 시간이 점심인지 저녁인지, 평일인지 주말인지, 비가 오던 날인지까지, 방문이라는 발자국에 달라붙어야 한다.

그다음 점주는 식당 문 앞의 장면을 떠올린다. 문이 열리고, 손님이 들어오고, 그 순간부터 식당의 리듬이 바뀐다. 어떤 손님은 들어오자마자 앉고, 어떤 손님은 서서 기다린다. 기다림은 단순한 시간이 아니라 감정이 된다. 점주는 이 감정을 수치로 기억해 왔다. "15분 넘으면 표정이 달라진다." "20분이면 취소가 나온다." 하지만 이 기억은 늘 '대기줄'이라는 덩어리 안에 숨어 있다. 그래서 점주는 방문의 다음 장면으로 '대기'를 놓는다. 방문이 곧바로 착석으로 이어지는 경우도 있지만, 어떤 방문은 대기라는 단계를 거친다. 대기가 얼마나 길었는지, 대기 중에 이탈이 있었는지, 대기 중에 직원이 어떤 안내를 했는지까지, 점주는 무의식적으로 판단해 왔다. 이제 그 무의식이 구조가 된다. 손님이 들어오는 순간부터 테이블에 앉기까지의 흐름이 '사건의 줄'로 연결되기 시작한다.

이렇게 식당의 하루를 분리하고 이어붙이는 동안, 점주는 자꾸만 자기 자신의 머릿속으로 돌아온다. 그는 사실 매일 이 작업을 하고 있었다. 단지 말로 하지 않았고, 기록으로 남기지 않았을 뿐이다. 어떤 날은 가족 손님이 많아 매출이 커 보이지만 회전이 느려서 대기줄이 길어지고, 그 대기줄이 길어지면 리뷰가 흔들리고, 리뷰가 흔들리면 다음 주의 예약이 줄어드는 흐름을 그는 경험으로 알고 있었다. 어떤 날은 관광객이 많아 테이블은 꽉 차지만 객단가가 낮고, 어떤 날은 직장인이 많아 회전은 빠르지만 주방이 과열돼 불량이 늘어난다. 점주의 머릿속에서는 이미 고객의 유형이 방문 시간과 맞물리고, 메뉴 선택과 얽히고, 직원의 숙련도와 충돌하고, 날씨라는 변수에 흔들리고 있었다. 그는 그 연결을 '감'이라고 불렀다. 그리고 그 감이 맞았을 때는 천재처럼 보였고, 틀렸을 때는 운이 나쁘다고 넘겼다. 이제 점주는 그 감을 더 이상 운으로 두지 않겠다고 마음먹는다. 감을 구조로 만들겠다고.

그가 무의식적으로 해오던 첫 번째 작업은 개념을 인식하는 일이다. 식당 문이 열리고 손님이 들어오는 순간, 점주는 눈으로 분류한다. 가족인지 연인인지, 직장인인지 관광객인지, 예약인지 현장 방문인지, 조용히 먹고 나갈 사람인지 오래 앉아 있을 사람인지. 그는 질문을 던지지 않아도 답을 알고 있는 척한다. "오늘은 커플이 많네." "오늘은 가족이 많아서 회전이 느리겠네." 그리고 매출이 언제 발생하는지도 본능적으로 나눈다. 예약이 들어온 순간 마음이 놓이는 날이 있고, 손님이 착석한 순간부터 불안해지는 날이 있다. 결제가 이루어지는 순간이 매출의 끝이지만, 사실 매출의 시작은 더 앞에서 움직인다. 예약 단계에서 이미 좌석이 잠기고, 좌석이 잠기면 현장 방문 손님이 밀려나고, 현장 방문 손님이 밀려나면 그날의 테라스 전략이 바뀐다. 점주의 머릿속에서는 매출이라는 단어가 단일한 숫자가 아니라, 시간에 따라 여러 번 형태를 바꿔가며 존재한다.

두 번째 작업은 관계를 연결하는 일이다. 점주는 식당을 하나의 고정된 공간으로 보지 않는다. 그는 관계망으로 본다. 고객 유형과 방문 시간 사이에는 습관이 있다. 직장인은 점심에 몰리고, 연인은 저녁에 몰리고, 관광객은 애매한 시간대에 흘러든다. 메뉴와 고객 목적 사이에는 이유가 있다. 데이트는 와인을 부르고, 가족은 파스타를 주문하고, 직장인은 세트 메뉴를 찾는다. 직원의 숙련도와 회전율 사이에는 긴장이 있다. 한 명의 숙련된 서빙 직원이 있을 때 대기줄은 같은 길이여도 훨씬 덜 불만스럽고, 같은 주방이어도 접시가 나가는 속도가 달라진다. 날씨와 테라스 좌석 사이에는 거의 법칙 같은 관계가 있다. 비가 오는 순간 테라스는 죽고, 바람이 세게 부는 날은 커피 주문이 늘며, 더운 날에는 탄산과 샐러드가 움직인다. 점주는 이 연결을 머릿속에서 선으로 그리며 운영한다. 그런데 그 선들은 말로 남지 않으면, 어느 날부터 서로 다른 사람의 머릿속에서 다르게 그려진다. 점주가 아는 선과 매니저가 아는 선과 주방장이 아는 선이 달라지기 시작하면, 같은 식당에서 서로 다른 세계가 돌아간다.

세 번째 작업은 규칙을 적용하는 일이다. 점주는 규칙을 "이럴 때는 이렇게"라는 형태로 갖고 있다. 비가 오는 날이면 테라스 매출은 사실상 제로로 수렴한다. 그래서 그날은 테라스 인력을 홀로 돌려야 하고, 테라스 재료 준비를 줄여야 한다. 대기 시간이 15분을 넘으면 손님의 표정이 바뀌고, 그 표정은 다시 재방문 확률을 흔든다. 숙련된 서빙 직원이 부족한 날에는 주문이 틀리고, 응대가 늦고, 회전율이 떨어진다. 이 규칙들은 단순히 '상식'이 아니라 돈으로 환산되는 제약이다. 비 오는 날 테라스가 죽는다는 것은 좌석이 줄어드는 것이고, 좌석이 줄어든다는 것은 매출의 상한선이 내려간다는 뜻이다. 대기 시간이 길어진다는 것은 한 번의 방문이 매출을 만들더라도 다음 방문을 없앨 수 있다는 뜻이다. 숙련도가 떨어진다는 것은 같은 재료와 같은 손님이 있어도 다른 결과가 나온다는 뜻이다. 점주는 이런 규칙들을 본능적으로 적용한다. 하지만 직원이 바뀌거나 상황이 급해지면, 규칙은 쉽게 무시된다. 무시된 규칙은 다음날 수치로 되돌아와 점주를 공격한다. "왜 어제 리뷰가 나빴지?" "왜 어제는 매출이 비슷한데 이익이 줄었지?" 규칙이 기억되지 않으면, 결과는 늘 놀랍게 찾아온다.

네 번째 작업은 시나리오를 시뮬레이션하는 일이다. 점주는 하루를 운영하면서, 실제로는 수십 번의 '만약'을 돌린다. "만약 서빙 직원 한 명을 더 배치했다면 대기줄은 줄었을까?" "만약 오늘 세트메뉴를 밀었다면 객단가는 어떻게 바뀌었을까?" "만약 예약 정책을 바꿔 현장 방문 손님을 더 받았다면 리뷰는 흔들렸을까, 아니면 매출이 더 올라갔을까?" 그는 머릿속에서 다른 미래를 잠깐씩 보고, 그중 하나를 선택한다. 그런데 이 선택은 늘 불완전한 정보 위에서 이루어진다. 그는 모든 손님의 목적을 알지 못하고, 모든 직원의 컨디션을 알지 못하며, 날씨가 바뀌는 속도를 완벽히 예측하지 못한다. 그래서 시나리오는 경험과 직감에 기대어 돌아간다. 직감이 맞으면 살아남고, 틀리면 비용을 내는 게임이다.

이 모든 과정이 인간의 판단이고, 의사결정을 위한 뇌 속의 흐름이다. 벨라로마 점주는 매일 이 흐름을 무의식적으로 수행한다. 다만 그의 머릿속에서만 수행된다는 것이 문제였다. 머릿속에서만 존재하는 개념은 전염되지 않고, 머릿속에서만 존재하는 관계는 공유되지 않으며, 머릿속에서만 존재하는 규칙은 축적되지 않고, 머릿속에서만 존재하는 시나리오는 기록되지 않는다. 그래서 점주는 온톨로지로 내려간다. 그가 하려는 일은 식당을 관계도처럼 그려놓고 만족하는 일이 아니다. 오히려 반대로, 관계도처럼 보이는 딱딱한 표기를 본문 밖으로 밀어내고, 그 표기가 가리키는 현실의 장면을 다시 끌어와 독자의 눈앞에 펼쳐놓는 일이다. 고객과 방문을 분리하는 순간은 "손님이 누구인지"를 묻는 순간이 아니라, "같은 손님이 남기는 발자국이 왜 매번 다르게 돈이 되는지"를 붙잡는 순간이다. 방문이 시간대 위에서 발생한다고 고정하는 순간은 "시간 컬럼을 만든다."는 의미가 아니라, "점심의 세계와 저녁의 세계가 완전히 다른 룰로 움직인다."는 사실을 시스템이 이해하게 만드는 순간이다. 대기라는 단계를 사건의 줄에 넣는 순간은 "대기 DB 테이블을 만든다."가 아니라, "돈이 나가기 시작하는 출구는 계산대가 아니라 대기줄의 표정"이라는 사실을 박아 넣는 순간이다.

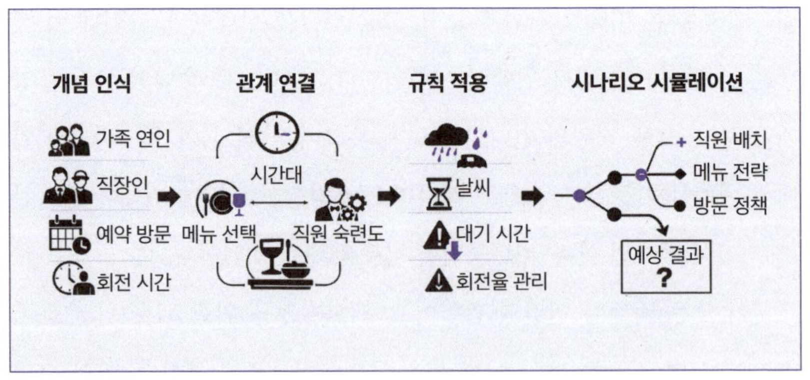

그래서 이제부터 벨라로마의 온톨로지 설계는 단어의 연결이 아니라, 점주의 뇌 속에서 이미 굴러가던 판단의 흐름을 구조로 옮기는 작업이 된다. 점주가 무의식적으로 했던 네 가지, 개념을 인식하고, 관계를 연결하고, 규칙을 적용하고, 시나리오를 돌리는 과정을, 식당의 세계 안에서 다시 한번 차근차근 재현해 보는 것이다. 그리고 그 순간 독자는 깨닫게 된다. 온톨로지는 "데이터를 정리하는 기술"이 아니라, 한 사람의 머릿속에서만 돌던 의사결정 사이클을 조직의 시스템으로 옮겨 심는 기술이라는 것을.

벨라로마 점주의 큰 고민에 비해 이 실험의 핵심은 단순하다. "분석을 더 잘하자."가 아니라 "현실을 이해하는 구조를 먼저 만들자."이다. 이를 위해 실험을 위한 데이터의 양은 오히려 줄였다. 메뉴 정보Menu, 직원 정보Staff, 공급업체 정보Supplier, 구매 이력Purchase, 고객 리뷰Review(비정형 텍스트) 총 5개의 정보를 이용했다. 이는 대기업 기준으로 보면 상당히 작은 데이터다. 그러나 온톨로지 관점에서는 충분하다. 왜냐하면 중요한 것은 데이터의 크기가 아니라, 의미와 관계이기 때문이다. 벨라로마 실험에서 중요한 통찰은 이것이다. "정의된 세계(시맨틱)는 정적이지만, 그 안에서 벌어지는 사건은 흐르고, 그 흐름의 결과는 다시 세계를 바꾼다."

벨라로마 식당의 점주는 가장 먼저 세상에 존재하는 수많은 요소 중 의미 있는 조각들을 골라내어 무엇이 무엇인지를 규정하는 '시맨틱 레이어' 구축에 돌입한다. 그는 먼저 '고객Customer'과 '방문Visit'을 별개의 존재로 떼어놓기로 한다. 엑셀 시트 안에서는 그저 한 줄의 기록에 불과했던 데이터들이 점주의 머릿속에서는 현실 세계를 반영하는 독립적인 개체로 살아나기 시작한다. 식사를 주문하는 '메뉴Menu', 손님이 앉는 '테이블Table',

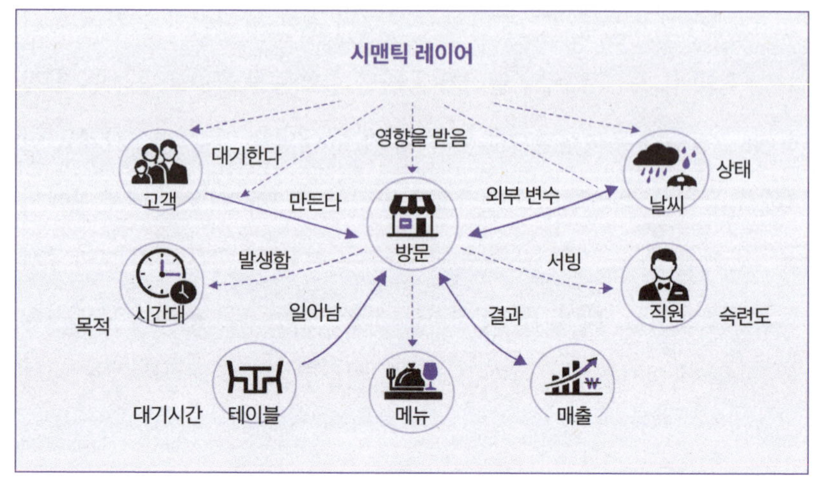

음식을 나르는 '직원Staff', 그리고 식당 밖의 '날씨Weather'와 '시간TimeSlot'까지. 점주는 식당을 구성하는 이 모든 유무형의 요소에 이름을 붙이고 각각의 존재감을 부여한다. 이 단계에서 데이터는 더 이상 박제된 정보가 아니라, 현실의 식당을 디지털 세계로 옮겨온 입체적인 분신이 된다.

단순히 이름을 붙이는 데서 그치지 않고, 점주는 이 개체들 사이에 생명력을 불어넣는 '관계 정의'를 시작한다. 고객이 방문을 '만드는Makes' 주체라면, 그 방문은 반드시 특정 시간대Time Slot 위에서 발생한다는Occurs At 사실을 컴퓨터에게 가르쳐야 하기 때문이다. 점주는 여기서 한 걸음 더 나아가 식당의 성패를 결정짓는 복잡한 인과관계를 설계한다. 오늘의 방문이 창밖의 궂은 날씨에 영향을 받는지Affected By, 어떤 직원이 서빙을 맡았는지Served By, 그리고 이 모든 일련의 사건이 결국 최종적인 매출Revenue로 이어지는지Results In를 촘촘하게 엮어낸다.

마지막으로 점주는 각 개체의 성격과 상태를 정교하게 묘사하는 '속성Properties'을 정의하며 시맨틱 레이어를 완성한다. 서빙을 맡은 직원의 숙련도가 어느 정도인지Skill Level, 손님이 문앞에서 얼마나 지루하게 기다렸는지Waiting Time, 혹은 손님이 연인과의 기념일을 위해 왔는지 아니면 바쁜 업무 미팅을 위해 왔는지Purpose 같은 세밀한 정보들이 데이터의 뼈대 위에 살점처럼 붙는다. 이렇게 완성된 시맨틱 레이어는 마치 정교하게 그려진 식당의 지도와 같다. 이제 점주는 이 지도를 바탕으로 식당이라는 세계가 어떻게 움직이고 변화하는지, 즉 키네틱과 다이나믹의 영역으로 나아갈 완벽한 준비를 마친 셈이다.

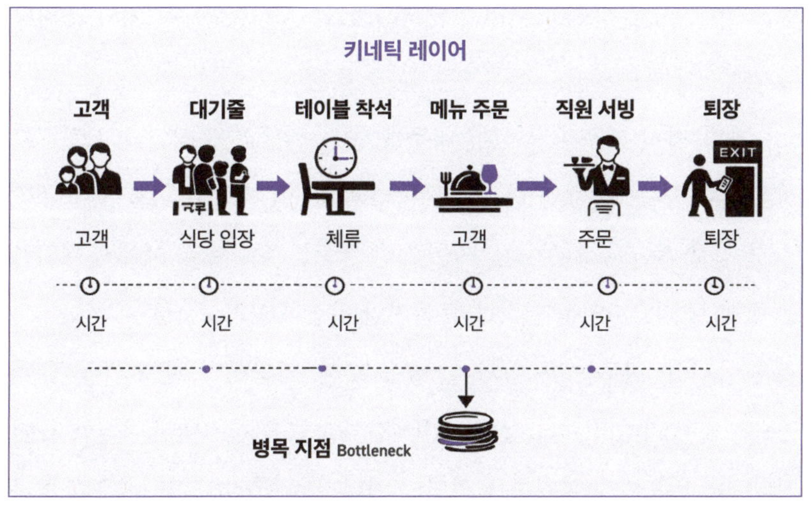

그러나 여기서 멈추면 안 된다. 많은 온톨로지 프로젝트가 실패하는 이유가 바로 이것이다. 현실은 정적이지 않다. 현실은 움직인다. 그래서 두 번째 레이어, 키네틱 레이어가 필요하다. 벨라로마 식당의 점주는 이제 텅 빈 홀을 바라보며, 정적인 지도를 넘어 식당이 살아 움직이는 키네틱 레이어를 설계하기 시작한다. 단순히 누가 무엇인지를 정의하는 단계를 지나, 이제는 데이터가 어떤 순서로 흐르고 충돌하며 비즈니스의 결과를 만들어내는지 그 역동적인 과정을 그려내는 것이다.

특정 메뉴가 언급된 리뷰의 평균 평점은 얼마인가? 여름과 겨울의 만족도 차이는 존재하는가? 가격 불만이 늘어난 시점과 매출 변화는 연결되는가? 이 레이어에서 온톨로지는 단순한 구조도가 아니라 연산 가능한 모델이 된다. 컴퓨터가 계산하고, 비교하고, 패턴을 찾는다. 사람은 해석자가 아니라 의사결정자가 된다. "정의된 개체들이 실제로 어떻게 움직이는가?" 키네틱 레이어는 '정의된 객체 간의 상태 변화와 사건Event'를 다루는 것을 본질로 한다. 키네틱 레이어에서는 이 객체들이 시간 속에서 실제로 어떻게 연결되고 끊어지는지를 기록한다.

가장 먼저 점주의 시선이 머무는 곳은 식당의 문턱이다. 그는 '고객Customer'이라는 존재가 단순히 데이터베이스에 기록된 이름이 아니라, '식당 입장Enters Restaurant'이라는 구체적인 행동을 통해 우리 세계에 개입하는 첫 번째 신호탄임을 인식한다. 하지만 입장이 곧바로 식사로 이어지는 것은 아니다. 점주는 문 앞의 긴 줄을 보며, 입장을 마친 고객이 '대기줄Queue'에서 기다리는waits 물리적인 시간의 흐름을 시스템에 이식한다. 이 기다림의 밀도가 높아질수록 식당의 에너지는 팽팽해지고, 이윽고 빈자리가 생겨 고객이 '테이블에 착석Seated at Table'하는 순간 비로소 잠재되어 있던 데이터의 흐름이 본격적으로 터져 나오기 시작한다.

테이블에 앉은 고객이 '메뉴 아이템을 주문Orders Menu Item'하면, 식당의 모든 자원은 긴밀하게 맞물려 돌아간다. 점주는 이 주문이 주방으로 전달되고, 다시 숙련된 '직원에 의해 서빙Served by Staff'되는 일련의 전이 과정을 데이터의 연결 고리로 엮어낸다. 여기서 중요한 것은 단순한 사건의 나열이 아니라, 고객이 식당 내부에 머무는 '체류 시간Duration'이라는 보이지 않는 변수가 이 모든 과정에 녹아들어 있다는 점이다.

서빙된 음식이 고객의 기쁨이 되고, 그 기쁨이 일정 시간 머물다 떠나갈 즈음 점주의 설계는 종착역을 향한다. 고객이 식사 후 '계산서를 결제Pays Bill'하고 마침내 '퇴장Exits'하기까지의 전 과정은 마치 정교하게 짜인 연극의 시나리오처럼 데이터의 흐름 위에서 재현된다. 점주는 이 흐름을 지켜보며 깨닫는다. 고객의 입장에서 퇴장에 이르는 이 연속적인 줄기야말로 식당의 맥박이며, 이 맥박의 속도와 리듬을 조절하는 것이 바로 온톨로지 설계의 진정한 목적이라는 사실을 말이다.

이건 단순한 흐름처럼 보이지만, 키네틱 레이어에서는 각 단계가 상태 전이State Transition라고 할 수 있다. 키네틱 레이어는 숫자 집계가 아니라 "어떤 상태에서 어떤 상태로 이동했는가?"를 다룬다. 상태 전이의 예를 들면 우선 홀의 중심인 '테이블의 상태Table.status'다. 아침 햇살을 받으며 비어있던available 테이블은 손님이 앉는 순간 점유된occupied 상태로 변하고, 손님이 떠난 후에는 치워야 할dirty 상태가 되었다가 다시 새로운 손님을 맞이할 준비available를 마친다. 점주는 이 순환의 고리가 곧 식당의 맥박이라는 것을 깨닫는다.

이 맥박을 조절하는 '직원의 업무 상태Staff.load' 역시 역동적으로 변한다. 한가로이 손님을 기다리던idle 직원은 주문이 밀려드는 피크 타임이 되면 쉴 새 없이 서빙에 몰입하고serving, 감당하기 힘든 인파가 몰리면 과부하overloaded 상태에 빠진다. 이 과정에서 점주가 가장 가슴 졸이며 지켜보는 것은 바로 '고객의 마음Customer.intent'이다. 배고픔hungry을 안고 식당을 찾은 고객은 기나긴 대기waiting를 거치며 만족satisfied의 미소를 지을지, 아니면 실망과 좌절frustrated을 안고 돌아설지의 갈림길에 서게 된다. 점주는 이 보이지 않는 마음의 전이 과정을 데이터로 포착하여 시스템에 심기로 한다.

이러한 상태의 변화를 추적하기 위해 점주는 모든 순간에 '시간의 인장Event Timestamp'을 찍기 시작한다. 손님이 들어선 시각부터 대기가 시작되고 끝난 시각, 메뉴를 고심하다 주문을 넣은 시각과 음식이 테이블에 놓인 시각, 그리고 마침내 식당을 나서는 퇴장 시각까지. 점주의 온톨로지 속에서 시간은 단순히 흐르는 것이 아니라, 각 사건의 시작과 끝을 규정하는 엄격한 좌표가 된다.

결국 점주가 이토록 치밀하게 흐름을 설계한 이유는 사건과 사건 사이에 숨겨진 '인과 관계'의 비밀을 풀기 위해서다. 그는 단순히 데이터가 쌓이는 것을 넘어, 그 안에서 비즈니스의 급소를 식별해낸다. 대기 시간이 길어지면 고객이 주문을 포기하고 발길을 돌린다는 사실, 주방의 조리가 지연되면 홀의 테이블 회전율이 도미노처럼 무너진다는 사실을 논리적으로 연결한다. 특정 시간대와 특정 메뉴, 그리고 특정 직원들의 조합이 만들어내는 '병목 지점Bottleneck'을 찾아내는 순간, 점주의 온톨로지는 단순한 기록을 넘어 식당의 문제를 스스로 진단하고 해결책을 제시하는 지능적인 유기체로 거듭나게 된다.

다만 여기서 아직 '예측'은 없다. 키네틱은 "무슨 일이 실제로 벌어졌는가?"까지만 담당한다. 또한 "평균 대기 시간 18분"처럼 단순 집계만 가능한 LLM·전통 BI가 못하는 부분을 키네틱 레이어는 "대기 시간이 12분을 넘는 순간, 단체 고객의 주문 전환율이 급락한다."로 해석한다. 이 차이가 '판단 가능성'의 시작점이다. 이처럼 온톨로지가 들어오면 질문이 이렇게 변한다. "매출이 왜 줄었나?"에서 "비 오는 주말 저녁에 가족 고객의 방문은 유지되었으나 숙련 서빙 직원의 부족으로 회전율이 감소했고, 그 결과 평균 매출이 하락했다." 즉, 원인과 그 구조에 대해 근거와 함께 설명이 가능해지는 것이다.

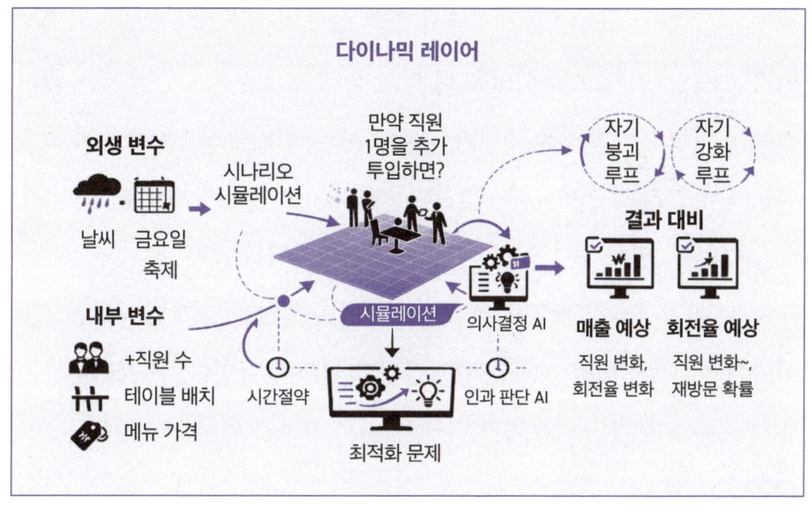

세 번째 레이어는 다이나믹 레이어다. 여기서 온톨로지는 비로소 '살아 움직이기' 시작한다. 특정 조건이 충족되면 특정 인사이트가 도출되고 그 결과를 근거로 행동이 제안된다. 이 지점에서 온톨로지는 AI 에이전트, 자동화, 추천 시스템 등과 연결된다. 즉, 분석 → 보고 → 회의 → 결정이라는 느린 체계에서 벗어나 이해 → 판단 → 실행이라는 구조로 바뀐다. "이 흐름이 결과를 어떻게 바꾸며, 앞으로 어떻게 될 것인가?" 키네틱 레이어가 과거와 현재라면, 다이나믹 레이어는 미래와 선택의 영역이다.

다이나믹 레이어는 키네틱 이벤트의 조합 효과, 시간에 따른 누적 결과, 조건 변화에 따른 시나리오 시뮬레이션, 선택에 따른 결과 비교 등을 다룬다. 문장으로 말하면 "만약 ○○를 바꾸면, 어떤 결과가 얼마나 달라지는가?"와 같은 것이다.

벨라로마 식당의 점주는 이제 단순한 관찰자를 넘어, 거대한 지표의 바다 위에서 배를 조종하는 항해사로 거듭난다. 그가 도달한 마지막 목적지는 식당의 미래를 가상 세계에서 미리 살아보고 결정하는 변화의 영역이다. 이 단계에 이르면 식당은 더 이상 물리적인 공간에 갇혀 있지 않다. 점주는 자신의 통제력을 벗어난 '외생 변수', 즉 변덕스러운 날씨나 요일, 인근에서 열리는 축제 같은 외부의 움직임을 데이터의 변수로 받아들인다. 여기에 직원의 수나 테이블 배치, 메뉴의 가격과 같은 '통제 가능한 변수'들을 이리저리 조합하며, 그것이 매출이나 회전율, 고객의 재방문 확률이라는 '결과'에 어떤 파장을 일으키는지 면밀히 살핀다. 이 레이어는 단순히 숫자가 오가는 장부가 아니라, 원인과 결과가 얽혀 상호작용하는 거대한 함수 공간이 된다.

이 가상의 공간에서 점주가 가장 먼저 시도하는 것은 '인과 기반의 시뮬레이션'이다. 예를 들어, 축축하게 비가 내리는 금요일 저녁이라는 조건을 설정해 두고 시나리오를 써 내려가는 식이다. 직원을 평소처럼 다섯 명 배치했을 때와 한 명을 더 늘려 여섯 명을 배치했을 때의 결과를 가상 세계에서 미리 충돌시켜 본다. 이는 과거를 정리한 통계 리포트가 아니다. 평균 대기 시간이 얼마나 줄어드는지, 그로 인해 불만 발생 확률이 얼마나 낮아지는지를 미리 확인해보는 정교한 가상 실험이다. 점주는 실제로 돈을 쓰거나 시행착오를 겪지 않고도 최선의 수를 미리 찾아낼 수 있게 된다.

또한 점주는 식당의 흥망성쇠를 결정짓는 '피드백 루프Feedback Loop'의 무서운 힘을 온톨로지 속에서 마주한다. 대기 시간이 조금 늘어난 아주 작은 사건이 어떻게 도미노처럼 번져나가는지 목격하는 것이다. 늘어난 대기 시간이 고객의 불만을 낳고, 그것이 차가운 리뷰로 이어지며 신규 방문객 발길을 돌리게 만든다. 줄어든 매출 때문에 어쩔 수 없이 인력을 감축하면 대기 시간은 다시 지옥처럼 늘어나는 악순환, 즉 '자기 붕괴 루프'의 전조를 데이터의 흐름 속에서 미리 포착해낸다. 반대로 어떤 요인이 식당을 스스로 성장하게 만드는 '자기 강화 루프'를 만드는지도 함께 연구한다.

결국 이 모든 실험의 끝에서 점주의 질문은 완전히 뒤바뀐다. 과거에는 "도대체 왜 매출이 줄었지?"라며 지나간 결과에 매달렸다면, 이제는 "지금 이 상황에서 어떤 선택이 손실을 최소화하고 이익을 극대화할까?"라는 본질적인 물음을 던진다. 인건비와 공간, 시간이라는 뚜렷한 제약 조건 안에서 매출과 만족도를 동시에 끌어올릴 수 있는 최적의 조합을 찾아내는 '최적화 문제'로 진입하는 것이다. 바로 이 지점에서 단순한 계산기를 넘어선 '판단 AI'가 등장한다. 점주가 설계한 온톨로지는 이제 식당의 모든 맥락을 이해하고, 점주에게 가장 현명한 의사결정의 길을 안내하는 든든한 조력자가 된다.

키네틱 vs 다이나믹 레이어 요약 비교

구분	키네틱 레이어	다이나믹 레이어
초점	실제로 벌어진 일	벌어질 수 있는 일
시간	과거·현재	미래
역할	흐름 기록	선택 평가
핵심 질문	"무슨 일이 일어났나?"	"무엇을 선택해야 하나?"
AI 성격	분석 AI	판단 AI

벨라로마 식당의 점주는 이제 중요한 진실 하나를 깨닫는다. 매출이 줄어든 이유, 즉 '원인'이라는 녀석은 정적인 지도인 시맨틱 레이어에도, 단순히 움직임을 기록한 키네틱 레이어에도 홀로 존재하지 않는다는 사실이다.

식재료가 무엇인지, 고객이 누구인지를 정의하는 것만으로는 부족하다. 고객이 입장해서 퇴장하기까지의 과정을 시간 순으로 나열하는 것만으로도 답은 나오지 않는다. 진정한 원인은 이 모든 개체와 움직임이 서로 충돌하고 증폭되며 만들어내는 복잡한 함수 공간, 즉 다이나믹 레이어에 이르러서야 비로소 인간이 판단할 수 있는 구체적인 형상으로 그 모습을 드러낸다. 날씨라는 외생 변수가 고객의 마음이라는 상태 전이에 어떤 파동을 일으켰는지, 그 파동이 직원의 업무 과부하와 맞물려 어떻게 '대기 시간 증가'라는 병목을 만들어냈는지, 그리고 이 흐름이 결국 '재방문 의사 하락'이라는 결과로 이어지는 전체의 맥락을 조망할 때 비로소 진단이 시작된다.

이것이 바로 벨라로마가 엑셀 시트 대신 온톨로지를 선택한 이유다. 무엇이 무엇인지 정의하는 시맨틱, 그들이 어떻게 흘러가는지 추적하는 키네틱, 그리고 이 모든 흐름이 어떤 결과를 낳고 어떻게 최적화될 수 있는지를 시뮬레이션하는 다이나믹이 하나의 사슬처럼 단단히 엮일 때, 데이터는 비로소 지능이 된다. 온톨로지는 단순히 과거의 기록을 보여주는 거울이 아니라, "왜 이런 일이 벌어졌는가?"라는 통찰을 넘어 "그렇다면 지금 당장 무엇을 해야 하는가?"라는 행동의 지침으로 점주를 안내한다. 점주는 결국 온톨로지라는 렌즈를 통해서만 안개 속 같은 경영의 현장에서 흔들리지 않는 판단의 근거를 손에 쥐게 되는 것이다.

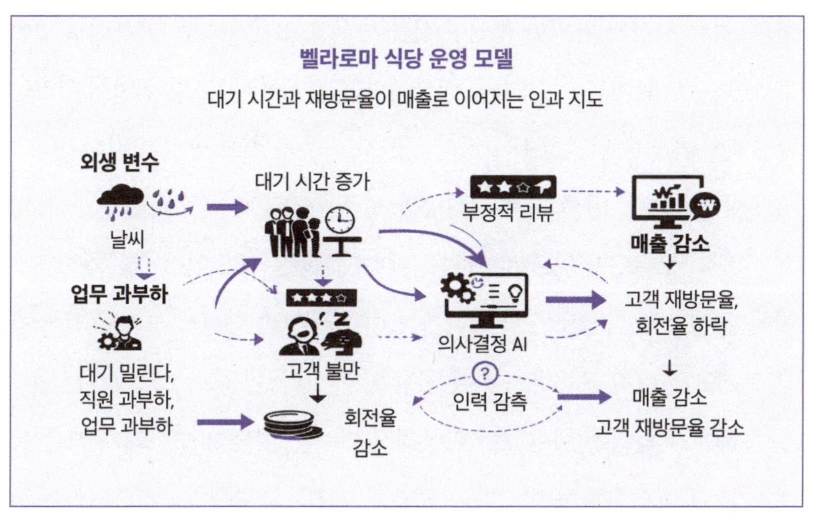

작은 식당 하나가 보여준 온톨로지의 진짜 힘

벨라로마 식당의 점주는 이제 데이터를 단순히 숫자의 나열로 보지 않고, 식당을 둘러싼 거대한 이야기의 실타래를 하나씩 풀어내기 시작한다. 온톨로지라는 정교한 틀은 점주가 품어왔던 막연한 불안과 궁금증을 여섯 가지의 명료한 질문으로 바꾸어 놓는다.

그 첫 번째 발걸음은 "지금 고객들은 우리 식당을 어떻게 말하고 있는가?"라는 질문에서 시작된다. 점주는 식당 문을 닫은 뒤 조용히 앉아 최근 쏟아진 리뷰와 평점의 바다를 살핀다. 단순히 별점이 몇 점인지를 확인하는 수준을 넘어, 고객들의 목소리 속에 숨겨진 '인식의 지도'를 그려보는 것이다. 최근 들어 손님들이 가장 많이 언급하는 긍정적인 단어는 무엇인지, 반대로 차가운 불만이 집중되는 급소는 어디인지를 집요하게 추적한다. 평균 평점의 완만한 곡선이 위를 향하고 있는지 아니면 아래로 꺾이고 있는지를 살피는 이 과정은 식당이라는 세계에서 '고객의 인식'이라는 추상적인 개념을 단단한 데이터의 구조로 세우는 기초 공사가 된다.

이어지는 두 번째 질문은 식당의 생존과 직결된 핵심으로 향한다. 바로 "반복적으로 만족을 표현하는 '핵심 고객'은 누구인가?"를 가려내는 일이다. 점주는 식당을 스쳐 지나가는 수많은 인파 속에서 모든 고객이 같은 무게를 지니지 않는다는 사실을 잘 알고 있다. 그는 온톨로지라는 렌즈를 통해 5점 만점을 아낌없이 반복해서 남기는 이들이 누구인지 혹은 특정 메뉴가 나올 때마다 어김없이 찬사를 보내는 '찐팬'이 존재하는지를 골라낸다. 이 질문을 통과하는 순간, 고객은 더 이상 영수증에 찍힌 익명의 구매자가 아니다. 그들은 특정한 행동 패턴을 보이고 우리 식당과 깊은 유대 관계를 맺는 능동적인 개체로서 시스템 안에서 새롭게 정의된다.

식당의 본질인 맛과 서비스의 핵심을 파고드는 세 번째 질문은 더욱 날카로워진다. 점주는 "특정 메뉴가 실제로 고객의 만족도를 끌어올리고 있는가?"를 집요하게 묻기 시작한다. 단순히 포스POS기에 찍힌 판매 수량이 많다고 해서 그 메뉴가 식당의 평판을 높여준다고 단정할 수 없기 때문이다. 점주는 온톨로지의 연결망을 따라 '마르게리타 피자'라는 메뉴 개체가 언급된 리뷰들만 따로 모아 그 안의 평균 평점을 산출해 본다. 매출의 효자 노릇을 하던 '까르보나라 파스타'가 사실은 고객의 불만 섞인 키워드와 가장 자주 엮이고 있지는 않은지 혹은 정성껏 준비한 신메뉴가 오히려 전체 평점을 깎아먹는 범인은 아닌지 차분히 대조한다. 이 과정에서 '메뉴'라는 독립된 개체는 고객의 '감정'과 '평가'라는 추상적인 데이터와 촘촘하게 엮이며, 식당의 메뉴판이 단순한 음식 목록이 아닌 고객의 행복을 결정짓는 전략적 지도임을 증명한다.

네 번째 질문에 이르면 점주는 그동안 막연한 '감(感)'으로만 짐작해 왔던 현상들을 구조적으로 확인하는 단계에 들어선다. 바로 "계절과 시간은 고객 만족에 어떤 영향을 미치는가?"라는 질문이다. 점주는 여름철인 7~8월에 방문한 고객들의 평점이 유독 겨울보다 낮게 나타나는지, 혹은 매년 특정 시기마다 약속이라도 한 듯 불만 리뷰가 쏟아지는 패턴이 있는지를 온톨로지의 시간 축 위에서 분석한다. 무더운 여름날의 대기 환경이 평점에 어떤 타격을 주는지, 계절의 변화에 따라 고객들이 선호하는 메뉴의 조합이 어떻게 뒤바뀌는지를 데이터로 선명하게 확인하는 것이다. 이 질문을 통과하며 정적인 구조에 머물렀던 벨라로마의 온톨로지는 비로소 '시간'이라는 거대한 흐름을 입은 역동적인 시스템으로 진화한다.

식당의 맥박을 짚어내려는 점주의 시선은 이제 다섯 번째 질문을 통해 경영의 가장 아픈 구석을 정면으로 응시한다. 바로 "고객의 불만이 실제 매출의 변화와 어떻게 연결되어 있는가?"라는 질문이다. 점주는 쏟아지는 불평들 중에서 단순히 기분의 문제를 넘어 식당의 생존을 위협하는

'진짜 문제'를 가려내려 애쓴다. 가령, 메뉴판의 가격이 비싸다는 불만이 리뷰 창에 고개를 들기 시작했을 때, 실제로 그 시점을 기점으로 매출 곡선이 하락세를 그렸는지 온톨로지의 타임라인을 대조해 본다. 서비스가 불친절하다는 특정 키워드가 늘어날 때, 그동안 믿어왔던 단골들의 재방문율이 눈에 띄게 꺾였는지도 집요하게 파고든다. 단순히 "기분이 나쁘다."는 감정의 수치를 확인하는 것이 아니라, 어떤 불만이 고객을 다시는 오지 않게 만드는 '행동의 변화'로 이어지는지 그 인과관계의 뿌리를 찾아내는 것이다. 이 과정에서 점주는 수많은 데이터 속에서 식당을 지키기 위해 당장 무엇을 고쳐야 하는지 선명한 통찰을 얻는다.

마지막 여섯 번째 질문에 이르러 점주의 시선은 비로소 식당의 문턱을 넘어 드넓은 외부 세계를 향한다. "외부 요인은 우리 식당에 어떤 영향을 주는가?"라는 질문은 온톨로지의 경계를 무한히 확장시킨다. 점주는 창밖을 적시는 빗줄기가 단순히 감상을 자극하는 풍경이 아니라, 고객의

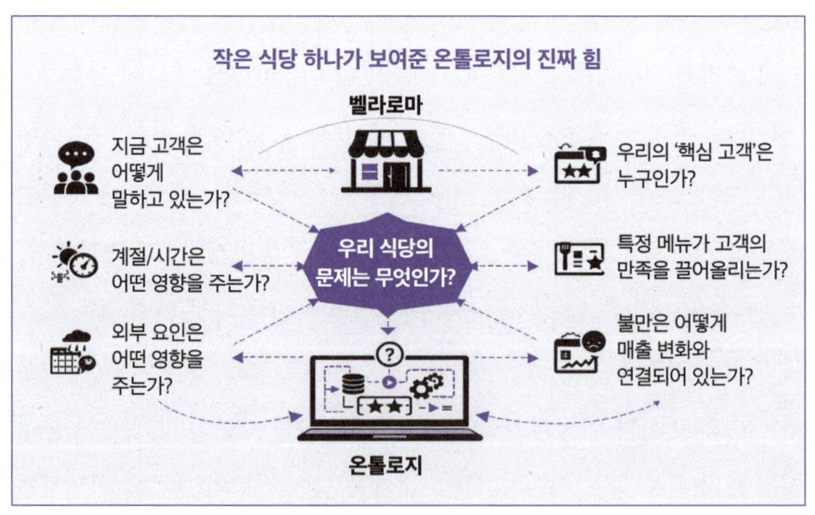

평점과 행동 양식을 뒤흔드는 변수임을 인식한다. 비 오는 날 찾아온 고객들의 만족도가 맑은 날과 비교해 유독 떨어지지는 않는지 혹은 식당 주변에서 열리는 대형 축제나 행사가 우리 식당의 혼잡도와 서비스 품질에 어떤 파동을 일으키는지 구조적으로 살핀다. 우리가 통제할 수 없는 기상 변화나 사회적 이벤트가 식당이라는 작은 우주에 어떤 영향을 끼치는지 파악하는 이 단계에서, 벨라로마의 온톨로지는 비로소 세상과 긴밀하게 소통하는 열린 시스템으로 완성된다.

이 실험에서 제시된 여섯 가지 문제 해결 시나리오는 사실상 하나의 질문으로 수렴한다. "우리 식당의 문제는 무엇이며, 그것은 왜 발생하고 있는가?" 리뷰 분석, 행동 패턴, 시간 트렌드, 서비스 개선, 심지어 가상의 기상 데이터 등 외부 요인까지. 모든 질문은 하나의 온톨로지 구조 위에서 연결되고 해석된다. 이것이 기존 BI 도구와 온톨로지의 결정적 차이다.

벨라로마 실험이 보여준 핵심

데이터 조회	통계 분석	언어적 설명	의사결정
가능	가능	가능	× (온톨로지 없으면 불가)

벨라로마 실험은 결론적으로 이것을 말한다. 판단은 모델의 문제가 아니라 세계가 어떻게 정의되어 있는가의 문제다. 그래서 생성형 AI만 있으면 말은 잘하고, 데이터만 많으면 리포트는 많을 수 있다. 그러나 온톨로지가 있어야 행동이 결정된다는 차이가 있는 것이다. 벨라로마 실험은 인간의 의사결정이 '데이터 처리'가 아니라 '개념·관계·규칙·시뮬레이션의 결합'임을 보여주는 가장 직관적인 온톨로지 실험이다. 그런 관점에

서 이 레스토랑 실습은 단순한 기술 데모가 아니다. 경영과 의사결정에 대한 메시지다. 그동안 우리는 데이터가 부족해서 문제가 생긴 것이 아니다. 분석 도구가 없어서 실패한 것도 아니다. 현실을 이해하는 구조가 없었기 때문이다. 그리고 그 구조의 이름이 바로 온톨로지다.

제조 공장의 온톨로지 설계도

이번에는 제조업 사례를 통해 좀 더 구체적으로 온톨로지 설계에 대해 알아보자. 실제 공장의 설비, 자재, 공정은 온톨로지를 통해 어떻게 연결될까? 공정은 단순한 순서가 아니다. 공정은 조건의 집합이다. 특정 설비에서 특정 자재를 특정 속도로 처리할 때만 성립하는 상태다. 이 조건이 조금이라도 벗어나면 공정은 여전히 진행되는 것처럼 보이지만, 실제로는 이미 다른 공정으로 변질된다. 이 변질은 불량이라는 결과로 나타나기 전까지는 드러나지 않는다. 불량은 사건이 아니라 결과다. 사건은 이미 그 이전에, 설비의 진동이 평소보다 약간 달라졌던 순간에 발생했다.

이 모든 것은 연결의 문제가 아니라 제약과 유발의 문제다. 설비와 자재가 연결되어 있다는 말은 아무것도 설명하지 않는다. 중요한 것은 어떤 조건에서 그 연결이 깨지고, 어떤 순간에 사건이 촉발되는지다. 온톨로지는 이 순간들을 고정한다. 진동이 변하는 지점, 물성이 한계를 넘는 지점, 공정이 다른 상태로 넘어가는 경계선을 구조로 남긴다. 그 구조 위에서 공장은 말없이 판단한다. 지금 이 상태는 아직 생산을 계속해도 되는 상태인지, 아니면 이미 멈추는 것이 더 싼 상태인지. 이 판단은 사람의 경험에 기대지 않고, 설비와 자재와 공정이 스스로 말하는 언어로 이루어진다.

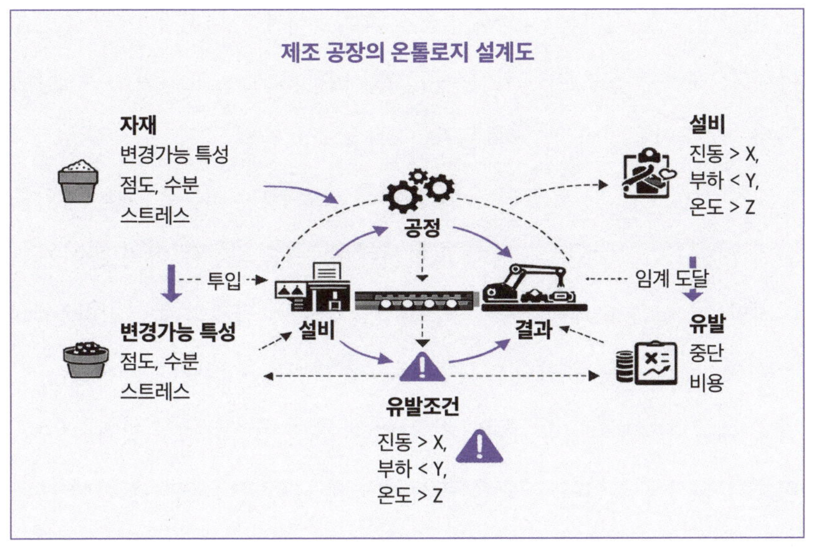

그 다음 장면에서 공장은 더 이상 하나의 공간이 아니다. 설비는 단순한 기계가 아니라 상태를 가진 존재로 서 있고, 자재는 단순한 투입물이 아니라 한계와 특성을 품은 객체로 놓여 있다. 공정은 순서가 아니라 전이의 연속으로 펼쳐진다. 어느 설비의 축이 미세하게 흔들리는 순간, 그 진동은 수치가 아니라 조건으로 기록된다. 특정 회전수 이상에서 진폭이 커지는 구간, 그 구간이 자재의 입자 크기와 맞물리는 순간, 공정은 이전과 다른 상태로 넘어간다. 온톨로지는 이 전이를 연결선으로 그리지 않는다. 대신 경계로 남긴다.

자재가 투입될 때 이미 그 자재는 하나의 가능성 집합이다. 점도가 어느 범위에 있는지, 수분 함량이 어느 임계값에 가까운지, 이전 공정을 거치며 어떤 스트레스를 받았는지가 함께 묶여 들어온다. 설비는 그 자재를 받아들이며 자신의 상태를 드러낸다. 축의 온도, 모터의 부하, 베어링의 마찰이 서로 겹치는 지점에서 공정은 미묘하게 느려진다. 아직 불량은 아니다. 그러나 온톨로지 위에서는 이미 다른 색으로 표시된다. 이 상태는 정상도 아니고, 이상도 아닌, 전이 상태다.

시간이 조금 더 흐르면 유발 조건이 충족된다. 진동은 허용 범위를 넘지 않았지만, 자재의 물성이 하한선에 닿는다. 공정은 아직 돌아가고 있지만, 그 다음 단계에서 불량이 발생할 확률이 급격히 높아진다. 이때 온톨로지는 경고를 울리지 않는다. 대신 선택지를 드러낸다. 계속 가동할 경우 예상되는 불량률과 비용, 지금 멈출 경우 발생하는 손실과 재가동 비용이 동시에 놓인다. 판단은 즉시 가능해진다. 왜냐하면 이 선택은 처음부터 구조 안에 있었기 때문이다.

공정이 멈출 때도 이유는 설명되지 않는다. 멈춤은 선언이 아니라 결과다. 설비 상태와 자재 조건 그리고 공정 단계의 조합이 더 이상 허용되지 않는 구간에 들어섰을 뿐이다. 작업자는 알람을 보지 않는다. 대신 상태 변화를 본다. 이전 공정과 다음 공정 사이의 경계가 색으로 바뀌고, 생산 흐름은 자연스럽게 다른 라인으로 우회된다. 이 모든 과정에서 사람은 개입하지 않는다. 그러나 판단은 사라지지 않는다. 판단은 구조로 이동했을 뿐이다.

온톨로지가 그려낸 지도 위에서 설비는 고립되지 않는다. 하나의 설비에서 발생한 상태 변화는 즉시 자재의 경로와 공정의 리듬에 반영된다. 특정 설비의 미세한 이상은 해당 설비만의 문제가 아니라, 이후 공정에서의 품질 변동으로 이어질 가능성으로 기록된다. 이 가능성은 추측이 아니라 이미 정의된 제약의 결과다. 그래서 공장은 놀라지 않는다. 이미 예상된 방향으로만 움직인다.

이렇게 설비, 자재, 공정은 서로를 단순히 참조하지 않는다. 서로를 조건으로 삼고, 서로를 원인으로 삼는다. 설비의 진동은 자재의 물성에 의해 제약되고, 그 제약을 넘는 순간 공정의 품질 상태가 변하며, 그 변화는 일정 시간 지연을 두고 불량과 비용, 납기 문제를 유발한다. 이 연쇄는 한 줄의 데이터로는 보이지 않는다. 그러나 이 연쇄가 고정된 구조로 존재할 때, 공장은 처음으로 예측 가능한 공간이 된다.

이 구조 안에서는 불량이 사건이 되지 않는다. 불량은 이미 지나온 경계의 결과일 뿐이다. 어떤 자재가 어떤 조건에서 어떤 설비를 통과했는지가 남아 있기 때문에, 불량은 원인을 찾는 대상이 아니라 경로를 되짚는 흔적이 된다. 공정은 더 이상 과거를 해석하지 않는다. 대신 다음 상태를 선택한다.

이 구조 안에서 ERP는 결과를 기록한다. MES는 상태를 수집한다. SCM은 흐름을 관리한다. 그러나 온톨로지는 판단을 가능하게 한다. 지금 이 설비의 진동은 정상 범위 안에 있는지, 이 자재의 물성이 현재 공정 제약을 넘고 있는지, 이 공정의 편차가 다음 단계에서 어떤 사건을 유발할지를 하나의 구조 안에서 동시에 보여준다. 이때 공장은 더 이상 과거를 보고하는 시스템이 아니라, 미래를 경고하는 시스템이 된다.

결국 공장은 하나의 문장처럼 작동한다. 주어는 자재이고, 서술어는 설비의 상태이며, 목적어는 공정의 결과다. 온톨로지는 이 문장을 끊지 않고 이어 붙인다. 쉼표와 마침표는 제약과 유발로 표시된다. 이 문법이

구분	온톨로지 객체 What	핵심 속성 Properties	관계 Relationship	제약·유발 Constraint / Trigger	발생하는 판단 Decision
설비 Equipment	프레스기, CNC, 믹서, 컨베이어	진동, 온도, 부하, RPM, 가동시간	설비 → 공정 수행	진동 + 온도 동시 상승	예방 정지 vs 계속 가동 선택
자재 Material	원자재, 반제품	물성(점도, 밀도), 수분, 입자크기	자재 → 설비 투입	물성 하한선 도달	투입 중단 / 공정 우회
공정 Process	성형, 가공, 조립	공정 단계, 소요시간, 품질 기준	공정 → 다음 공정	공정 지연 임계치 초과	라인 전환 / 생산 재배치
품질 Quality	정상, 경계, 불량	불량률, 허용오차	품질 ← 공정 결과	경계 상태 지속	즉시 검사 강화
이벤트 Event	이상, 정지, 재가동	발생 시점, 지속 시간	이벤트 → 비용 발생	정지 시간 초과	손실 비용 계산
비용 Cost	유지보수비, 불량비	단위비용, 누적비용	비용 ← 이벤트	예상 손실 > 정지 비용	즉시 정지 결정
시간 Time	실시간, 누적시간	경과시간, 잔여시간	시간 → 모든 객체	임계 시간 초과	공정 스케줄 변경
상태 State	정상 / 전이 / 위험	상태 코드, 변화율	상태 → 판단 트리거	전이 상태 지속	조기 개입
판단 Decision	가동 / 정지 / 우회	선택지, 근거	판단 ← 온톨로지	제약 충족 여부	자동 의사결정
결과 Outcome	생산량, 불량, 손익	KPI, 손익 영향	결과 → 재학습	결과 편차 발생	기준 재조정

고정된 순간, 공장은 말없이 판단한다. 경험 많은 작업자가 없어도, 숙련된 엔지니어가 자리를 비워도, 공정은 스스로 다음 줄로 넘어간다. 판단은 더 이상 머릿속에 있지 않고, 공정 그 자체가 된다.

모빌리티 분야 : "사고는 갑자기 나지 않는다"

한 보험사의 사고 분석팀은 늘 같은 질문을 받는다. "왜 이 운전자는 사고가 났을까요?" 블랙박스 영상은 있다. 속도 데이터도 있다. 날씨 기록과 도로 정보도 있다. 하지만 기존 시스템은 사고 '이후'를 설명할 뿐, 사고 '이전'을 말해주지 못한다.

온톨로지 기반 분석이 도입되자, 사고는 하나의 점이 아니라 연속된 장면으로 바뀐다. 출근 시간대, 특정 교차로, 비 오는 날. 그 구간에서 반복적으로 급제동 이벤트가 발생했고, 그 운전자는 최근 한 달간 같은 시간대에 같은 경로를 반복하고 있었다. 사고 전 일주일 동안, 이 운전자의 운행 패턴은 미세하게 달라지고 있었다.

시스템은 묻는다. "이 사고는 정말 우연인가?" "아니면 이미 여러 번 예고되었던 결과인가?" 답은 문서에 없었다. 답은 관계의 누적 속에 있었다. 보험사는 이제 사고를 처리하는 회사가 아니라, 사고가 일어나기 직전에 경고할 수 있는 회사가 된다. 속도를 줄이라는 메시지가 아니라, "이 시간, 이 경로, 이 상태의 조합은 위험하다."는 판단을 건넨다. AI가 한 일은 예언이 아니었다. 그저, 이미 연결되어 있던 신호들을 하나의 이야기로 묶어 보여준 것뿐이었다.

RAG Retrieval-Augmented Generation **는**
왜 계속 불만을 낳는가

RAG 기술은 생성 AI의 환각을 줄이기 위한 가장 현실적인 해법으로 자리 잡았다. 하지만 실제 현장에서 RAG는 늘 같은 불만을 반복해서 만들어낸다. 원하는 정보를 못 찾는다. 숫자, 조건, 맥락을 제대로 연결하지 못한다. 관계를 묻는 질문에 약하다. 요약은 하지만 "이유"를 설명하지 못한다. 그 근본 원인은 RAG의 핵심 개념인 Retrieval, 즉 "찾아온다"는 행위에 있다. 알고리즘 중 BM25(Best Matching 25)든, 벡터 유사도든, 결국 RAG는 검색Search 기능이다. 검색은 키워드 혹은 거리 기반으로만 작동하며, 데이터 간의 의미적 관계와 인과 구조를 스스로 이해하지 못한다. 결국 RAG는 이렇게 말할 수 있다. "나는 관련 있어 보이는 문서를 가져올 수는 있지만, 왜 그것들이 연결되는지는 모른다."

온톨로지는 단순한 데이터 구조가 아니다. 계속 반복적으로 강조되듯, 온톨로지의 핵심은 다음 한 문장으로 요약된다. "개념, 속성, 관계를 명시적으로 정의하여 사람이 이해하는 방식 그대로 기계에 전달하는 것." 여기서 중요한 점은 사람의 개입이다. 기존 RAG는 "자동화"가 미덕이었다. 문서를 넣으면, 쪼개고, 임베딩하고, 검색한다. 반면 온톨로지는 정반대다. 도메인 전문가가 개념을 정의한다. 어떤 것이 객체인지, 속성인지 결정한다. 어떤 관계가 중요한지 합의한다. 이 과정은 분명 비싸고 느리다. 그러나 그 대가로 얻는 것은 정확도가 아니라 이해력이다. 온톨로지의 본질은 사람의 사고를 기계에 이식하는 작업이다.

이러한 배경에서 등장한 것이 앞서 설명한 그래프 RAG다. 그래프

RAG는 문서를 찾지 않는다. 관계를 탐색한다. 벡터 RAG는 후보를 넓게 찾고, 그래프 RAG는 관계를 좁혀서 검증한다. 이 둘을 결합한 것이 바로 하이브리드 RAG Hybrid RAG다. 이는 "검색 OR 그래프"가 아니라 "검색 AND 그래프" 구조다. 결국 질문에 답하는 방식이 이렇게 바뀐다. 기존에는 "비슷한 문서를 가져와서 요약"했다면, 이후에는 "관계가 성립하는 경로를 따라 추론"하는 것이다.

이야기를 이어가기에 앞서, 지금까지 줄곧 강조해 온 이 책의 핵심 관점을 다시금 짚어본다. "모든 데이터 활용 및 시스템은 단순한 엔지니어링만으로는 부족하다." RAG가 실패하는 이유는 기술이 부족해서가 아니라, 데이터를 분석하지 않고, 도메인을 정의하지 않았기 때문이다. 온톨로지는 자동화의 반대편에 서 있다. 그러나 바로 그 지점에서, 기존 RAG가 넘지 못했던 한계를 넘어선다.

그래프 RAG vs 벡터 RAG 비교

앞에서의 내용을 바탕으로 조금은 깊은 기술 얘기를 해보자. 바로 "그래프 RAG"와 "벡터 RAG" 심층 비교에 대한 얘기다. 이 둘을 비교하기 위해 LLM 앞에 질문 하나를 놓아 보자. "이번 분기 특정 공장의 불량률 상승이 실제 수익성에 어떤 영향을 주었는가?" 이 질문은 길지 않다. 그러나 단순하지도 않다. 불량률이라는 품질 지표와 분기라는 시간 단위, 특정 공장이라는 공간적 범위, 그리고 수익성이라는 재무 결과가 한 문장 안에서 동시에 작동하고 있다. 질문은 사실을 묻는 것처럼 보이지만, 실제로는 관계를 요구하고 있다.

일반적으로 먼저 벡터 기반 RAG가 이 질문을 받아든다. 시스템은 즉시 질문을 임베딩으로 바꾸고, 의미적으로 가장 유사한 문서 조각들을 검색하기 시작한다. 품질 리포트, 생산 일지, 재무 보고서 일부가 차례로 끌려온다. 문서들은 서로 다른 시점에 작성되었고, 서로 다른 목적을 가지고 있었다. 하지만 벡터 공간에서는 '불량', '공장', '수익'이라는 단어의 의미가 비슷하다는 이유로 한데 묶인다.

LLM은 이 텍스트들을 읽고, 그럴듯한 문장을 만들어낸다. "불량률 상승은 재작업 비용 증가와 생산성 저하로 이어져 수익성에 부정적인 영향을 미쳤을 가능성이 있습니다." 문장은 자연스럽고, 논리도 틀리지 않아 보인다. 그러나 이 답변은 어디에도 닿아 있지 않다. 특정 공장인지, 어느 공정인지, 어느 시점인지, 실제 손익에 얼마만큼 반영되었는지는 말하지 않는다. 확률적 가능성만 남고, 판단은 남지 않는다.

이 답변은 틀렸다고 말하기 어렵다. 동시에 맞았다고 말할 수도 없다. 벡터 RAG는 항상 이 지점에서 멈춘다. 의미적으로 가까운 텍스트를 이어 붙일 수는 있지만, 그 텍스트들이 하나의 현실을 가리키는지까지는 확인하지 않는다. 이 시스템은 문서를 찾지만, 세계를 찾지는 않는다.

같은 질문이 이번에는 그래프 기반 RAG로 들어간다. 질문은 더 이상 문장이 아니다. 구조로 분해된다. 불량률은 공정 품질이라는 속성으로 해석되고, 특정 공장은 설비와 공정이 묶인 객체로 식별되며, 분기는 시간축 위의 구간으로 고정된다. 수익성은 매출과 비용의 관계로 재정의된다. 이 모든 요소는 이미 그래프 안에 존재하고 있었다.

시스템은 문서를 검색하지 않는다. 대신 경로를 따라간다. 해당 공장의 특정 공정에서 발생한 불량 이벤트가 먼저 식별된다. 그 불량이 재작업 공정을 유발했는지, 재작업이 인력 투입과 설비 가동 시간을 얼마나 늘렸는지, 그로 인해 원가 항목 중 어떤 부분이 증가했는지가 순차적으로 연결된다. 이 흐름은 하나의 그래프 경로로 기록되어 있다.

LLM은 이 그래프 위에서만 발언할 수 있다. 존재하지 않는 경로는 말할 수 없고, 정의되지 않은 관계는 추론할 수 없다. 그 결과 답변은 짧아진다. "A공장의 B공정에서 발생한 불량률 상승은 재작업률을 12% 증가시켰고, 이는 분기 기준 제조원가를 3.4% 상승시켜 해당 공장의 영업이익률을 1.1%p 하락시켰습니다."

이 문장은 화려하지 않다. 그러나 회의실에서 바로 다음 질문을 부른다. "그럼 이 불량은 왜 생겼지?" 질문은 다시 그래프 안으로 들어간다. 이번에는 설비 진동 데이터와 자재 로트Lot 정보, 작업자 교대 시간이라는 관계가 호출된다. 그래프 RAG는 질문을 거부하지 않는다. 이미 그 관계들이 시스템의 일부이기 때문이다.

이 지점에서 벡터 RAG는 따라올 수 없다. 벡터 검색은 질문이 복합적일수록 문서 조각을 더 많이 불러온다. 문서는 늘어나지만, 확신은 늘어나지 않는다. 반면 그래프 RAG는 질문이 복합적일수록 답변이 단단해진다. 질문이 요구하는 관계가 명확해질수록, 그래프의 경로는 더 분명해진다.

환각은 여기서 발생하지 않는다. 환각은 LLM이 모른다는 사실을 숨기려 할 때 생긴다. 그러나 그래프 RAG에서 LLM은 숨길 수 없다. 그래프에 없는 것은 말할 수 없기 때문이다. 이 침묵은 오류가 아니라 안전장치다. 시스템은 추측 대신 공백을 남긴다.

CTO의 시선에서 보면 차이는 더욱 선명해진다. 벡터 RAG는 검색 품질의 문제다. 임베딩을 더 잘 만들고, 문서를 더 잘 정제하면 개선될 여지가 있다. 그러나 그래프 RAG는 시스템 설계의 문제다. 무엇을 객체로 정의할 것인지, 어떤 관계를 '1급 시민'으로 올릴 것인지, 어떤 제약을 허용하고 어떤 추론을 금지할 것인지를 처음부터 결정해야 한다.

이 결정은 기술 선택이 아니라 세계관 선택에 가깝다. 벡터 RAG는 텍스트의 세계에 머문다. 그래프 RAG는 실제 운영되는 세계를 모델링한다. 전자는 말을 잘하게 만들고, 후자는 판단하게 만든다. 말 잘하는 AI는 실패하고, 판단하는 시스템만 살아남게 되는 이유이다.

그래서 생성형 AI와 온톨로지의 결합은 선택이 아니다. 필연이다. LLM은 언어의 확률 분포를 학습한 존재다. 온톨로지는 현실의 구조를 고정하는 장치다. 이 둘이 만나지 않으면, AI는 언제까지나 그럴듯한 조언자에 머문다. 이 둘이 결합되는 순간, AI는 처음으로 조직의 판단 체계 안

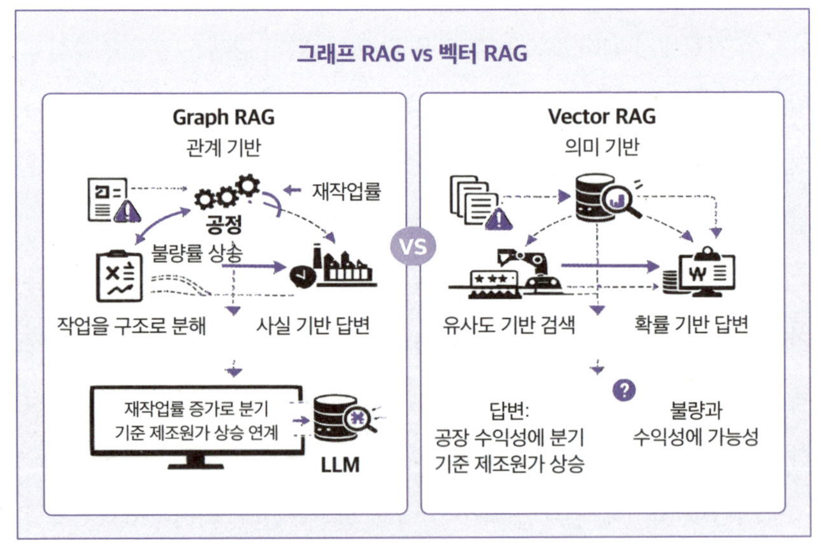

으로 들어온다.

그래프 RAG는 기술 스택의 한 요소가 아니다. 그것은 "이 회사는 무엇을 사실로 인정하는가?"에 대한 선언이다. 그리고 그 선언 위에서만, AI는 침묵해야 할 때와 말해야 할 때를 구분할 수 있게 된다.

법률, 의료, 제조, 유통 등 다양한 데이터의 바다에서 벡터 RAG와 그래프 RAG는 각각 다른 항로를 개척하며 지식의 파편을 엮어낸다. 예를 들어 수천 페이지의 판례와 법령이 얽힌 법률 도메인에서 벡터 RAG는 거대한 도서관의 서지 목록을 훑듯 유사한 사건의 문단을 빠르게 찾아내지만, 법조문 사이의 위계와 논리적 인과관계를 파고드는 데는 한계를 드러낸다. 반면 그래프 RAG는 법률 조항이라는 노드와 그들 사이의 상충, 참조, 예외 규정이라는 에지를 촘촘히 연결하여, 겉으로 드러나지 않는 법적 쟁점의 그물을 투사한다. 이는 단순한 문장 복원이 아니라, 판결의 배후에 숨겨진 법리적 맥락을 다차원적으로 재구성하는 과정이며, 변호사가 사건의 논리적 고리를 추적하듯 지식의 계보를 가로지른다.

의료 데이터의 영역으로 들어서면 이 차이는 생사와 직결된 정밀함의 문제로 변모한다. 환자의 수치 데이터와 비정형 진료 기록이 혼재된 상황에서 벡터 RAG는 증상이 비슷한 과거 사례를 찾아내는 데 능숙하지만, 약물 간의 상호작용이나 질병의 병태생리적 연쇄 반응을 설명하기엔 무리가 있다. 그래프 RAG는 환자의 증상, 유전자 변이, 약물 성분, 합병증의 상관관계를 유기적인 지도로 그려내어, 데이터의 공백을 의학적 추론으로 메운다. 이는 마치 숙련된 전문의가 환자의 단편적인 수치 너머에 있는 신체 시스템의 붕괴 경로를 직관적으로 파악하는 것과 같으며, 파편화된 정보를 생명공학적 논리로 통합한다.

제조 현장의 복잡한 도면과 공정 로그 속에서 데이터는 더욱 수직적이고 물리적인 속성을 띤다. 수만 개의 부품과 조립 순서가 얽힌 제조 도메인에서 벡터 RAG는 특정 오류 코드와 유사한 과거의 수리 이력을 신속하게 호출하지만, 특정 부품의 결함이 전체 공정 라인의 다운타임으로 이어지는 나비효과를 예측하기엔 역부족이다. 여기서 그래프 RAG는 BOM(Bill of Materials, 부품 계층 구조)과 공정 흐름을 골격으로 삼아 지식의 신경망을 구축한다. 상위 어셈블리와 하위 컴포넌트 간의 종속성을 구조적으로 파악함으로써, 엔지니어가 설비의 도면을 머릿속으로 입체적으로 시각화하듯 문제의 근본 원인을 계통적으로 추적해 나간다.

마지막으로 공급망과 소비자 행동이 쉼 없이 교차하는 유통 분야에서 데이터는 휘발성이 강하면서도 광범위한 연결성을 갖는다. 벡터 RAG가 소비자의 구매 이력과 유사한 취향의 상품을 매칭하는 데 그친다면, 그래프 RAG는 원자재 가격 변동이 최종 물류 비용에 미치는 영향이나 계절적 요인과 재고 순환율 사이의 복잡한 역학 관계를 포착한다. 이는 단순히 비슷한 물건을 제안하는 차원을 넘어, 거대한 시장의 흐름 속에서 보이지 않는 수요와 공급의 혈맥을 짚어내는 행위와 같다. 결국 데이터의 속성이 단순 검색을 넘어 고도의 논리적 추론과 관계의 해석을 요구할수록, 기술의 무게추는 정교한 벡터 공간을 지나 견고한 그래프의 구조물로 옮겨가게 된다.

온톨로지와 그래프 RAG는
무엇이 다른가

온톨로지와 그래프 RAG GraphRAG, 그리고 벡터 RAG VectorRAG는 자주 같은 범주로 묶인다. 그러나 실제 구현과 활용 단계로 들어가면, 이 세 개는 서로 다른 문제를 해결하기 위한 전혀 다른 도구임이 분명해진다. 이 부분은 이론 설명이 아니라, 실제 데이터를 가지고 직접 구현하고 비교 실험한 결과를 바탕으로 정리한 기록이다. '벨라로마 Bella Roma'는 여기에서도 살아 있다.

왜 이 실험이 필요했는가? 많은 사람들이 묻는다. "LLM에 지식 그래프를 어떻게 붙이나요?" "그래프 RAG가 도대체 뭔가요?" "팔란티어는 이걸 어떻게 하고 있나요?" 하지만 대부분의 설명은 개념 수준에 머무른다. 실제 데이터, 실제 쿼리, 실제 추론 흐름을 보여주는 사례는 드물다. 그래서 이 실험은 아주 구체적인 질문에서 시작했다. "온톨로지를 만든 뒤, 그래프 DB와 벡터 DB를 함께 쓰면 실제로 어떤 차이가 발생하는가?"

실험에 사용한 데이터는 가상의 이탈리안 레스토랑 '벨라로마 Bella Roma'의 운영 데이터다. 앞에서도 설명한 것과 같이 데이터는 총 다섯 개의 테이블로 구성되어 있다. 메뉴 정보 Menu, 직원 정보 Staff, 공급업체 정보 Supplier, 구매 이력 Purchase, 고객 리뷰 Review(비정형 텍스트). 중요한 점은 이 데이터가 문서 형태가 아니라 '관계형 DB RDB, Relational DB' 구조라는 점이다. 이는 단순한 벡터 검색 실험이 아니라, 관계 기반 추론이 가능한지를 검증하기 위한 의도적인 선택이었다. 이번 실험은 다음 6단계로 진행되었다. 원천 데이터를 기반으로 시맨틱 레이어 온톨로지 구축, 온톨로지를 그래프 DB인 Neo4j에 적재해 그래프 DB 구성, 그래프 RAG 단독 성능 테스트, 벡터 RAG를 위한 데이터 전처리 및 벡터 DB 구축, 벡터 RAG 단독 성능 테스트, 벡터 RAG + 그래프 RAG 하이브리드 결합.

우리는 이 과정을 통해, "이론적으로 좋다."가 아니라 "어떤 질문에서 무엇이 되는지, 무엇이 안 되는지"를 확인했다. 벡터 RAG는 빠르고 유연하다. 대량의 텍스트 처리에 적합하고 의미 기반 검색이 가능하며, FAQ, 문서 검색, 고객 응대에 탁월하다. 그러나 한계는 명확했다. 관계 추론이 불가능하고 수치 기반 질문에 약하며, 시간 조건, 다중 테이블 조합 질문에서 오류가 발생한다. 복합 질문일수록 환각(할루시네이션) 현상은 증가했다. 즉, 벡터 RAG는 "무엇이 적혀 있는가?"에는 강하지만, "무엇이 실제로 연결되어 있는가?"에는 답하지 못한다.

그래프 RAG는 검색 기능이 아니라 추론이다. 온톨로지를 통해 미리 정의된 관계를 기반으로, 고객 → 주문 → 메뉴, 메뉴 → 카테고리 → 계절성, 고객 → 리뷰 → 평점 → 기간과 같은 연결된 현실 구조를 따라가며 답을 만든다. 대신 대가가 있다. 우선 온톨로지 설계가 어렵다, 지식 그래프 모델링이 필요하다, DB 질의가 복잡하다, 초기 비용과 전문성이 요구된다. 그래프 RAG는 아무 질문이나 빠르게 답하는 도구가 아니라, 틀리면 안 되는 질문을 다루는 도구다.

이 실험의 진가는 벡터 RAG와 그래프 RAG를 결합한 하이브리드 RAG 방식을 진행했을 때 나왔다. 하이브리드 흐름은 다음과 같다. 우선 사용자가 자연어 질문을 입력한다. 다음으로 벡터 DB에서 의미적으로 유사한 후보를 빠르게 추출하고, 추출된 엔터티 ID를 그래프 DB로 전달한다. 그래프 DB에서 관계 기반 검증·확장을 수행한 후 구조화된 결과를

LLM의 컨텍스트로 전달한다. 마지막으로 LLM이 근거 기반 답변을 생성한다. 이 구조에서 중요한 점은, LLM이 추론을 '상상'하지 않는다는 것이다. 추론은 그래프에서 끝나고, LLM은 설명만 담당한다. 실제 질문으로 본 차이는 엄청났다. 다음 질문을 던졌다. "최근 6개월간 평점이 높은 고객들이 자주 주문한 메뉴는 무엇인가?"

벡터 RAG : 유사 리뷰를 요약할 뿐, 정확한 계산은 불가능
그래프 RAG : 관계 기반으로 정확한 메뉴 도출 가능
하이브리드 RAG : 빠른 후보 탐색 + 정확한 관계 검증 + 원인 분석까지 가능

결과는 단순한 메뉴 나열이 아니라, "최근 6개월간 평점 4점 이상 고객이 가장 자주 주문한 메뉴는 스테이크 파스타이며, 특히 8월에 주문량이 급증했다."라는 설명 가능한 답변이었다. 이런 결과를 얻고 나자 벡터 RAG와 그래프 RAG는 대체 관계가 아니라는 결론이 도출됐다. 온톨로지가 없는 그래프는 유지되지 않는다. 복합·동적·수치 기반 질문은 벡터 RAG로 해결되지 않는다. 하이브리드 RAG는 선택이 아니라 전략이다. 그리고 가장 중요한 결론은 이것이다. 우리가 온톨로지를 통해 해야 하는 일은 단순 '검색'이 아니라 '현실을 구조로 옮기는 일'이다.

온톨로지는 용도에 따른 저장 구조 선택이 중요

처음 온톨로지를 접하는 사람들은 흔히 이렇게 묻는다. "온톨로지는

그냥 데이터 정리 방식 아닌가?" "그래프 DB 하나 잘 쓰면 되는 것 아닌가?" "시맨틱 DB와 그래프 DB는 동일한 표현이 아닌가?" 하지만 현장에서 온톨로지를 깊이 파고들다 보면, 어느 순간 결정적인 벽에 부딪힌다. 바로 이 질문이다. "왜 어떤 경우에는 시맨틱 DB를 쓰고, 왜 어떤 경우에는 전혀 다른 그래프 DB를 써야 하는가?" 이 질문에 답하지 못하면, 온톨로지는 그저 '멋있는 데이터 구조'로 끝난다. 그리고 실제 기업의 의사결정에는 도달하지 못한다.

사람들과 온톨로지, 그래프 DB, 생성 AI, LLM, RAG, 그래프 RAG같은 키워드로 논의가 이어질수록 이상한 현상이 반복됐다. 사람들은 계속 시맨틱 레이어 이야기만 한다는 점이었다. 전통적 온톨로지의 지식에 머물러 있었기 때문이다. 그렇기에 시맨틱 DB는 언제 쓰고, 왜 어떤 상황에서는 전혀 다른 그래프 DB를 써야 하는지 그리고 그 차이가 기업의 판단 속도와 정확도에 어떤 영향을 미치는지에 대해서는 아무도 명확하게 설명하지 못했다.

이 질문은 단순한 기술 선택의 문제가 아니었다. 필자의 데이터 인생 20년 동안 풀리지 않던 질문이었다. 그리고 마침내 '유레카'가 찾아 왔다. 역시나 이는 앞서 설명했던 것처럼 온톨로지를 '지식 저장'으로 볼 것인가, 아니면 '의사결정 엔진'으로 볼 것인가의 문제였다. 그리고 이 질문의 해답은 온톨로지 3개 레이어에서 그대로 드러난다. 이제 우리는 온톨로지가 단일 구조가 아니라는 것을 안다. 명확하게 세 개의 레이어로 나뉜다는 것을 이해했다. 다시 한 번 큰 목소리로 복창해 보자.

- 시맨틱 레이어 Semantic Layer : 의미 계층

문제는 전통적 온톨로지 개념의 지식 수준에 머물러 있는 사람들과의 논의는 대부분 첫 번째 레이어에서 멈춘다는 점이다. 다만 어찌 보면 이는 당연한 귀결일 수도 있다. 그 옛날의 피타고라스가 중세 시대 뉴턴의 물리 이론 및 미적분을 알지 못하는 것과 동일한 것이라고 볼 수 있으니까. 이쯤에서 온톨로지 저장 구조에 대해 잠시 알아볼 필요가 있다. 먼저 나온 RDF와 나중에 나온 LPG 방식이다.

RDF Resource Description Framework 방식은 1999년경 W3C 표준화 및 시맨틱 웹 운동의 산물로 시작됐다. 인터넷 태동기, 웹상에 있는 모든 텍스트 데이터를 기계가 해석 가능한 의미(메타데이터·관계)로 표준화해 "연결 데이터 Linked Data"와 시맨틱 웹을 실현하려는 목표를 가지고 있다. 전통적 온톨로지가 주로 채택하고 있는 방식이다. 주어-술어-목적어 SPO 트리플 구조를 유지한다.

이와 달리 LPG Labeled Property Graph 방식은 정적인 RDF 방식의 한계를 극복하기 위해 2000년대 초중반에 실무 DB로 확산됐다. 특히 Neo4j와 같은 그래프 방식의 DBMS가 대표적이다. 이는 애플리케이션에서 복잡한 관계를 직관적으로 표현·탐색하려는 필요에서 발전되었다. 노드(객체)·엣지(관계)·속성의 간단성·직관적 모델이 개발·운영에 친화적이다. 동적 온톨로지에 적합한 방식이다.

시맨틱 레이어는 무엇인가? 다시 한번 말하지만 개념과 정의의 세계다. 객체가 무엇인지, 관계가 무엇인지, 의미가 무엇인지에 대한 정적인 지도다. 여기서 주로 사용하는 것이 RDF Resource Description Framework 기반 온톨로지다. 표준화되어 있고, 논리적이며, 자동 추론에 강하다. 지식 그래프, 규정, 가이드, 매뉴얼, 법령과 같은 '의미가 고정된 세계'를 다루는 데 최적이다. 하지만 기업의 의사결정은 여기서 끝나지 않는다.

기업의 현실은 '정의된 세계'가 아니라 '움직이는 세계'다. 기업에서 실제로 중요한 데이터는 무엇일까? 실시간 로그, 이벤트, 거래 이력, 상태 변화, 속성이 계속 바뀌는 객체. 이 데이터들은 정의보다 변화가 중요하다. 그리고 이 변화를 다루기 위해 등장한 것이 키네틱 레이어다. 키네틱 레이어는 "무엇인가?"가 아니라 "무엇이 일어나고 있는가?"를 다룬다. 여기서 등장하는 모델이 LPG Labelled Property Graph 다.

LPG는 객체와 관계에 수많은 속성을 자유롭게 붙일 수 있고, 그 속성은 늘어나고, 줄어들고, 변한다. 논리적 완결성은 다소 떨어질 수 있지만, 속도와 직관성, 확장성에서 압도적이다. 그래서 Neo4j와 같은 LPG 기반 DB가 기업 현장에서 빠르게 확산된 것이다. 이러한 RDF와 LPG의 차이는 '우열'이 아니라 '역할'이다. 많은 사람들이 묻는다. "RDF가 좋은가, LPG가 좋은가?" 이 질문 자체가 잘못됐다. 정답은 이것이다. "어떤 레이어를 다루느냐에 따라 다르다." 즉, 시맨틱 레이어에는 RDF가 강하고, 키네틱 레이어 운용에는 LPG가 유리하다.

RDF는 명확하다. 대신 복잡하다. 속성을 추가하려면 또 다른 객체와 관계를 만들어야 한다. LPG는 유연하다. 대신 논리적 추론은 자동으로 되지 않는다. 그래서 별도의 함수, 로직, 애플리케이션이 필요하다. 그리고 바로 이 지점에서 팔란티어의 온톨로지가 다음 단계로 나아간다. 팔란티어는 '혼합형'을 선택했다. RDF냐 LPG냐를 선택하지 않았다. 둘 다를 선택했다. 팔란티어의 온톨로지 객체 저장소, 이른바 '포노그래프Phonograph' 안에는 RDF와 LPG가 함께 존재한다. 시맨틱 레이어는 RDF 기반으로, 키네틱 레이어와 다이나믹 레이어는 LPG 기반을 사용한다.

그리고 그 위에 Function(함수)이 얹힌다. 이 함수가 바로 "자동 추론이 안 된다."는 LPG의 약점을 보완한다. 즉, RDF는 의미를 정의하고, LPG는 현실을 기록하며, Function은 판단을 연산한다. 이 구조가 합쳐질 때, 온톨로지는 더 이상 '지식 저장소'가 아니라 '판단 가능한 AI의 토대'가 된다.

도대체 왜 이 차이를 모르면 온톨로지를 실패하게 될까? 많은 온톨로지 프로젝트가 실패하는 이유는 단순하다. 시맨틱 레이어만 만들고 끝난다 또는 LPG 구조만 쓰면서 "추론이 안 된다."고 말한다, 하지만 실제 문제는 기술이 아니라 설계의 관점이다. 규정과 지식 검색이 목적이라면 RDF 중심이어야 한다, 실시간 추천과 판단이 목적이라면 LPG 중심이어야 한다, 그리고 의사결정 AI를 원한다면, 둘을 연결해야 한다. 이걸 이해하지 못한 채 "그래프 DB 하나로 다 되게 해달라."고 말하는 순간, 온톨로지 시스템은 무너진다.

결론적으로 온톨로지는 데이터 구조가 아니라 '사고 구조'다. 온톨로지는 기술이 아닌 것이다. 세상을 어떻게 나눠서 보고, 어디서 판단을 만들 것인지에 대한 설계 철학이다. 그래서 질문은 이것으로 바뀌어야 한다. "우리는 무엇을 정의하려 하는가?" "무엇을 실시간으로 움직이게 하려는가?" "어디서 기계가 판단하게 할 것인가?" 이 질문에 답할 수 있을 때, 온톨로지는 비로소 기업의 무기가 된다.

헬스케어 분야 : "환자의 문제는 병이 아니라, 시간의 흐름이다"

종합병원 외래 대기실에서 한 환자가 세 번째로 같은 검사를 받고 있다. CT는 정상이었고, 혈액 수치도 기준 범위 안이었다. 담당 의사는 고개를 갸웃한다. "이상은 없는데, 왜 계속 증상이 반복될까?" 병원 시스템에는 모든 데이터가 있다. 진료 기록, 검사 결과, 약 처방 이력, 입원 이력까지 빠짐없이 저장되어 있다. 하지만 이 데이터들은 각자의 화면 속에서만 존재한다. CT는 CT대로, 혈액 검사는 검사대로, 진료 기록은 텍스트로 흩어져 있다.

온톨로지 기반 시스템이 들어온 뒤, 질문의 방식이 바뀐다. "이 환자의 증상은 언제 악화되었는가?" "그 시점에 약물이 바뀌었는가, 생활 패턴이 바뀌었는가?" "같은 시간대에 비슷한 패턴을 보인 환자는 있었는가?"

시스템은 '환자'를 단일 객체로 보지 않는다. 환자를 시간 위를 이동하는 존재로 본다. 약물 변경 → 수치 변화 → 증상 재발 → 재내원이라는 흐름이 하나의 경로로 연결된다. 그 순간 의사는 깨닫는다. 이 환자의 문제는 병이 아니라 순서였다는 것을. 약이 잘못된 것이 아니라 이 환자에게는 이 순서로 투여되면 안 됐던 것이었다는 사실을. 이 시스템은 병을 진단하지 않는다. 관계를 드러낼 뿐이다. 그러나 그 관계가 보이는 순간, 의사의 판단은 완전히 달라진다.

시간을 사건의 흐름으로 모델링해야
미래를 예측할 수 있다

새로운 온톨로지 개념에서 시간은 너무 중요하다. 기업 데이터에는 언제나 시간이 들어 있다. 모든 테이블에는 날짜 컬럼이 있고, 모든 보고서에는 기간이 표시된다. 그래서 많은 조직은 이렇게 생각한다. "우리는 이미 시간을 다루고 있다." 그러나 이는 착각에 가깝다. 대부분의 기업은 시간을 '기록'할 뿐, '이해'하지 못한다. 시간을 이해하지 못하는 조직은 과거를 설명하지 못하고, 미래를 예측하지 못한다. 더 정확히 말하면, 숫자는 많지만 원인과 결과를 연결하지 못한다.

시간은 단순한 숫자가 아니라 '순서'다. 기업 시스템에서 시간은 보통 하나의 컬럼이다. 거래일자, 생성일, 수정일, 기준일, 집계일 등. 이 컬럼들은 정렬과 필터에는 유용하지만, 의사결정에는 거의 도움이 되지 않는다. 왜냐하면 의사결정에서 중요한 것은 '언제'가 아니라 '무엇이 먼저 일어났고, 그 다음에 무엇이 발생했는가'이기 때문이다. 사람의 사고는 시간을 이렇게 인식한다. 이 일이 발생한 이후에 저 문제가 연쇄적으로 생겼고, 그 결과가 나중에 드러났다. 즉, 인간은 시간을 인과의 흐름으로 이해한다. 하지만 대부분의 기업 데이터는 시간을 고정된 시점으로만 저장한다. 이 간극이 바로 데이터는 많은데, 판단은 느린 이유다. 쉽게 말해 날짜는 있는데, 사건은 없다. 엑셀과 ERP, BI 등의 시스템이 가진 구조적 한계는 명확하다. 이 시스템들은 상태State를 잘 저장하지만, 사건Event을 제대로 다루지 못한다.

예를 들어 보자. 3월 매출 감소, 4월 고객 이탈 증가, 5월 비용 상승.

이 세 문장은 모두 시간 정보를 포함하고 있다. 그러나 이 문장들 사이에는 아무런 연결도 없다. 그래서 조직은 이런 질문에 답하지 못한다. "3월의 어떤 사건이 4월의 이탈로 이어졌고, 그 결과가 5월의 비용 증가로 연결된 것인가?" 시간이 사건의 흐름으로 모델링되지 않으면, 기업은 언제나 결과만 보고 원인을 추측할 수밖에 없다. 그러다 보니 온톨로지에서 시간은 '관계의 축'이다. 온톨로지에서 시간은 단순한 속성이 아니다. 시간은 관계를 작동하게 만드는 축이다.

온톨로지 구조에서 중요한 것은 다음과 같은 질문들이다. 이 이벤트는 무엇보다 먼저 발생했는가? 두 이벤트 사이에 지연delay은 얼마나 있었는가? 이 상태는 얼마 동안 지속되었는가? 특정 조건이 충족된 이후에만 발생했는가? 이 질문들은 날짜 컬럼으로는 답할 수 없다. 하지만 이벤트 중심 온톨로지에서는 명확하게 모델링할 수 있다.

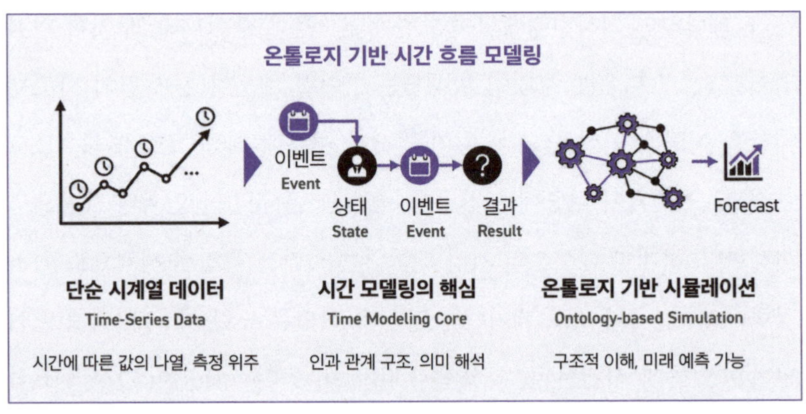

예를 들어 벨라로마 실험을 다시 보자. 다음과 같은 시간적 흐름에 따른 상태 변화가 있다고 가정해 보자. 고객 방문Event, 주문 발생Event, 테이

블 점유State, 대기 시간 증가Event, 고객 불만Event, 재방문 감소Event. 이 흐름은 단순한 시계열 데이터가 아니다. 원인 → 지연 → 결과로 이어지는 시간적 구조다. 이 구조를 이해하지 못하면, 매출 감소는 언제나 "트렌드 변화" 같은 막연한 말로 설명될 뿐이다. 그러다 보니 시계열 데이터와 시간 모델링은 다르다. 여기서 많은 조직이 또 한 번 착각한다. "우리는 시계열 데이터를 다루고 있다."는 착각이다. MES, 센서, 로그 시스템을 떠올리며 이렇게 말한다.

그러나 시계열 데이터는 시간에 따라 측정된 값의 나열일 뿐이다. 시간 모델링은 그 다음 단계다. 이 변화가 의미 있는 변화인가? 임계점을 넘었는가? 특정 이벤트 이후에만 나타나는 패턴인가? 정상 상태와 비정상 상태의 경계는 어디인가? 이 질문들은 단순한 시계열 분석으로는 해결되지 않는다. 이벤트, 상태, 규칙, 관계가 함께 모델링되어야 비로소 답할 수 있다. 그렇다면 왜 시뮬레이션에는 온톨로지가 필요한가? 미래를 말하기 위해 기업은 시뮬레이션을 한다. 그러나 시뮬레이션은 숫자를 굴리는 것이 아니다. 시뮬레이션은 시간을 앞뒤로 움직여 보는 작업이다.

이 조건이 바뀌면, 다음에 무엇이 일어나는가? 이 이벤트를 앞당기면, 결과는 어떻게 달라지는가? 이 지연을 줄이면, 손익 곡선은 어떻게 변하는가? 이 질문들은 모두 시간적 인과 모델을 전제로 한다. 온톨로지가 없는 시뮬레이션은 결국 가정 위의 계산일 뿐이다. 반대로 온톨로지가 있는 시뮬레이션은 실제 조직이 작동하는 방식의 모형이 된다. 팔란티어와 같은 시스템이 강력한 이유도 여기에 있다. 단순히 데이터를 많이 처리해서가 아니라 이벤트와 시간의 연결 구조를 시스템 안에 고정했기 때문이다.

이렇듯 시간을 모델링하지 못한 조직에는 공통적인 증상이 있다. 항상 사후 분석만 한다, 원인 분석에 시간이 오래 걸린다, 위기 대응이 느리다, 같은 문제가 반복된다, "그때는 어쩔 수 없었다"는 말이 자주 나온다. 이 말의 진짜 의미는 이것이다. "우리는 그때 무엇이 어떻게 진행되고 있었는지를 구조적으로 보지 못했다." 결론적으로 미래는 시간 구조 위에만 존재한다. 미래는 데이터의 양에서 나오지 않는다. 미래는 시간의 구조를 이해하는 조직에게만 열린다. 다시 한번 강조한다. 온톨로지는 시간을 숫자에서 관계로 바꾼다. 날짜를 사건으로 바꾸고, 순서를 인과로 바꾸며, 과거를 학습 가능한 자산으로 만든다. 시간을 모델링하지 못한 조직은 결코 미래를 말할 수 없다. 온톨로지는 그 침묵을 깨는 첫 번째 도구다.

시간과 관련 상당히 민감할 수밖에 없는 재난안전 사례를 들어보자. 재난이 발생했을 때 데이터는 가장 먼저 쏟아진다. 센서는 흔들리고, 수위는 올라가며, 기상 레이더는 구름의 이동을 분 단위로 쪼개어 보낸다. 행정 시스템에는 신고가 쌓이고, 현장에서는 사진과 영상이 올라온다. 숫자와 로그와 좌표는 폭우처럼 몰려든다. 그러나 이상하게도, 시간이 조금만 지나면 그 모든 데이터는 서로 다른 방향을 바라본 채 멈춰 선다. 재난안전 데이터가 실패하는 순간은 정보가 없을 때가 아니라, 정보가 넘치는데도 아무도 책임지지 않는 그 순간이다.

필자의 회사가 참여했던 재난안전 연구과제에서도 장면은 비슷했다. 하천 수위 센서는 분 단위로 데이터를 뿜어내고 있었고, 기상청의 강우 예측은 시시각각 갱신되고 있었다. 지자체의 재난 문자 발송 기록, 소방 출동 로그, 도로 통제 이력까지 모두 시스템 안에 존재했다. 그러나 사건이 끝난 뒤 남은 것은 늘 같은 질문이었다. 왜 더 빨리 막지 못했는가, 왜 그 지점에서 피해가 커졌는가, 왜 대응은 항상 한 박자 늦었는가? 데이터는 충분했지만, 답은 없었다.

센서 데이터는 센서의 시간만을 기록하고 있었다. 몇 시 몇 분에 수위가 얼마였는지, 어느 좌표에서 진동이 감지됐는지 까지만 남아 있었다. 기상 데이터는 기상의 시간에 갇혀 있었다. 예보가 언제 업데이트됐는지, 강우가 어느 시점에 집중됐는지는 알 수 있었지만, 그 정보가 언제 행정의 판단으로 넘어갔는지는 알 수 없었다. 행정 데이터는 행정의 시간 속에 있었다. 누가 언제 결재를 올렸고, 문자가 언제 발송됐는지는 기록돼 있었지만, 그것이 실제 현장의 변화와 어떤 순서로 맞물렸는지는 끊어져 있었다.

이 단절은 늘 같은 형태로 반복됐다. 발생은 있었고, 대응도 있었다. 결과 역시 명확했다. 그러나 그 사이를 잇는 선이 없었다. 강우가 임계치를 넘은 순간과 재난 문자가 발송된 순간 사이의 시간은 공백으로 남았다. 수위 상승과 도로 통제 사이의 판단은 기록되지 않았다. 현장에서 침수가 시작된 시점과 소방 출동이 결정된 시점 사이에는 아무도 책임지지 않는 회색 지대가 형성됐다. 시스템에는 데이터가 있었지만, 이야기에는 시간이 없었다.

그래서 재난은 항상 사후적으로 설명됐다. 보고서에는 "강우량 증가로 인한 하천 범람"이라는 문장이 남았고, 그 아래에는 센서 그래프가 붙었다. 이어서 "즉각적인 대응을 실시함"이라는 문장이 이어졌고, 출동 로그가 첨부됐다. 그러나 그 즉각성이 무엇을 기준으로 했는지, 어떤 순간에 판단이 바뀌었는지는 어디에도 남지 않았다. 시간은 숫자로만 존재했고, 책임은 문장 사이에서 사라졌다.

온톨로지가 있었다면 풍경은 달라졌을 것이다. 강우는 단순한 수치가 아니라 사건의 시작으로 정의됐을 것이다. 수위 상승은 상태 변화로 기록됐을 것이고, 그 상태가 어느 임계선을 넘는 순간 자동으로 다른 사건을 유발했을 것이다. '발생'은 센서의 로그가 아니라, 위험 상태로의 전이로 남았을 것이다. '대응'은 문자 발송이나 출동 여부가 아니라, 위험 상태를 완화하기 위한 선택으로 구조화됐을 것이다. '결과'는 피해 규모가 아니라, 선택의 연쇄가 남긴 귀결로 기록됐을 것이다.

시간은 단순한 타임스탬프가 아니라, 사건과 사건을 잇는 축이 되었을 것이다. 강우 예측이 업데이트된 시점, 그 예측이 행정 판단으로 채택된 시점, 현장에 적용된 시점이 하나의 선 위에 놓였을 것이다. 누가 언제 무엇을 알았고, 그 앎이 언제 결정으로 바뀌었는지가 구조로 남았을 것이다. 그 구조 안에서는 데이터가 말을 하기 전에, 이미 책임의 위치가 정해진다.

재난안전 데이터가 실패하는 이유는 기술이 부족해서가 아니다. 센서가 모자라서도, 예측이 틀려서도 아니다. 시간과 책임이 구조로 존재하지 않기 때문이다. 발생과 대응과 결과가 각각의 시스템 안에서 따로 흘러가며, 서로를 만나지 못했기 때문이다. 온톨로지는 그 사이에 다리를 놓는다. 사건이 시작된 순간부터 선택이 내려지고, 그 선택이 어떤 결과로 이어졌는지를 한 줄의 시간 위에 남긴다. 그때서야 재난 데이터는 과거를 설명하는 기록이 아니라 다음 재난을 바꾸는 기억이 된다.

에이전틱 AI가 법률 온톨로지를
다시 요구하는 이유

이번에는 조금 다른 관점의 얘기를 해보자. 많은 사람들이 "AI 판사" 도입에 대해 쉽게 얘기하고 있으며, 그럴 때마다 언급되는 것이 바로 "법률 온톨로지"다. 이런 얘기를 들으면 많이 불편해지지만, 다행히 이는 절대로 쉬운 일이 아니며, 그 이유로는 이미 추상화된 세계를 다시 설계하는 일이기 때문이다. 필자는 법대를 나왔고, 지금은 AI 아키텍트의 직업을 가지고 있다. 이 조합은 흔하지 않다. 법률은 본질적으로 언어와 논리의 세계이고, 인공지능은 구조와 계산의 세계이기 때문이다. 그럼에도 불구하고, 아니 오히려 그렇기 때문에 필자는 온톨로지를 이야기할 때 법률 분야를 가장 먼저 떠올린다. 왜냐하면 법률은 이미 인간이 만든 가장 고도화된 추상 체계이기 때문이다.

법률 온톨로지란 무엇인가? 법률 온톨로지는 단순히 법령을 데이터베이스에 넣는 기술이 아니다. 그것은 법률이라는 지식 세계를 컴퓨터가 이해할 수 있는 구조로 재설계하는 일이다. 법률 분야의 지식을 체계적으로 구조화하고, 법률 용어와 개념에 대한 공통의 정의를 제공하여 법률 정보의 검색, 분석 및 인공지능AI 활용 기반을 마련하는 기술이다. 법률 온톨로지는 인공지능 기반의 법률 지식베이스 및 검색 시스템을 구축하기 위한 핵심적인 역할을 수행하며, 법률 분야의 지식 체계화를 통해 고도화된 법률 서비스 제공에 기여하게 된다.

법률 온톨로지는 법률 분야의 개념, 관계, 속성 등을 명확하게 정의하고 구조화하여 법률 정보에 대한 체계적인 이해를 돕는다. 또한 법률 용어의 의미를 명확히 함으로써 단순 키워드 검색을 넘어선 의미 기반 검색을 가능하게 한다. 법률 지식을 정형화된 형태로 저장하여, 이를 활용한 고도화된 법률 지식베이스를 구축하는 데에도 사용된다. 법률 분야의 인공지능AI 기술을 구현하고, 법률 정보 검색, 증거 조사 등 다양한 법률 서비스의 기반을 제공하기도 한다.

일반적으로 법률 데이터는 다음과 같은 요소들로 구성된다. 법령과 조문, 판례, 계약서와 약관, 각종 서식과 행정 문서, 정부 및 공공기관이 생산하는 공식 기록 등. 이 모든 것은 이미 텍스트로 정리되어 있고, 개념적으로도 잘 정의되어 있다. 그래서 많은 사람들은 이렇게 생각한다. "법률은 이미 정리돼 있는데, 굳이 온톨로지가 필요할까?" 여기서부터 대부분의 오해가 시작된다.

법률의 세계는 얼핏 보면 수만 권의 법전과 판례집으로 이루어진 거대한 도서관 같지만, 실상은 서로 다른 언어를 쓰는 기관들이 모인 복잡한 미로와 같다. 경찰이 '피의자'라고 부르는 존재를 검찰은 '피고인'으로, 교정 시설은 '수용자'로 부르며 각자의 시스템에 파편화된 기록을 남긴다. 이 미로 속에서 데이터를 연결하는 가장 강력한 방법은 단순히 파일을 주고받는 것이 아니라, 모든 기관이 공유하는 '공통 개념 지도'를 그리는 일이다.

과거 미 법무부는 기관 간의 데이터가 서로 섞이지 않아 수사 업무가 멈추는 병목 현상을 겪으며 중요한 사실을 깨달았다. 시스템의 성능이 부족해서가 아니라, 서로 '사건'과 '증거'를 정의하는 의미가 달랐기 때문이다. 이러한 오해를 제거하기 위해 도입된 표준 모델들은 사법과 치안 데이터가 비로소 '말이 통하게' 만들었다. 이제 경찰의 체포 기록부터 법원의 재판 결과, 교도소의 수감 정보까지 하나의 사건 흐름이 끊김 없이 연결된다. 이는 단순한 정보 공유를 넘어 '의미의 전달'이 일어나는 순간이다. 덕분에 사람이 일일이 대조하고 다시 입력하던 수작업이 사라지고, 기관 간의 오해가 제거되면서 리스크 판단 자동화를 위한 거대한 발판이 마련되었다.

이러한 온톨로지의 위력은 상업적인 법률 서비스 시장에서 더욱 극명하게 드러난다. 세계적인 법률 정보 서비스인 웨스트로Westlaw는 수백만 개의 판례를 단순히 텍스트로 저장하지 않는다. 그들은 판례 속에 숨겨진 법률 주제와 세부 쟁점을 촘촘한 '개념망'으로 분류해냈다. 이는 사실상 미국 판례의 세계를 집대성한 거대한 지식 지도와 같다. 변호사가 특정 쟁점을 검색하면 시스템은 단순히 키워드가 겹치는 문서를 찾아주는 것이 아니라, 그 쟁점과 연결된 상위 법리부터 하위 판례까지 논리적 흐름에 따라 줄줄이 사탕처럼 엮어낸다.

이 기술이 현장에 도입되면 업무의 속도는 경이로운 수준으로 바뀐다. 과거에 변호사가 수만 건의 판례를 뒤져가며 소장을 작성하는 데 꼬박 3일이 걸렸다면, 이제는 온톨로지 에이전트의 도움을 받아 단 3시간만에 법리적으로 완벽한 초안을 완성할 수 있다. 판사가 퇴근한 깊은 밤에도 시스템은 스스로 유사 판례를 탐색하고 법리 충돌 가능성을 분석하여 다음 날 아침 책상 위에 최적의 판결 가이드를 올려둔다. 결국 법률 온톨로지는 딱딱한 학술적 용어가 아니라, 변호사의 리서치 시간을 10분의 1로 줄이고 판결의 신뢰도를 극대화하는 가장 강력한 비즈니스 엔진인 셈이다.

제조, 물류, 유통 같은 산업 분야의 온톨로지는 비교적 명확하다. 제품, 공정, 설비, 재고, 이동 같은 물리적 개체가 존재하기 때문이다. 이 세계는 다음과 같은 흐름을 가진다.

그러나 법률은 정반대다. 법률 온톨로지가 어려운 진짜 이유는 법률 데이터는 이미 고도로 추상화된 언어이기 때문이다. '의무', '책임', '고의', '과실', '상당인과관계' 같은 개념은 현실 세계의 사물을 직접 가리키지 않는다. 즉, 법률 온톨로지는 구체적인 것을 추상화하는 작업이 아니라, 이미 해석되고 추상화된 세계를 다시 구조화하는 작업이다. 이 점에서 법률 온톨로지는 다른 산업 온톨로지와 근본적으로 다르다.

왜 기존 법률 AI는 시맨틱에 머물렀는가? 지금까지의 법률 온톨로지는 대부분 시맨틱 레이어, 즉 의미 정의와 검색에 집중돼 있었다. 법률 용어의 정의, 조문 간 관계, 판례 네트워크, 의미 기반 검색. 특정 조문이 어떤 판례에 적용되었는지, 그 판례가 어떤 사건으로 이어졌는지를 그래프 형태로 보여주는 데에는 분명 의미가 있었다. 하지만 거기까지였다. 이 구조는 "찾아주는 AI"일 뿐, "판단을 돕는 AI"는 아니었다.

상황은 달라졌다. 이제 우리는 단순 검색이 아니라 에이전트 AI를 이야기한다. 법률 분야에서 에이전트 AI가 법률 온톨로지를 다시 요구하는 이유는, 에이전트 AI는 직역별로 전혀 다른 역할을 수행해야 하기 때문이다.

변호사에게 필요한 AI는 단순히 법령을 검색해 주는 기계적인 검색기를 넘어선다. 진정으로 변호사의 곁을 지키는 AI라면, 의뢰인이 털어놓는 복잡한 상담 내용을 듣는 즉시 그 파편화된 이야기들 속에서 법률적 리스크를 구조적으로 도출해낼 수 있어야 한다. 마치 수십 년 경력의 파트너 변호사가 쟁점을 짚어내듯, AI는 상담 요약본 위에 소송의 승패를 가를 핵심 포인트들을 선명하게 그려낸다. 수백 페이지에 달하는 계약서를 넘길 때도 마찬가지다. 에이전트는 단 몇 초 만에 문장 사이사이에 숨겨진 독소 조항을 찾아내고, 장차 분쟁의 불씨가 될 가능성이 높은 구절을 식별하여 변호사에게 경고 신호를 보낸다.

더 나아가 이 인공지능 에이전트는 변호사의 전략적 파트너로서의 면모를 유감없이 발휘한다. 사건의 개요와 쟁점을 입력하면 법리적으로 완결성 있는 소장이나 답변서의 초안을 즉석에서 빚어내고, 흩어져 있는 법령과 판례, 그리고 권위 있는 해석들을 모아 하나의 입체적인 '쟁점 지도'로 시각화해 보여준다. 변호사는 이 지도를 바탕으로 과거의 유사 사례들이 어떤 결론에 도달했는지 확인하며, 현재 사건에서 취할 수 있는 최적의 소송 전략을 시뮬레이션한다. 서면 제출 직전에는 논리적 허점이나 법률 용어의 적절성, 구성의 완결성을 꼼꼼히 교정하는 숙련된 어시스턴트의 역할까지 자처한다. 매일 반복되는 기초적인 법률 질문들에 대해서도 흔들림 없이 일관된 답변을 제공하며 변호사가 오직 본질적인 변론에만 집중할 수 있는 환경을 만들어내는 것이다.

그러나 이 모든 눈부신 기능들의 이면에는 단 하나의 절대적인 전제가 깔려 있다. 바로 '환각Hallucination' 없는 근거 기반의 판단이다. 사람의 인생과 거액의 자산이 오가는 법률 현장에서 AI가 그럴듯한 거짓말을 내뱉는 것은 치명적인 사고로 이어진다. 단순히 다음 단어를 통계적으로 예측하는 일반적인 언어 모델만으로는 법조계의 이 엄격한 요구를 결코 충족할 수 없다. 법률 지식의 체계와 논리적 인과관계를 빈틈없이 구조화한

'법률 온톨로지'라는 지식 베이스가 든든한 뿌리로 자리 잡아야만, 비로소 AI는 신뢰할 수 있는 법률 에이전트로서 변호사와 함께 법정에 설 자격을 얻게 된다.

검사에게 필요한 인공지능은 단순히 방대한 수사 기록을 빨리 읽어주는 도구가 아니다. 진실을 규명하고 정의를 세워야 하는 검사의 책상 위에서 AI는 훨씬 더 무겁고 준엄한 역할을 수행한다. 검사가 수만 페이지에 달하는 수사 기록과 마주할 때, 에이전트 AI는 그 파편화된 사실들 사이를 파고들어 범죄의 '혐의 구성 요건'이 법리적으로 성립하는지를 가장 먼저 구조적으로 판단해낸다. 마치 사건의 뼈대를 엑스레이로 촬영하듯, 현재의 증거들이 형법상의 구성 요건을 빈틈없이 채우고 있는지, 혹은 법적 논리가 무너질 수 있는 취약한 지점은 어디인지를 검사의 눈앞에 선명하게 드러내는 것이다.

수사가 진행됨에 따라 AI는 증거의 바다 속에서 더욱 정교한 분석가로 변신한다. 수집된 온갖 물적 증거와 과거의 유사 사건들을 실시간으로 비교하며 기소 여부를 결정하기 위한 객관적인 지표를 지원한다. 특히 이 과정에서 AI는 증거들 사이의 미세한 모순과 정합성을 찾아내는 데 탁월한 능력을 발휘한다. 누군가의 진술과 현장에서 발견된 증거가 서로 어긋나는 지점은 없는지, 피의자의 진술이 시간에 따라 어떻게 변해왔는지 그 신빙성을 다층적으로 평가하며 수사의 방향을 잡는다. 사실 관계의 퍼즐이 맞춰지면, AI는 그동안 쌓인 객관적 근거들을 바탕으로 논리적 결함이 없는 공소장의 초안을 정교하게 빚어낸다. 무엇보다 이 모든 수사 절차가 인권과 적법 절차를 준수하며 진행되었는지 스스로 점검하는 파수꾼의 역할까지 겸비한다.

　여기서 우리가 주목해야 할 점은 검사 업무의 본질이 단순한 '통계'나 '상관관계'의 영역이 아니라는 사실이다. 범죄의 증명은 우연히 겹친 현상들을 나열하는 것이 아니라, 가설을 세우고 증거로 검증하며 사건을 재구성하는 치열한 '논리적 추론'의 과정이다. 단순히 다음 단어를 예측하는 수준의 일반적인 언어 모델이 결코 검사의 일을 대신할 수 없는 이유가 여기에 있다.

　법률 온톨로지를 통해 구축된 탄탄한 논리 구조 위에서만 AI는 비로소 '가설-검증-재구성'이라는 법학의 핵심 알고리즘을 수행할 수 있다. 오직 구조화된 지능만이 한 사람의 죄와 벌을 다루는 그 엄중한 무게를 견디며 검사의 날카로운 칼날이 될 수 있는 것이다.

　판사라는 이름 앞에 인공지능이 붙는 순간, 우리는 본능적으로 서늘한 불안감을 느낀다. 한 사람의 인생에 최종적인 낙인을 찍는 행위가 차가운 기계의 계산에 맡겨져도 되는가에 대한 근원적인 질문 때문이다. 필자 역시 'AI 판사'라는 표현을 마주할 때면 여전히 마음 한구석이 무거워진다.

　하지만 관점을 조금만 바꾸어 보자. AI가 판결을 내리는 주체가 아니라, 인간 판사가 더 정의로운 결론에 도달하도록 돕는 지혜로운 조력자라면 이야기는 달라진다. 판사의 책상 위에 놓인 AI는 무너질 듯 쌓인 기록 더미 속에서 수만 개의 유사 판례를 단 몇 초 만에 훑어내고, 현재 사건과 과거 판결들 사이의 미세한 법리적 차이점을 정리해 올리는 유능한 법무관으로 변신한다.

　판사가 가장 고뇌하는 지점 중 하나인 '양형'의 영역에서도 AI는 든든한 가이드가 된다. 피고인의 전과 이력과 범죄의 구체적 정황, 그리고 그동안 우리 사회가 축적해온 방대한 판결 데이터를 종합하여 가장 합리적인 양형의 범위를 예측하고 제안한다. 판사가 써 내려간 판결문의 초안을 함께 읽으며 논리적인 모순은 없는지, 혹시라도 상급심의 최신 판례와 충돌하는 법리적 사각지대는 없는지를 사전에 탐지해 경고를 보내기도 한다. 이는 판사의 권한을 뺏는 것이 아니라, 판결의 완결성을 높여 사법부의 신뢰를 지켜내는 과정이다. 여기에 더해 산적한 사건들의 처리 일정과 우선순위를 최적화하여 '지연된 정의'가 발생하지 않도록 돕는 살림꾼의 역할까지 묵묵히 수행한다.

결국 판사의 영역에서 AI가 담당해야 할 역할의 핵심도 앞서 언급한 변호사나 검사의 경우와 궤를 같이한다. 단순히 법률 문장의 '의미'를 이해하는 수준을 넘어 법의 정신이 어떻게 논리적으로 발현되는지 그 '판단

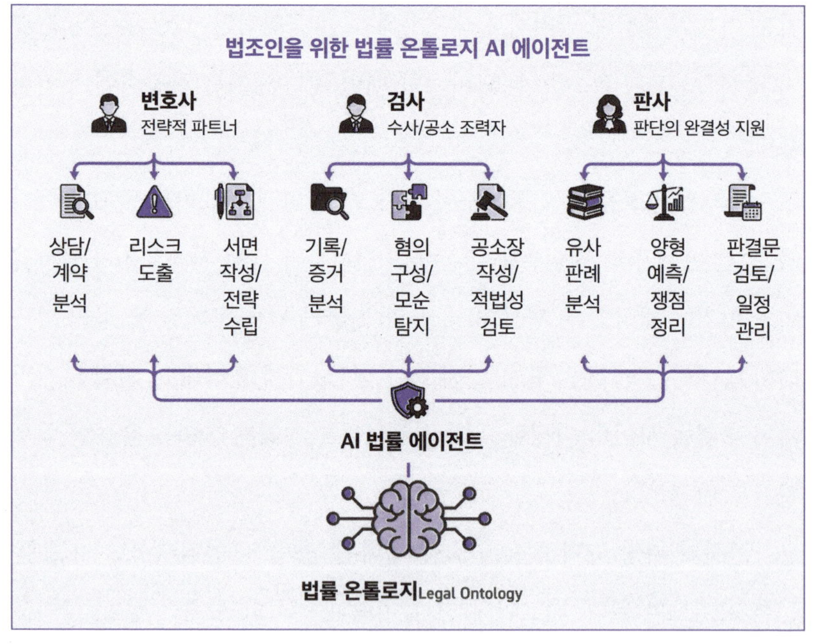

구조' 자체를 장악해야 한다는 점이다. 판결은 감정의 호소가 아니라 철저하게 계산된 법리적 인과관계의 결실이다. 이 단단한 판단 구조를 온톨로지라는 체계 안에 완벽히 이식할 수 있을 때, 비로소 AI는 인간 판사의 고독한 결단을 뒷받침하는 가장 정직한 거울이자 지도로서 그 소임을 다할 수 있게 된다.

그렇다면 왜 세계적 기업인 팔란티어에는 법률 온톨로지가 보이지 않는가? 이는 꽤 흥미로운 사실이다. 에이전트 시대를 대표하는 기업으로 엔비디아, 테슬라, 팔란티어가 거론되지만, 팔란티어의 대표 산업 영역에서 법률은 잘 보이지 않는다. 이유는 명확하다. 법률 데이터는 비정형 텍스트 중심이고, 이미 추상화돼 있으며, 정량화가 어렵다. 팔란티어가 강점을 보이는 산업 온톨로지는 구체적 개체와 수치 데이터가 풍부한 영역이다. 법률 분야는 접근 방식이 달라야 한다.

그렇다면 답은 무엇인가? 법률 온톨로지는 데이터의 질적 활용에 머물러서는 안 된다. 법률 온톨로지의 결론은 "양적 활용의 전환"에 있다. 이미 추상화된 텍스트 속에서 최대한 정량화할 수 있는 요소를 찾아내고, 그것을 온톨로지 구조 안으로 끌어와야 한다. 증거의 신빙성을 등급화하고, 양형 기준을 수치화하며, 경우의 수를 분기 구조로 나누고, 사건별 결과를 비교 가능하게 만든다. 이때 비로소 법률 온톨로지는 검색 도구가 아니라 의사결정 지원 시스템이 된다.

이러한 정교한 구조 속에서 온톨로지는 단순한 단어의 나열을 넘어 인간의 사고방식을 그대로 모방한다. 예를 들어, 서로 다른 판결문에서 완전히 '같은 단어'가 쓰였더라도 그 이면에 담긴 법적 쟁점이 다르다면, 시스템은 이를 예리하게 포착해 서로 다른 고유 번호를 부여하며 갈라놓는다. 반대로 표현은 제각각이지만 그 속에 흐르는 '법리적 본질'이 같다면, 흩어져 있던 문장들을 하나의 핵심 쟁점으로 자석처럼 끌어모은다.

결국 사용자는 더 이상 "이 단어가 들어간 문서를 찾아줘."라고 요청하는 텍스트 검색의 수준에 머물지 않는다. 대신 "이러한 법적 쟁점이 얽힌 판례를 분석해줘."라고 요구하며, 문장의 껍데기가 아닌 '법적 의미' 그 자체를 탐색하게 된다. 이것이 바로 단순한 검색 엔진이 지능형 에이전트로 진화하는 결정적인 순간이다.

법률 온톨로지의 시작점은 '조문'이 아니라 '사건, 절차, 사람, 증거' 같은 현실 객체다. 또한 온톨로지는 IT가 아니라 "기관(부서) 간 의미 충돌을 끝내는 경영, 운영 장치"다. 이러한 연유로 잘 만든 법률 온톨로지는 판단 체계(리서치·리스크·컴플라이언스)의 강력한 '비즈니스 해자Moat'가 된다.

이처럼 법률 온톨로지는 상아탑 속의 학자들이나 정부 기관의 전유물이 아니다. 오히려 거대 플랫폼 기업들이 시장에서 절대적인 경쟁 우위를 점하기 위해 구축하는 해자가 될 수 있는 것이다. 후발 주자들이 수만 개의 판례 텍스트를 긁어모아 흉내 낼 수는 있어도, 수십 년간 쌓아온 이 촘촘한 쟁점의 지도와 그들 사이의 인과관계는 쉽게 복제할 수 없기 때문이다.

결국 온톨로지는 단순한 '검색'의 시대를 끝내고, AI가 스스로 법리를 따져 묻는 '쟁점 기반 판단'의 시대로 올라가는 가장 단단하고 확실한 계단을 제공하고 있는 셈이다.

마지막으로 분명히 하고 싶은 것이 있다. 그 어떤 AI 시스템도 결국 인간의 판단을 대체하지 않는다. 법률 온톨로지는 판사나 변호사를 대체

하기 위한 기술이 아니다. 오히려 그 반대다. 사람의 판단이 개입되어야 하는 지점을 더 선명하게 만드는 기술이다. 그래서 여전히 법률 온톨로지는 어렵고, 그래서 더 가치가 있다.

팔란티어의 힘

이질적인 모든 데이터(영상, 문서, GPS)를 하나의 '지도'로

통합하는 방식이 어떻게 빠르고

정확한 의사결정을 가능하게 하는가?

팔란티어 온톨로지 작동 원리

팔란티어의 강점은 데이터를 많이 모은 데 있지 않다. 그들은 처음부터 이렇게 접근했다. "이 조직에서 중요한 개념은 무엇인가?" "그 개념들은 어떻게 연결되어 있는가?" 사람, 장소, 사건, 자산. 팔란티어는 이 모든 것을 하나의 지식 지도로 묶었다. 그래서 영상, 문서, 위치 정보 같은 이질적인 데이터도 같은 질문에 답할 수 있게 된다. "지금 이 상황에서, 우리가 놓치고 있는 위험은 무엇인가?" 이 질문에 즉각적으로 답할 수 있는 구조, 그것이 온톨로지다.

온톨로지는 AI의 두뇌가 아니다. 여기서 많은 사람들이 오해한다. "온톨로지가 있으면 AI가 똑똑해진다?" 반은 맞고, 반은 틀리다. 온톨로

지는 AI의 두뇌가 아니라, 사고의 틀이다. AI는 계산을 하고 온톨로지는 의미를 정리한다. 틀이 없으면 계산은 언제든 엉뚱한 방향으로 간다.

왜 팔란티어 이야기가 중요한가? 많은 CEO와 투자자들은 팔란티어를 '데이터 분석을 잘하는 회사' 정도로 이해한다. 그러나 팔란티어의 본질은 분석이 아니라 의사결정이 만들어지는 구조 자체를 바꿨다는 데 있다. 그 중심에 있는 것이 바로 온톨로지다. 필자가 반복적으로 강조하듯, 팔란티어는 데이터를 더 많이 쌓는 회사가 아니다. 오히려 "이 회사는 무엇을 하나의 객체로 보고, 어떤 관계를 의사결정의 기본 단위로 삼는가?"를 먼저 정의한다. 다시 말해, 회사의 세계관을 데이터 이전에 설계한다. 이 차이는 위기 상황에서 극적으로 드러난다. 데이터는 충분한데 회의는 길어지고, 임원마다 해석이 달라지는 회사와 같은 데이터를 보면서도 즉시 같은 결론에 수렴하는 회사의 차이. 그 차이를 만드는 것이 온톨로지다.

많은 사람들이 묻는다. "온톨로지는 지식 그래프와 뭐가 다릅니까?" 이 질문 자체가 이미 기술 중심 사고다. 팔란티어 온톨로지는 단순한 관계 표현이 아니다. 그것은 무엇이 의사결정의 주체(객체)인지, 어떤 행위가 의미 있는 행동(액션)인지 그리고 그 결과가 상태를 어떻게 바꾸는지를 하나의 체계로 묶는다. 그래프가 '연결'을 보여준다면, 온톨로지는 행동 가능한 연결을 만든다. 이 차이가 바로 뒤에 나올 A형 기업과 B형 기업을 가른다. '지식 그래프와 뭐가 다르냐?'는 질문 자체가 본질을 가린다.

팔란티어의 온톨로지는 단일 계층이 아니다. 3개 레이어 구조는 기술 설명이 아니라 기업 사고의 복제에 가깝다. 첫째, 의미의 계층인 시맨틱 레이어에서는 '우리 회사에서 중요한 것이 무엇인가?'를 정의한다. 사람, 설비, 공정, 주문, 고객, 사고, 지연. 이 모든 것을 단순 데이터가 아니라 객체Object로 규정한다. 여기서 중요한 점은 "모든 데이터를 다 올린다."가 아니라 "의사결정에 필요한 세계만 모델링한다."는 것이다. 둘째, 의미만 정의해서는 아무 일도 일어나지 않는다. 행위의 계층인 키네틱 레이어에서는 함수, 액션, 알고리즘이 등장한다. 즉, '어떤 조건에서 무엇을 계산하고, 무엇을 실행할 것인가?'를 정의한다. 팔란티어는 이 함수와 액션조차도 온톨로지의 일부로 다룬다. 알고리즘도 객체처럼 관리되는 이유다. 셋째, 의사결정의 계층인 다이나믹 레이어에서 비로소 기업은 움직인다. 액션의 결과가 다시 객체의 상태를 바꾸고, 그 변화가 실시간으로 반영된다. 시뮬레이션, 예측, 자동 판단이 가능한 이유는 이 레이어 때문이다. 다시 말해, 온톨로지가 '살아 움직이기' 시작하는 지점이다.

팔란티어는 별도의 온톨로지 저장소를 만들었다. 팔란티어는 온톨로지를 Neo4j나 기존 그래프 DB에 그대로 저장하지 않는다. 대신 '포노그래프Phonograph'라는 전용 저장소를 만들었다. 이유는 명확하다. 기업의 온톨로지는 고정된 스키마가 아니다. 객체의 타입은 바뀌고, 관계는 늘어나며, 행위의 결과에 따라 구조 자체가 진화한다. 이런 환경에서는 전통적인 DB 패러다임이 버티지 못한다. 포노그래프는 단순 저장소가 아니라 온톨로지의 변화 이력을 포함한 '의사결정의 기억 장치'다. 그리고 'OS-V2(Ontology Storage Version 2)'로 진화하면서 병렬 처리와 실시간 이벤트 반영이 가능해졌다. 이는 곧 기업이 실시간으로 스스로를 재정의할 수 있는 구조를 갖게 되었다는 뜻이다.

팔란티어에는 SQL이 아닌 OQLOntology Query Language이 있다. 차이는 간

단하다. SQL은 테이블을 조인한다. OQL은 객체의 관계를 따라 질문한다. 이 차이로 인해 임원은 더 이상 "리포트를 요청"하지 않는다. 대신 "지금 지연의 원인이 되는 설비와 그로 인해 영향을 받는 고객을 즉시 보여 달라."고 묻는다. 그리고 시스템은 그 질문에 바로 응답한다. 이 순간, 보고서를 대신하는 질문 언어 OQL을 통해 보고서는 필요 없어지고 회의는 짧아진다. 이것이 팔란티어가 만드는 뒤에 나올 'B형 기업'의 일상이다.

이 장에서 팔란티어의 기술을 상세하게 설명한 이유는 단 하나다. 독자에게 이렇게 말하기 위함이다. "온톨로지를 도입한다는 것은, 시스템을 바꾸는 것이 아니라 회사의 사고 체계를 코드로 고정하는 일이다." 그래서 이 일은 CTO가 아니라 CEO가 주도해야 한다. 그리고 투자자는 재무제표보다 먼저, 그 회사가 이런 구조를 갖고 있는지를 봐야 한다. 팔란티어는 예외적인 회사가 아니다. 오히려 미래의 표준을 너무 일찍 보여 준 사례다. 그리고 그 표준의 이름이 바로 '온톨로지 기반 기업 운영체제os'다.

이질적인 모든 데이터를
하나의 '지도'로 통합하는 방식

현대 조직의 데이터 문제는 양의 문제가 아니다. 영상은 영상대로, 문서는 문서대로, GPS는 GPS대로 충분히 존재한다. 문제는 이 데이터들이 서로 다른 형식Form으로 존재하며, 각각 다른 질문에만 답하도록 설계되어 있다는 점이다. 앞서 얘기한 '형식 사일로' 문제다. 팔란티어가 강력한 이유는 이 이질적인 데이터들을 억지로 하나의 형식으로 바꾸지 않고, 각자의 형식을 유지한 채 하나의 '의미 공간', 즉 하나의 지도 위에 올려놓기 때문이다.

회의실의 화면에는 늘 같은 장면이 펼쳐진다. 한쪽에는 PDF 보고서가 열려 있고, 다른 쪽에는 엑셀 차트가 떠 있다. 그 옆 모니터에서는 CCTV 영상이 반복 재생되고, 뒤편 서버에는 로그 파일이 조용히 쌓인다. 문서는 문서의 언어로 말하고, 영상은 영상의 침묵 속에 머문다. 로그는 시간의 파편으로 흩어지고, 수치는 그래프 위에서만 오르내린다. 이 모든 것은 같은 사건을 가리키고 있지만, 서로를 알아보지 못한 채 각자의 형식 안에 갇혀 있다. 판단은 이 틈에서 갈라진다.

전통적인 시스템 환경에서는 데이터의 형식이 곧 한계가 된다. 영상 데이터는 CCTV 시스템 안에 갇혀 있다. 문서 데이터는 PDF와 보고서 저장소에 묶여 있다. GPS 데이터는 위치 좌표와 시간 로그로만 관리된다. 이 데이터들은 서로를 알지 못한다. 영상은 "무슨 일이 일어났는지"를 보여주지만 "왜 중요한지"는 말하지 못한다. 문서는 "의사결정의 근거"를 설명하지만 "실제로 현장에서 무엇이 벌어졌는지"를 직접 보여주지 못한다. GPS는 "어디서 일어났는지"를 기록하지만 "그 장소에서 어떤 사건과 연결되는지"를 설명하지 못한다. 결과적으로, 의사결정자는 여러 화면과 보고서를 오가며 머릿속에서만 이 모든 것을 연결해야 한다.

문서 속에는 결론이 있다. 이미 누군가가 해석한 문장과 요약된 판단이 들어 있다. 영상 속에는 맥락이 있다. 말로 적히지 않은 움직임과 순간의 긴장이 담겨 있다. 로그에는 순서가 있다. 어떤 일이 먼저 일어났고, 무엇이 뒤따랐는지가 초 단위로 남아 있다. 수치에는 규모가 있다. 얼마나 컸는지, 얼마나 빨랐는지가 숫자로 드러난다. 그러나 이 네 가지는 한 번도 같은 자리에서 만난 적이 없다. 문서를 읽는 사람은 영상을 보지 않고, 영상을 보는 사람은 로그를 열지 않는다. 로그를 분석하는 사람은 수치를 해석하지만, 그 수치가 어떤 장면에서 태어났는지는 알지 못한다.

형식 사일로는 이렇게 판단을 조금씩 부식시킨다. 문서만 읽으면 모든 것이 이미 정리된 것처럼 보인다. 영상만 보면 현장은 늘 우발적이고 통제 불가능해 보인다. 로그만 들여다보면 사건은 기계적인 순서로 환원된다. 수치만 보면 세상은 평균과 분산으로 단순화된다. 각 형식은 부분적으로 옳지만, 동시에 결정적으로 부족하다. 판단은 이 조각들을 머릿속에서 억지로 이어 붙이는 사람의 감각에 의존하게 된다.

팔란티어는 이 문제를 전혀 다른 방식으로 푼다. 팔란티어는 데이터를 통합하지 않는다. 관계를 통합한다. 영상, 문서, GPS는 그대로 둔다. 대신 이렇게 묻는다. 이 영상은 어떤 사건Event과 연결되는가? 이 문서는 어떤 판단Decision의 근거인가? 이 GPS 좌표는 어떤 객체Object의 이동인가? 이 질문에 답하는 순간, 데이터는 형식이 아니라 의미 단위로 재구성된다.

온톨로지가 이 장면에 들어오면 풍경이 바뀐다. 문서는 더 이상 최종 결과물이 아니다. 문장 속에 등장하는 대상들이 끌려 나와 이름을 얻는다. 계약, 위치, 장비, 사람, 사건이 문서의 문맥에서 분리되어 지도 위에 놓인다. 영상은 더 이상 참고 자료가 아니다. 특정 시간, 특정 위치, 특정 객체와 연결된다. 한 프레임의 흔들림이 로그의 경고와 맞물리고, 수치의 이상치와 겹쳐진다. 로그는 단순한 기록이 아니라 사건의 흐름이 된다. 어떤 상태에서 어떤 상태로 넘어갔는지가 선으로 이어진다. 수치는 고립된 값이 아니라, 그 상태의 무게로 자리 잡는다.

이 모든 것은 하나의 지도 위에서 일어난다. 지도에는 문서의 문장이 좌표처럼 찍혀 있고, 영상의 장면이 그 좌표에 겹쳐진다. 로그의 시간은 지도 위를 따라 흐르고, 수치는 색과 굵기로 변환된다. 이제 질문은 바뀐다. "이 문서가 맞는가?"가 아니라 "이 장면에서 무슨 일이 일어났는가?"로 옮겨간다. 판단은 형식 사이를 오가는 일이 아니라, 지도를 따라 이동하는 일이 된다.

이 방식은 인간이 실제로 이해하는 방식과 닮아 있다. 사람은 보고, 듣고, 기억하고, 계산한 것을 따로 보관하지 않는다. 한 사건을 떠올릴 때, 장면과 숫자와 말과 순서가 동시에 떠오른다. 비 오는 날의 교차로를 기억할 때, 우리는 강우량 수치만 떠올리지 않는다. 젖은 아스팔트의 반짝임, 신호등이 바뀌던 순간, 차가 멈췄던 위치, 그리고 그때 느꼈던 위험을 함께 기억한다. 이해란 원래 형식을 넘나드는 행위다.

형식 사일로는 이 자연스러운 이해를 억지로 쪼갠다. 시스템은 인간에게 문서로 생각하라고 요구하고, 숫자로만 판단하라고 강요한다. 그 결과 판단은 느려지고, 책임은 흐려진다. 반면 지도로 바뀐 세계에서는 인간의 사고가 제약받지 않는다. 문서를 읽다가 영상으로 이동하고, 로그를 따라가다 수치의 변화를 확인하는 일이 자연스럽다. 판단은 다시 본래의 속도를 되찾는다.

온톨로지 지도 위에서는 형식이 사라지는 것이 아니라, 형식이 제자리를 찾는다. 문서는 의미를 제공하고, 영상은 맥락을 드러내며, 로그는 흐름을 보장하고, 수치는 무게를 부여한다. 이들이 서로를 가리지 않고 같은 공간에 놓일 때, 판단은 더 이상 파괴되지 않는다. 오히려 강화된다. 인간이 세상을 이해하듯, 시스템도 그렇게 이해하기 시작한다. 형식이 벽

이 아니라 길이 되는 순간, 판단은 다시 앞으로 나아간다. 3개의 구체적인 예시를 보자.

우선 군사·안보 분야. 전통적인 정보 분석에서는 드론 영상은 영상 분석팀이 보고, 첩보 문서는 정보 분석관이 읽고, 위치 정보는 작전팀이 따로 관리한다. 팔란티어에서는 이 모든 것이 하나의 지도 위에 놓인다. 드론 영상은 특정 지역의 활동 이벤트로 연결되고, 정보 문서는 그 활동의 의도와 맥락으로 연결되며, GPS 데이터는 해당 객체의 이동 경로로 이어진다. 이때 지도 위에는 단순한 위치 점이 아니라, "이 지역에서 언제, 어떤 주체가, 어떤 행동을 했고, 그것이 어떤 위협 시나리오로 이어질 수 있는가?"라는 상황 전체가 드러난다. 의사결정자는 더 이상 영상·문서· 좌표를 따로 해석하지 않는다. 하나의 상황을 한눈에 본다.

다음으로 치안·재난 대응이다. 도시 치안이나 재난 대응에서도 구조는 동일하다. CCTV 영상은 현장 상황을 보여주고, 신고 기록은 시민의 인식을 담고 있으며, GPS는 순찰차와 구조 인력의 위치를 제공한다. 기존 시스템에서는 이 정보들이 각각 다른 화면과 시스템에 흩어져 있다. 팔란 티어에서는 이들이 "사건Event"이라는 하나의 축으로 묶인다. 이 영상은 어떤 신고와 연결되는가? 이 신고는 어떤 유형의 사건인가? 현재 가장 가까운 대응 자원은 어디에 있는가? 이 연결이 이루어지는 순간, 의사결정은 회의가 아니라 선택의 문제가 된다. "무엇이 일어났는가?"가 아니라 "지금 무엇을 해야 하는가?"가 즉시 보인다.

마지막으로 민간 기업에서는 어떻게 되고 있을까? 계약 문서는 법무 시스템에 있고, 생산 지연 보고서는 운영 시스템에 있으며, 물류 위치 데이터는 SCM 시스템에 있다. 팔란티어는 이 데이터를 이렇게 연결한다.

이 계약은 어떤 프로젝트와 연결되는가? 이 프로젝트의 지연은 어떤 비용 조항을 건드리는가? 현재 위치 정보는 납기 리스크를 어떻게 바꾸는가? 이때 지도 위에 나타나는 것은 숫자도, 문서도 아닌 "결정의 결과가 어떻게 전개될지에 대한 경로"다. 그래서 팔란티어의 지도는 단순한 시각화가 아니라 미래를 미리 걷는 도구가 된다.

왜 이것이 빠르고 정확한 의사결정을 가능하게 하는가? 이 구조가 강력한 이유는 명확하다. 형식 변환에 시간을 쓰지 않는다. 영상은 영상 그대로, 문서는 문서 그대로 사용된다. 사람이 머릿속에서 연결하지 않는다. 관계가 시스템 안에 이미 정의되어 있다. 질문이 곧 분석이 된다. "왜?"를 묻는 순간, 관련 데이터가 자동으로 엮인다. 판단의 근거가 시각적으로 남는다. 결정은 감이 아니라, 연결된 경로로 설명된다.

팔란티어 파운드리 Foundry 무료 공개가 의미하는 것

온톨로지는 이제 더 이상 선택사항이 아니다. 이를 위해 어느 날부터 팔란티어가 달라졌다. 그동안 '접근 불가의 영역'처럼 느껴지던 팔란티어 파운드리가 무료 체험과 공식 교육 프로그램을 전면에 내세우기 시작했다. 이 변화는 단순한 마케팅 전략이 아니다. 온톨로지 기반 의사결정 시스템이 주류로 넘어가고 있다는 신호다.

'파운드리 Foundry'는 원래 주물 공장을 뜻하는 단어다. 쇳물을 녹여 틀에 붓고, 전혀 다른 형태의 제품을 만들어내는 공간. 팔란티어가 이 단어를 선택한 이유는 명확하다. 데이터를 녹여 조직이 바로 사용할 수 있는 '의사결정의 형태'로 만든다. 그렇다고 해서 팔란티어 파운드리는 단순한 데이터 분석 툴이 아니다. 기업 전체가 같은 현실 인식 위에서 동시에 판단하도록 만드는 플랫폼이다. 팔란티어 파운드리의 핵심은 단 하나다. 온톨로지Ontology. 이 플랫폼은 데이터를 쌓지 않는다. 현실 세계의 사물·사건·개념을 컴퓨터가 이해할 수 있는 구조로 정의한다. 제품은 '제품'으로, 공정은 '공정'으로, 고객은 '고객'으로. 그리고 이들 사이의 관계까지. 이것이 바로 팔란티어가 말하는 디지털 트윈의 실체다.

필자가 반복적으로 강조하는 개념이 있다. 바로 온톨로지 3개 레이어다. 정의의 레이어, 의미 계층인 시맨틱 레이어에서는 현실의 개체를 컴퓨터가 이해할 수 있도록 개념으로 정의한다. 무엇이 제품이고, 무엇이 고객이며, 무엇이 리스크인지 명확히 한다. 키네틱 레이어는 작동의 레이어이며, 행위 계층이다. 정의된 개체들이 어떻게 상호작용하는지를 모델링한다. 생산이 지연되면, 원가가 오르면, 고객 반응은 어떻게 바뀌는가? 마지막으로 다이나믹 레이어는 변화 계층이다. 이 구조가 시간에 따라 어떻게 변하는지를 추적한다. 과거 분석이 아니라, 실시간 의사결정이 가능해진다.

기존 시스템이 정적인 CRM이었다면, 팔란티어는 움직이는 의사결정 엔진이다. 왜 팔란티어는 '단순 보고서'가 아니라 '살아있는 시스템'을 만든다고 하는가? 기존의 컨설팅과 데이터 분석은 보통 멋진 보고서, 잘 만든 모델에 그친다. 그러나 실행은 각 부서가 따로 하게 된다. 팔란티어 파운드리는 다르다. 분석 결과가 곧 실행이다. 데이터 → 인사이트 → 의사결정 → 자동화. 이 흐름이 하나의 시스템 안에서 이어진다. 이 차이가 속도, 정확성, 조직 정렬에서 압도적인 격차를 만든다.

팔란티어 파운드리는 이미 다양한 산업에서 사용되고 있다. 국방·정부 분야에서는 방대한 안보 데이터를 통합, 위기 상황에서 실시간 판단, 작전 효율과 대응 속도의 비약적 개선이 있었다. 금융 산업에서는 결제·채권·거래 데이터를 연결, 연체 리스크 예측, 요금·정책 최적화로 수익 개선의 사례를 든다. 제조·공급망의 경우 ERP·MES·SCM 데이터 통합은 기본이고, 원가와 공정 최적화, 분석 속도를 수 주에서 수 분으로 줄이는 획기적 성공을 거두고 있다. 헬스케어 영역에서는 의료·보험 데이터 연결, 개인 맞춤형 캠페인, 참여율과 유지율 개선을, 소매·은행 분야에서는 정적인 CRM을 넘어 실시간 고객 상태Customer State를 생성하거나, 서비스 응답 속도·고객 충성도 상승의 효과를 가지고 왔다. 이 사례들이 공통적으로 말하는 것은 하나다. 온톨로지는 비용이 아니라 '의사결정 속도와 정확성의 레버리지'라는 것이다.

팔란티어는 이제 공식 교육 콘텐츠를 제공하고, 한국어 학습 환경을 지원하며, 제한적이지만 무료 트라이얼까지 열었다. 이것은 "직접 써 보라."는 메시지다. 온톨로지가 무엇인지 말로 듣지 말고 직접 경험해 보라는 뜻이다. 그리고 더 중요한 메시지는 이것이다. 이 구조를 이해하지 못하면 앞으로 AI를 제대로 쓰기 어렵다. 우리 회사는 여전히 데이터를 수동·개별·보고서 중심으로 다루고 있는가? 아니면 구조·관계·자동화 중심으로 넘어갈 준비가 되어 있는가? 팔란티어는 답을 보여준다. 이제 선택은 각 기업의 몫이다.

국가와 공공이 먼저
온톨로지를 선택한 이유

민간 기업보다 한발 앞서 온톨로지를 선택한 곳은 의외로 국가와 공공기관이었다. 이들은 최신 기술을 쫓기보다는, 틀리면 안 되는 판단을 내려야 하는 조직이었기 때문이다. 전쟁, 테러, 범죄, 재난과 같은 영역에서 데이터 분석의 목적은 단순한 통계나 보고가 아니라, 실시간 의사결정과 그 결과에 대한 책임이다. 이 지점에서 팔란티어가 제공한 것은 대시보드도, 단순한 AI 모델도 아니었다. 그들이 제공한 것은 "현실을 구조로 고정하는 방법", 즉 온톨로지였다. 공공 영역에서 '판단 구조'의 힘이 먼저 증명된 것이다.

1) 국방 분야 : 데이터가 아니라 '전장의 구조'를 모델링하다

미국 국방부DoD가 팔란티어를 선택한 이유는 단순하다. 전장은 데이터가 부족한 곳이 아니라, 너무 많아서 판단이 늦어지는 곳이기 때문이다. 위성 영상, 정찰 드론, 통신 감청, 병참 정보, 병력 배치, 장비 상태, 기상 정보까지 모든 정보는 이미 존재했다. 문제는 이것들이 각기 다른 시스템, 다른 시간축, 다른 정의로 저장되어 있다는 점이었다. 팔란티어의 접근은 명확했다. "정보를 더 모으지 말고, 무엇이 '부대'이고, 무엇이 '위협'이며, 무엇이 '행동 가능한 판단 단위'인지를 먼저 정의하자." 이를 위해 국방 온톨로지에서는 다음과 같은 객체와 관계가 고정되기 시작했다.

포연이 가득한 전장의 긴박함 속에서 지휘관이 마주하는 것은 단순한 숫자나 데이터의 나열이 아니다. 그것은 시시각각 변모하며 생사와 승패를 결정짓는 거대한 '전장의 구조' 그 자체다. 국방 온톨로지는 이 혼돈스러운 현장을 단순히 기록하는 것을 넘어, 전장의 모든 구성 요소를 살아있는 객체Object로 재정의하며 보이지 않는 승리의 길을 설계하기 시작한다.

가장 먼저 지휘통제실의 대형 스크린 위로 승리의 주체인 '부대Unit'와 그 심장부인 '병력Personnel'이 입체적으로 형상화된다. 부대가 보유한 치명적인 '장비Asset'와 그들이 발을 딛고 있는 전략적 '위치Location'는 단순히 지도 위의 점이 아니라, 승패를 결정짓는 핵심 자산으로 명명된다. 여기에 완수해야 할 '임무Mission'와 아군을 압박하는 적군의 '위협Threat' 그리고 이 모든 것들이 맞물려 터져 나오는 긴박한 '사건Event'들이 데이터의 뼈대 위에 살을 붙이며 전장의 실체를 드러낸다.

하지만 전장의 진정한 모습은 이 개체들이 서로 얽히며 만들어내는 역동적인 관계Relationship 속에서 완성된다. 지휘관은 온톨로지라는 렌즈를 통해 부대가 어떤 임무를 수행하고 있는지performs, 그 임무가 어느 특정 지역에서 발생하며 지형적 이점과 충돌하는지occurs At를 실시간으로 통찰한다. 특히 이 구조화된 전장 속에서 적의 위협은 아군의 장비와 병력에 가해지는 단순한 압박을 넘어, 구체적인 파괴와 손실Casualty로 이어지는 인과관계의 출발점이 된다. 지휘관은 "만약 저 지점의 위협이 현실화된다면 우리의 장비는 얼마나 파괴될 것인가?"라는 질문에 대해, 단순한 감이 아닌 정교한 온톨로지 모델이 계산해낸 '성공 확률'을 마주하게 된다.

이 구조가 고정되자, 전장은 더 이상 보고서의 집합이 아니라 시뮬레이션 가능한 세계가 되었다. "이 지역에 병력을 추가로 투입하면?" "이 장비의 고장이 임무 성공률에 미치는 영향은?" 이 질문들은 더 이상 회의

안건이 아니라, 즉시 계산 가능한 판단이 되었다. 결국 국방 온톨로지는 흩어진 데이터를 모으는 보관소가 아니라, 전장의 모든 인과관계를 지휘관의 뇌 구조처럼 모델링하여 가장 치명적인 순간에 가장 현명한 결단을 내리게 돕는 디지털 참모로 거듭난다.

2) 치안·정보 분야 : 범죄를 예측하는 것이 아니라, 개입 지점을 찾다

치안과 정보 분야에서 온톨로지의 가치는 더욱 분명하게 드러난다. 범죄나 테러는 단일 사건이 아니라, 사람·장소·시간·행동의 연쇄로 발생하기 때문이다. 전통적인 분석 시스템은 이렇게 묻는다. "어디서 범죄가 많이 발생하는가?" "누가 범죄자였는가?" 팔란티어 기반 온톨로지는 질문을 바꾼다. "어떤 행동 패턴이 사건으로 이어지는가?" "개입 가능한 연결 고리는 어디인가?" 이를 위해 치안 온톨로지에서는 다음과 같은 구조가 정의된다.

사람Person은 단순한 개인이 아니라, 관계망Social Network, 이동 패턴, 이력Event History을 가진 객체다. 사건Event은 단발성 기록이 아니라, 이전 사건과 이후 사건을 연결하는 노드다. 이 구조 덕분에 경찰과 정보기관은 "범인을 찾는 조직"에서 "사건이 발생하기 전 개입하는 조직"으로 바뀌기 시작했다. 중요한 점은 이 모든 판단이 설명 가능하다는 것이다. 왜 이 인물을 주목했는지, 왜 이 지역에 자원을 배치했는지, 그 판단의 근거는 시스템 안에 구조로 남는다.

3) 재난·보건·공공안전 : '상황판'이 아니라 '결정판'을 만들다

재난 대응과 보건 영역은 온톨로지의 필요성을 가장 극적으로 보여준다. 코로나19 팬데믹 당시, 문제는 데이터의 부재가 아니었다. 확진자 수, 병상 수, 의료 인력, 백신 물량, 물류 정보는 모두 존재했다. 그러나 각 데이터는 서로 다른 질문에 답하고 있었다. 보건부는 확진자 수를 보고, 병원은 병상 가동률을 보고, 지방정부는 행정 구역 단위 통계를 보고 있었다.

팔란티어 기반 공공 온톨로지는 이 질문들을 하나로 묶었다. "이 결정이, 이 지역의 의료 붕괴 확률을 얼마나 낮추는가?" 이를 위해 환자Patient, 병원Hospital, 자원Resource, 이동Mobility, 정책Policy이라는 객체가 정의되고, 정책 변화가 실제 의료 부담에 미치는 영향이 시뮬레이션되었다. 이 순간, 공공 데이터는 '현황 보고'에서 '결정의 근거'로 바뀐다.

이처럼 왜 공공 영역에서 온톨로지가 먼저 필요했는가? 공공과 국방 영역의 공통점은 분명하다. 판단이 늦으면 안 된다, 판단이 틀리면 안 된다, 판단의 근거를 설명해야 한다. 이 세 가지 조건은 기존 분절된 AI 알고리즘이나 생성형 AI 단독으로는 절대 충족될 수 없다. 그래서 공공 영역은 "말 잘하는 AI"가 아니라 "판단 구조를 가진 시스템"을 선택했다. 그리고 그 판단 구조의 핵심이 바로 온톨로지였다.

국가는 기술을 실험하지 않는다. 국가는 판단 구조를 선택한다. 팔란티어는 공공 영역에서 AI를 팔지 않았다. 데이터를 팔지도 않았다. 그들은 국가가 세상을 해석하는 방식을 구조로 고정해 주었다. 다음 장에서는 같은 구조가 어떻게 기업의 재무 성과와 투자 가치로 이어지는지를 살펴본다. 공공에서 검증된 이 구조는 민간 기업에서는 '해자Moat'가 된다.

2부의 핵심 메시지

온톨로지는 기술이 아니다. 온톨로지는 상식을 구조로 고정하는 방법이다. 사람이 바뀌어도, 조직이 커져도, AI가 아무리 복잡해져도 판단의 기준이 흔들리지 않게 만드는 것. 이것이 온톨로지의 본질이다.

CEO를 위한 질문

- 우리 회사에서 '당연한 상식'은 어디에 저장되어 있는가?

- 이 상식이 시스템에 반영되어 있는가, 사람에게만 있는가?

- 판단 기준이 바뀔 때, 누가 책임지는가?

투자자를 위한 질문

- 이 기업의 의사결정 기준은 문서화·구조화되어 있는가?

- 핵심 판단이 AI가 아니라 사람의 경험에 의존하고 있지는 않은가?

- 이 회사는 '상식'을 자산으로 만들고 있는가?

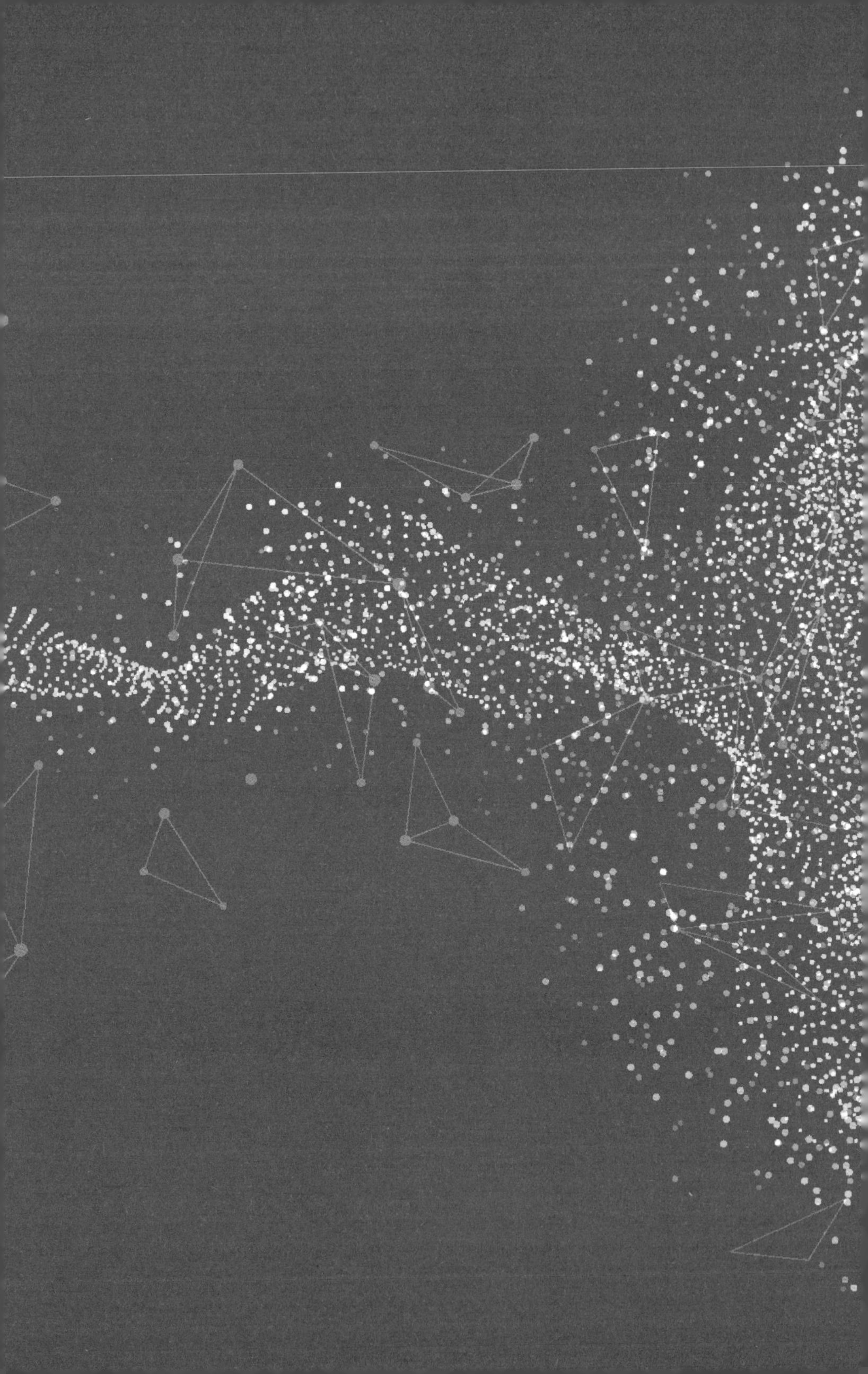

3부.

투자자의 눈 :

온톨로지가 곧 '권력'이다

절대적 해자 Moat

온톨로지는 왜 경쟁사가 돈을 퍼부어도
따라 할 수 없는 기술인가?

절대적 해자 Moat :
왜 온톨로지는 따라 할 수 없는가

왜 어떤 기업은 계속 이기고, 어떤 기업은 따라가기만 할까? 주식 투자자들이 자주 묻는 질문이 있다. "이 회사의 경쟁력은 어디에서 나오는가?" 대부분의 분석은 시장 점유율, 기술 특허, 브랜드 가치, 원가 구조에서 멈춘다. 그러나 시간이 지날수록 이 지표들은 빠르게 복제된다. 경쟁사가 자본을 투입하면, 공장도 따라 만들고 시스템도 비슷하게 구축한다. 그런데도 어떤 기업은 항상 한 발 앞서 움직인다. 그 차이는 판단의 속도와 정확도에 있다.

한 글로벌 물류기업의 사례를 보자. 이 회사는 선박 위치, 항만 상황,

계약 조건, 고객 우선순위를 모두 실시간으로 파악하고 있었다. 경쟁사는 이렇게 말했다. "우리도 같은 데이터를 사 오면 되지 않나?" 하지만 결과는 달랐다. 데이터는 같았지만, 의사결정 결과는 항상 느렸다. 이유는 간단하다. 이 회사는 이미 '무엇이 중요한 관계인지'를 구조로 고정해 두었기 때문이다. 온톨로지는 어떤 데이터가 연결되어야 하는지, 어떤 상황에서 무엇을 우선 판단해야 하는지를 미리 결정해 둔다. 이것은 코드보다 깊고, 조직보다 오래 남는다.

이쯤에서 온톨로지의 해자를 알아보자. '해자(垓子, Moat)'란 무엇인가? 해자는 원래 성 주위에 파서 물을 채워 적의 침입을 막던 깊은 구덩이를 뜻한다. 이는 투자자의 관점에서 '경쟁력'의 본질이라고 할 수 있다. 다만 투자에서 말하는 해자는 단순히 "돈을 많이 버는 기술"을 의미하지 않는다. 해자는 경쟁자가 흉내 내기 어려운 구조적 방어선이다. 투자의 귀재 워렌 버핏 역시 일찍이 해자를 경쟁사로부터 기업을 보호하는 지속 가능한 경쟁 우위의 의미로 사용해 왔다. 해자는 특허처럼 법으로 보호되는 경우도 있지만 더 강력한 해자는 시간·조직·사고방식이 쌓여서 만들어진 구조다. 그렇기에 워렌 버핏이 말한 해자는 늘 이 질문으로 귀결된다. "경쟁사가 돈과 사람을 아무리 투입해도, 왜 이 회사는 똑같이 되지 않는가?" 온톨로지가 만들어내는 해자는 바로 이 질문에 답하고 있다.

이를 쉽게 이해하기 위해, 먼저 물리적 해자의 대표적 역사 사례를 보자. 가장 대표적인 실사례가 오사카성의 해자이다. 16세기 말, 일본에서 가장 난공불락으로 꼽히던 성이 바로 오사카성이다. 임진왜란을 일으켰던 도요토미 히데요시의 아들, 도요토미 히데요리가 지키던 이 성의 핵심은 성벽이 아니었다. 바로 이중·삼중으로 둘러싼 해자였다. 깊고 넓은 물길, 성으로 접근할 수 있는 동선 자체를 차단, 대규모 병력이 있어도 접근·보급·포위가 불가능했다. 후일 일본을 제패한 도쿠가와 이에야스는 오사카성을 단순히 공격하지 않았다. 그는 해자를 메우는 전략을 선택했다. 이를 위해 협상으로 외곽 해자를 제거하고, 이후 내부 해자까지 단계적으로 무력화했다. 결국 성은 그대로였지만, 마침내 방어 구조가 붕괴되었다. 이 전쟁의 핵심 교훈은 분명하다. "성을 무너뜨리려면, 성을 때릴 게 아니라 해자를 무너뜨려야 한다."

오사카성, 생성 AI 이미지

유럽에서도 해자와 관련된 사례는 손쉽게 찾을 수 있다. 중세 유럽에서 가장 오래 살아남은 상업 국가 중 하나가 베네치아 공화국이다. 베네치아의 해자는 성벽도, 군대도 아니었다. 도시 전체가 바다 위에 세워진 구조, 항로·물류·금융·조선 기술이 하나의 시스템으로 연결, 외부 세력이 침입하려면 군사·상업·항해·금융을 동시에 장악해야 했다. 그래서 베네치아는 수많은 전쟁 속에서도 직접 점령당하지 않았고, 쇠퇴는 했지만 강제로 무너지지 않았다. 베네치아는 무기로도, 돈으로도 정복되지 않은 도시가 되었다. 이러한 베네치아의 해자는 물이 아니라 구조였던 것이다.

이 세 사례의 공통점

구분	공통 구조
오사카성	물리적 접근 자체를 막는 구조
베네치아	도시·상업·금융이 얽힌 시스템
온톨로지 기업	데이터·업무·판단이 얽힌 구조

공통점은 하나다. "겉모습이 아니라, 내부 구조가 해자다." 기업이 온톨로지를 도입한다는 것은 단순히 데이터 모델을 바꾸는 일이 아니다. 그 기업은 다음을 시스템에 새긴다. 업무를 바라보는 관점, 의사결정의 기준, 암묵적인 판단 규칙. 이것이 쌓이면 어떤 일이 벌어질까? 경쟁사는 데이터를 모방할 수 있다, AI 모델을 사 올 수도 있다, 컨설턴트를 데려올 수도 있다, 그러나 "그 회사가 왜 그렇게 판단하는지"는 복제할 수 없다. 이것이 바로 온톨로지가 만드는 현대적 해자다. 투자자 관점의 결론은 단순하다. 해자는 이제 더 이상 특허, 설비, 브랜드만의 문제가 아니다. 의사결정 구조 그 자체가 해자가 되는 시대다. 그리고 온톨로지는 그 해자를 가장 깊고 넓게 파는 도구다.

온톨로지 기술의 해자 조성 과정

그렇다면 이런 온톨로지 기술은 어떻게 해자를 조성하는가에 대한 궁금증이 생긴다. 전 세계 대부분의 기업은 비슷한 길을 따라 성장한다. 처음에는 매출이 늘고, 인력이 늘고, 시스템이 늘어난다. 기업의 자원을 관리하기 위해 ERP를 도입하고, 제조 및 생산의 효율화를 위해 MES를 붙이고, 영업과 원자재 관리를 위해 CRM과 SCM을 차례로 얹는다. 이 단계까지는 경쟁사와 큰 차이가 없다. 자본이 있으면 누구나 따라 할 수 있다. 문제는 그 다음 단계다.

초기 단계의 기업은 각 부서가 자신들의 데이터를 잘 관리하고 있다고 믿는다. 이는 사일로 데이터의 성장기라고 할 수 있으며 내부적으로 "우리는 숫자를 다 알고 있다."는 자신감이 넘친다. 재무팀은 ERP 숫자를 말하고, 생산팀은 MES 수치를 들고 오며, 영업팀은 CRM 리포트를 내민다. 회의실 테이블 위에는 엑셀 파일과 PPT가 쌓인다. 이 시점에서 데이터는 충분해 보인다. 하지만 중요한 질문이 나오기 시작하면, 분위기가 달라진다. "왜 이 제품의 마진이 갑자기 나빠졌지?" "이 고객 이탈은 품질 문제야, 가격 문제야?" "설비 문제인데 왜 재무에 반영이 늦었지?"

각 부서는 자신의 숫자가 맞다고 강조한다. 그러나 숫자와 숫자 사이의 연결은 아무도 설명하지 못한다. 데이터는 많지만, 회사의 상태를 하나의 그림으로 보여주지 못한다. 이때부터 기업은 보이지 않는 비용을 지불하기 시작한다. 의사결정이 느려지고, 책임은 분산되며, 문제 해결은 늘 사후적이 된다.

어느 순간, 이 기업은 깨닫는다. 문제는 데이터의 양이 아니라, 데이터를 바라보는 방식이라는 것을. 이때 온톨로지 시스템이 도입된다. 데이터를 "정리"하는 것이 아니라 "이해"하기 시작한다. 처음부터 거창하지 않다. 가장 중요한 몇 가지 질문에서 시작한다. "우리 회사에서 '주문'이란 정확히 무엇인가?" "설비 고장은 언제 '비용'이 되는가?" "품질 이슈는 어느 시점에 고객 경험으로 전이되는가?"

온톨로지는 이 질문들을 정의로 바꾼다. 사람, 설비, 제품, 주문, 사건, 시간. 이 모든 것을 단순한 테이블이 아니라 객체와 관계로 묶기 시작한다. 데이터는 더 이상 흩어진 숫자가 아니라, 맥락을 가진 구조가 된다. 처음에는 효과가 작아 보인다. 리포트 하나가 조금 빨라지고, 회의가 조금 덜 싸우게 된다. 그러나 진짜 변화는 그 다음에 온다.

온톨로지 위에 기능이 하나씩 올라간다. 품질 이슈가 발생하면, 관련 설비·작업자·자재·납품 고객이 자동으로 연결된다. 특정 고객의 불만이 늘어나면, 원인이 생산 조건인지, 물류 지연인지, 가격 정책인지 구조적으로 추적된다. 경영진은 숫자를 묻지 않고, "왜"라는 질문을 바로 던진다. 기능이 진화한다. 이 시점에서 온톨로지는 단순한 IT 시스템이 아니다. 이 기업만의 의사결정 방식, 다시 말해 사고 체계Thinking System가 된다. 새로운 직원은 이 구조를 통해 회사의 논리를 배운다. 외부 컨설턴트도 이 구조를 이해하지 못하면 의미 있는 조언을 할 수 없다.

이제 경쟁사가 움직인다. 비슷한 BI 도구를 사고, 비슷한 AI 모델을 도입하고, 더 많은 돈을 쓴다. 하지만 결과는 비슷하지 않다. 이유는 간단하다. 경쟁사는 데이터를 흉내 낼 수는 있어도, 이 기업이 수년간 쌓아온 고유한 정의, 관계, 판단 기준의 역사는 복제할 수 없다. 온톨로지는 하루 아침에 만들어지지 않는다. 실제 사건을 겪으며 정의가 바뀌고, 관계가 수정되고, 실패와 성공이 구조 안에 누적된다. 이 축적된 구조는 곧 지식 자본이 되고, 조직 기억이 된다. 외부에 대해 '해자'가 완성되어가는 중이다. 다만 이 단계에서 기업은 스스로도 빠져나오기 어렵다. 시스템을 바꾸는 것은 단순한 IT 교체가 아니라, 회사의 사고 방식을 버리는 일이기 때문이다. '락인Lock-in'의 시작이다.

투자자의 눈으로 보면, 이 구조는 명확한 신호를 보낸다. 이 기업은 위기 대응 속도가 빠르다. 설명 가능한 의사결정을 한다. 인력이 바뀌어도 판단의 일관성이 유지된다. AI, 자동화, 에이전트를 붙일 준비가 이미 되어 있다. 온톨로지를 가진 기업은 같은 시장, 같은 자본, 같은 기술에서도 전혀 다른 결과를 만든다. 그리고 이 차이는 재무제표에 바로 나타나지 않는다. 대신 지속적인 성과 차이로 천천히 드러난다. 그래서 온톨로지는 기술이 아니라 권력이다. 현실을 정의하고, 연결하고, 해석할 수 있는 권력. 이 권력을 먼저 가진 기업은, 경쟁사가 아무리 돈을 퍼부어도 항상 한 발 앞에서 의사결정을 내린다. 그리고 투자자는 결국 이 차이를 보게 된다. '보이지 않는 지배력', 가장 강력한 해자를.

회사는 숫자가 아니라
'가정 Assumption' 위에서 운영된다

기업은 숫자로 운영되는 것처럼 보인다. 매출, 이익, 원가, 성장률, 점유율. 회의실에서 오가는 거의 모든 말은 숫자로 시작하고 숫자로 끝난다. 그래서 많은 CEO와 투자자는 이렇게 믿는다. "우리는 숫자를 보고 판단한다." 그러나 이것 역시 착각이다. 회사는 숫자가 아니라, 숫자 아래에 숨어 있는 '가정' 위에서 운영된다. 숫자는 결과일 뿐이고, 의사결정의 출발점은 언제나 가정이다. 문제는 대부분의 조직이 자신들이 어떤 가정을 쓰고 있는지조차 모른다는 점이다. 결론적으로 숫자는 중립적이지 않다.

하나의 숫자를 보자. 매출 10% 감소. 이 숫자는 중립적으로 보이지만, 실제로는 이미 수많은 가정을 내포하고 있다. 이 감소는 일시적인가? 구조적인 변화인가? 특정 고객군의 문제인가? 가격 때문인가, 서비스 때문인가? 외부 요인인가, 내부 요인인가? 숫자 자체는 아무 말도 하지 않는다. 숫자를 해석하는 순간, 가정이 개입된다. 그리고 조직은 대부분 이 가정을 명시하지 않은 채 의사결정을 내린다.

회사 내부의 보이지 않는 가정들을 아는가? 대부분의 기업에는 암묵적인 가정들이 존재한다. "고객은 가격에 민감하다." "이 공정의 지연은 현장 문제다." "리스크는 비용으로 환산할 수 있다." "이탈은 어쩔 수 없는 현상이다." "매출이 늘면 이익도 는다." 이 가정들은 문서로 적혀 있지 않다. 하지만 모든 보고서, 모든 KPI, 모든 회의의 전제가 된다. 그리고 이 가정이 틀리면, 숫자가 아무리 정확해도 결론은 항상 틀린 방향으로 간다.

그렇다면 가정은 왜 위험한가? 가정의 가장 큰 문제는, 검증되지 않은 채 고정된다는 점이다. 한 번 조직의 상식이 되면, 누구도 그 가정에 의문을 품지 않는다. 데이터는 그 가정을 '증명하는 방향'으로만 사용된다. 반례는 무시되거나 예외로 처리된다. 이때 조직은 스스로를 이렇게 속인다. "데이터가 그렇게 말하고 있다." 하지만 실제로는 데이터가 아니라, 가정이 데이터를 선택하고 해석하고 있는 것이다.

앞선 벨라로마 사례의 경우 숫자는 맞았지만, 가정이 틀렸다. 벨라로마 실험에서 초기 가정은 단순했다. 매출 감소 = 고객 수 감소, 고객 수 감소 = 경쟁 증가 또는 가격 문제. 그래서 처음에 나온 대응은 할인, 프로모션, 메뉴 변경이었다. 숫자는 분명했다. 방문객 수는 줄었고, 객단가도 하락하고 있었다. 그러나 온톨로지 기반으로 관계를 다시 그리자, 전혀 다른 가정이 드러났다. 고객 수는 크게 줄지 않았다. 문제는 체류 시간 증가 → 회전율 감소 → 대기 불만 → 재방문 감소였다. 즉, 기존 가정은 "수요 문제"였지만, 실제 문제는 "운영 구조 문제"였다. 숫자는 같았지만, 가정이 바뀌자 해석과 대응이 완전히 달라졌다.

그렇다면 가정은 언제 숫자로 둔갑하는가? 가정이 가장 위험해지는 순간은, 숫자로 굳어질 때다. 예를 들어 보자. "리스크는 비용이다." "지연은 일정 문제다." "품질은 불량률이다." 이 문장들은 모두 가정이다. 하지만 KPI로 정의되는 순간, 조직은 이를 사실로 받아들인다. 그리고 그 가정에 더 이상 의심을 품지 않는다. 온톨로지가 없는 조직에서는 이런 가정들이 엑셀의 셀 안에서 굳어버린다. 그렇기에 온톨로지는 '가정을 드러내는 장치'가 된다. 온톨로지의 핵심 역할 중 하나는 조직의 가정을 명시화하는 것이다.

리스크는 비용인가, 확률인가? 매출은 주문 시점인가, 납품 시점인가? 고객 이탈은 사건인가, 상태인가? 성과는 결과인가, 과정인가? 이 질문들은 기술적 질문처럼 보이지만, 본질은 경영 철학에 대한 질문이다. 온톨로지를 설계한다는 것은 회사가 어떤 가정을 공식적으로 채택할 것인지를 결정하는 행위다. 잘 생각해 보면 판단 AI는 가정을 먹고 자란다. AI는 중립적이지 않다. 앞선 인간의 뇌 활동에서 살펴봤듯이 AI는 가정 위에서만 작동한다.

어떤 변수를 중요하게 볼 것인가, 어떤 관계를 원인으로 볼 것인가, 어떤 시나리오를 우선 고려할 것인가? 이 모든 것은 가정의 문제다. 온톨로지가 없는 AI는 조직의 가정을 알지 못한 채, 통계적으로 그럴듯한 답을 만들어낸다. 반대로 온톨로지가 있는 AI는 회사가 채택한 가정의 범위 안에서만 판단한다. 그래서 온톨로지가 없는 AI는 위험하고, 온톨로지가 있는 AI는 책임질 수 있다.

가정이 바뀌면, 회사가 바뀐다. 회사의 전략은 숫자가 아니라 가정에서 나온다. 우리가 믿는 고객은 누구인가, 우리가 두려워하는 리스크는 무엇인가, 우리가 중요하게 여기는 시간은 언제인가? 이 가정들이 바뀌지 않는 한, 아무리 많은 데이터와 AI를 도입해도 회사는 근본적으로 변하지 않는다. 결국 숫자 아래를 보지 못하면 회사는 같은 실수를 반복한다. 숫자는 거짓말을 하지 않는다. 하지만 숫자 아래에 숨은 가정은 언제나 우리를 배신할 수 있다. 이제 이해됐을지 모르겠지만 온톨로지는 데이터를 정리하는 기술이 아니다. 조직의 가정을 드러내고, 고정하고, 필요하면 다시 설계하는 도구다.

이탈리안 레스토랑 '벨라로마 Bella Roma' 의 해자

현명한 투자자라면 왜 이 구조가 해자Moat가 되는지 이해해야 한다. 앞선 벨라로마 실험의 예를 통해 구체적으로 살펴 보자.

투자자가 보는 진짜 경쟁력은 '기능'이 아니다. 투자자들이 반복해서

속아 온 질문이 있다. "기술이 좋은가?", "모델 성능이 더 좋은가?", "제품의 기능이 더 많은가?" 하지만 장기 수익을 만든 기업들은 이 질문과 전혀 다른 차원에 있었다. 전세계적 ERP 시스템 공급회사인 SAP는 기능이 아니라 회계 세계관을 팔았다. 금융언론사 Bloomberg는 데이터가 아니라 금융 해석 방식을 팔았다. 모두가 알다시피 팔란티어는 AI가 아니라 판단 구조를 팔고 있다. 해자는 기술이 아니라 '사고방식의 고정'에서 만들어진다

앞서의 벨라로마 실험에서 드러난 본질 및 확인된 사실은 명확하다. 데이터는 누구나 가질 수 있다. 분석 모델도 결국 평준화된다. 생성형 AI는 누구나 붙일 수 있다. 그럼에도 불구하고, "왜 어떤 조직은 빠르게 정확한 결정을 내리고, 어떤 조직은 같은 질문을 계속 반복하는가?" 그 차이는 판단이 일어나는 구조에 있다는 점이다.

온톨로지는 '의사결정 운영체제os'다. 투자자 관점에서 온톨로지는 다음과 같이 정의된다. 온톨로지 = 기업의 의사결정 운영체제. 어떤 개념을 중요하게 보는가, 무엇을 원인으로 간주하는가, 어떤 규칙을 우선 적용하는가, 어떤 시나리오를 "합리적"이라고 판단하는가? 이 모든 것이 시스템 안에 고정된다. 이 순간부터 기업은 사람이 아니라 구조로 생각하고 작동한다

온톨로지가 해자가 되는 첫 번째 이유는 학습 불가능한 자산이기 때문이다. 일반적인 소프트웨어는 경쟁사가 이런 순서로 따라온다. 기능 분석, UI 모방, 가격 경쟁, 대체 가능. 그러나 온톨로지 기반 시스템은 다르다. 경쟁사가 따라 하려면 그 회사가 고객을 어떻게 정의하는지, 매출을 언제 발생한다고 보는지, 리스크를 비용으로 보는지 확률로 보는지, 실패

를 개인 문제로 보는지 구조 문제로 보는지 등 이 모든 암묵지Implicit Knowl-edge를 다시 설계해야 한다. 기술 복제는 가능해도, 사고방식 복제는 불가능하다

해자가 되는 두 번째 이유는 이탈 비용이 아니라 '이탈 불능성'에서 찾을 수 있다. SaaS(Software as a Service, 서비스형 소프트웨어)는 흔히 "전환 비용Switching Cost"을 말한다. 하지만 온톨로지는 그 단계를 넘어선다. 온톨로지를 버린다는 것은 시스템을 바꾸는 것이 아니다. 데이터 마이그레이션 문제가 아니다. UI 불편의 문제가 아니다. "우리가 세상을 해석하던 방식 자체를 폐기하는 것" 즉, 기존 KPI는 무력화되고, 기존 판단 기준은 붕괴되며, 기존 의사결정 기록은 의미를 잃는다. 그래서 고객은 떠나지 않는다. 떠날 수 없다.

해자가 되는 세 번째 이유로 조직이 플랫폼에 종속되는 것을 꼽을 수 있다. 온톨로지 기반 시스템이 깊어질수록 벌어지는 현상으로 회의 방식이 바뀐다, 보고서 구조가 바뀐다, 질문의 형태가 바뀐다, "왜?"를 묻는 방식이 바뀐다. 결과적으로, 조직의 사고 회로가 플랫폼에 맞춰 재배선된다. 이 시점부터 고객은 사용자User가 아니라 플랫폼 내부 생태계 구성원이 된다. 이는 어찌 보면 투자자 입장에서 가장 강력한 락인 구조다.

이 시점이 되면 재무적으로 드러나는 해자의 징후가 있다. 온톨로지 기반 기업은 재무 지표에서도 다른 것이다. 고객 유지율Net Revenue Retention 상승, 장기 계약 비중 상승, 서비스 확장 매출 상승, 기능 추가보다 관계 확장이 매출을 만든다. 즉, 매출은 기능이 아니라 '의사결정 깊이'에 비례한다. 그렇기에 투자자의 질문은 이렇게 바뀌어야 한다. "AI 모델이 무엇인가?" "데이터가 얼마나 많은가?"가 아니라 "이 회사는 세상을 어떻게 정

의하고 있는가?”, “그 정의가 시스템 안에 고정되어 있는가?”, “고객의 사고방식이 플랫폼에 종속되어 있는가?”라고 물어야 한다. 이 질문에 “예.”라고 답할 수 있다면, 그 기업은 이미 해자를 구축하고 있다.

결국 벨라로마의 해자는 '맛'이 아니라 '판단 구조'였다. 겉으로 보기에 벨라로마는 특별할 것이 없는 이탈리안 레스토랑이었다. 다른 식당들과 비슷한 메뉴, 비슷한 가격대, 비슷한 입지의 경쟁 식당들은 언제든 생겨날 수 있었다. 그러나 벨라로마 실험이 보여준 진짜 해자는 음식도, 인테리어도, 마케팅도 아니었다. 해자는 “왜 매출이 줄었는가?”라는 질문에 누구보다 빠르고, 정확하고, 재현 가능한 방식으로 답할 수 있는 구조였다. 벨라로마가 온톨로지 기반 판단 구조를 갖추기 전에는, 매출 감소라는 현상 앞에서 누구도 확신을 갖지 못했다. 날씨 탓일 수도 있었고, 가격 문제일 수도 있었으며, 직원 서비스나 외부 경쟁 요인일 가능성도 있었다. 이 단계에서의 판단은 늘 추측이었고, 실행은 늦었으며, 결과는 운에 가까웠다.

그러나 온톨로지 기반 구조가 도입되자 상황은 완전히 달라졌다. '방문Visit → 체류 시간 → 주문 전환 → 객단가 → 매출'이라는 명확한 인과 구조 위에서, 날씨·요일·직원 배치·메뉴 구성·외부 이벤트 같은 변수가 어디에서 어떤 영향을 미치는지 즉시 추적 가능해졌다. 그 결과 벨라로마는 “매출이 줄었다.”는 현상을 두고 회의하지 않았다. 대신 “어떤 방문 유형에서 전환율이 깨졌는가?”, “그 원인이 인력 배치인지, 메뉴 구성인지, 외부 환경인지”를 구조적으로 확인하고 바로 조정할 수 있었다.

여기서 투자자가 반드시 이해해야 할 핵심은 이것이다. 이 구조는 한 번 작동하기 시작하면, 다른 선택지를 원천적으로 무의미하게 만든다. 경쟁 레스토랑이 똑같은 메뉴를 따라 하고, 비슷한 가격 전략을 쓰고, 마케팅 비용을 더 쏟아부을 수는 있다. 그러나 벨라로마가 '어떻게 판단하고 행동하는지'까지 복제하는 것은 불가능하다. 왜냐하면 그것은 시스템의 문제가 아니라, 그 레스토랑이 세상을 해석하는 방식 자체이기 때문이다.

벨라로마의 해자는 결국 고객 데이터도 아니고, AI 모델도 아니었다. "질문 → 원인 → 실행 → 검증"이 자동으로 이어지는 판단 구조, 즉 온톨로지 기반 의사결정 체계 그 자체였다. 이것이 바로 투자자가 주목해야 할 진짜 해자다. 눈에 보이지 않지만, 한 번 형성되면 경쟁자가 돈으로도, 시간으로도, 인력으로도 쉽게 넘어올 수 없는 구조적 방어선이다. 벨라로마 실험은 단순한 레스토랑 사례가 아니다. 이는 미래의 기업 가치가 '무엇을 파느냐?'가 아니라 '어떻게 판단하느냐?'에 의해 결정될 것임을 보여주는 축소판이다.

Case Study 5

핀테크 분야 : "혼자서는 정상, 함께 보면 사기"

어느 날 한 금융 앱에서 소액 송금이 연속으로 발생했다. 금액은 작았고, 시간 간격도 불규칙했다. 단일 거래만 보면 모두 정상 범위였다. 기존의 규칙 기반 시스템은 아무런 경고를 울리지 않았다. 그러나 온톨로지 기반 FDS(Fraud Detection System, 사기탐지시스템)는 다른 질문을 던지고 있었다. '이 거래들은 서로 어떤 관계에 있는가?'

송금 계좌들은 서로 다른 사람의 이름을 가지고 있었지만, 몇 가지 공통점이 있었다. 동일한 기기에서 접속했고, 유사한 시간대에 활성화되었으며, 자금은 항상 같은 방향으로 흘러갔다. 이 계좌들은 서로를 직접 참조하지 않았지만, 관계망 안에서는 하나의 구조를 이루고 있었다. 이 구조가 완성되는 순간, 시스템은 더 이상 금액을 보지 않았다. 대신 흐름을 보았다. 자금이 어디에서 시작되어, 어떤 경로를 거쳐, 어디로 모이는지를 보았다. 경고는 거래 단위가 아니라 관계 단위로 발생했다. 사용자는 아무 일도 모른 채 보호되었고, 사기는 조용히 막혔다. 이 판단은 '이상 거래'가 아니라 '이상 구조'를 감지한 결과였다.

국내에서 팔란티어 도입 및 협력한 주요 기업들

최근 뉴스를 보다 보면 국내에서도 팔란티어의 온톨로지 시스템을 도입한 기업들이 여럿 나오고 있다. 아직까지는 도입 검토 및 개념 검증 차원의 단계라고 하더라도 이들 기업의 현재와 온톨로지 시스템 도입 이후의 변화에 대해 투자자들은 눈을 크게 뜨고 지켜봐야 함은 자명하다고 할 수 있다. 언론에 보도된 각 산업별 주요 기업들의 관련 내용을 살펴보자.

우선 대한민국의 통신 대기업인 KT다. KT는 2025년 3월 미국 팔란티어 Technologies와 전략적 파트너십을 체결하며 한국 기업으로는 처음으로 팔란티어의 글로벌 파트너 네트워크에 합류했다. KT는 팔란티어의 Foundry 및 AIP AI Platform 기술을 자체 사업 환경에 통합하여 AI 트랜스포메이션AX 추진 기반을 마련하고 있다. 특히 데이터 통합 + AI 기반 의사결정, 클라우드 기반 플랫폼 구축에 팔란티어 솔루션을 적용하고 있으며, 향후 금융·제조·공공서비스 등 다양한 산업 분야로 확산을 계획 중이다. KT의 경우 통신, 네트워크, 고객, 설비, 서비스 운영 등 조직 전체가 서로 다른 데이터 사일로로 분절되어 있다. 팔란티어 도입은 데이터를 단순 모으는 것이 아니라, 조직 전반을 아우르는 공통된 의미 단위(객체 및 관계)를 정의하고, 이를 기반으로 의사결정의 질을 높이는 데 초점을 맞췄다는 점에서 온톨로지가 본질적으로 필요했다. 이는 단순 데이터 레이크 구축이 아니라, 회사 전체의 '데이터 언어'를 표준화하는 작업임을 의미한다.

조선·중공업 분야의 강자인 HD현대 역시 팔란티어를 도입했다. HD현대는 팔란티어와 협력하여 선박 설계, 제조, 운영에 AI 기반 의사결정 플랫폼을 구축하고 있다. 이는 단순 데이터 분석이 아니라 대규모 제조·안전·운영 최적화를 목표로 하는 프로젝트이다. 디지털 트윈 및 생산 라인 자동화, 안전 및 품질 데이터 분석, 설계 단계부터 생산·후속 운영까지의 전사 데이터의 일관성을 확보할 수 있다. 조선업의 의사결정은 설계 ⇄ 생산 ⇄ 자재 ⇄ 안전 ⇄ 환경과 같이 매우 다양한 도메인 간 상호작용에 의해 이루어진다. HD현대의 팔란티어 도입은 이질적인 데이터들을 단일 구조로 연결하여, 모든 단계에서 공통된 해석이 가능하도록 만든 사례이다. 이것이 바로 온톨로지를 통해 얻는 정합성Consistency과 통합 해석력이라고 할 수 있다.

방산·국방 산업 분야에서는 LIG넥스원이 앞서가고 있다. LIG넥스원은 팔란티어와 협력하여 빅데이터 플랫폼을 미래 무기 체계 개발에 활용하는 프로젝트를 진행했다. 이는 주요 무기 시스템, 레이더·위성·전자전EW/EMSO과 같은 전투 시스템 데이터의 통합 분석 및 의사결정 지원 목적이다. 군사 시스템의 실시간 데이터 통합, 센서·추적·위협 평가 데이터의 연결, 전술, 운영적 의사결정 고도화에 적용된다. 방산 분야의 데이터는 매우 고도로 구조화된 정보로 다양한 센서, 시스템 간의 복잡한 관계를 갖고 있다. 온톨로지는 이런 전술적 관계의 의미를 코드화하고 실시간 의사결정에 반영하기 위한 기반으로 활용된다.

건설·엔지니어링 분야에서는 DL E&C와 두산인프라코어가 도입 중이다. 국내 건설, 엔지니어링 업계에서도 팔란티어 솔루션이 도입되어 전사 데이터 통합, 고객, 설계, 시공, 품질, 안전 데이터를 하나의 플랫폼에서 시각화하고 분석을 해냈다. 특히 DL E&C는 건설 산업 최초의 팔란티어 기반 데이터 플랫폼을 구축한 사례로 알려져 있다. 건설 현장은 설계 변경, 자재 수급, 안전 리스크, 작업자 동선처럼 다양한 맥락을 고려한 판단이 필수인 분야이다. 온톨로지를 통해 "어떤 상황에서 어떤 데이터가 왜 중요한가?"를 정의함으로써 프로젝트 전 단계에서 의사결정의 기준을 명확히 했다는 점이 핵심이다.

이들 사례는 국내 기업이 글로벌 수준의 온톨로지 기반 데이터 인프라를 실제로 구현하고 있다는 증거이며, 도입, 확장 과정에서의 어려움과 보안, 운영 측면의 시사점을 함께 보여준다. 그렇다면 왜 팔란티어 도입 사례가 투자 관점에서 중요한가?

첫째, 이들 도입 기업들은 기존 사일로 시스템ERP/MES/SCM을 넘어서 서로 다른 데이터의 의미, 관계를 통합하여 데이터 기반 의사결정 체계를 구축하고 있다. 이것은 단순 DBMS나 BI 도구가 아니라 판단을 구조화하는 '온톨로지 플랫폼'이라는 점에서 경쟁 우위로 작용한다. 단순 데이터 저장 구조를 판단 기반 플랫폼으로 전환시킨 것이다.

둘째, 팔란티어의 플랫폼은 전 세계 정부·기업이 채택하는 플랫폼이며 보안, 규모, 연결성, 실시간성 측면에서 엔터프라이즈 최상위 레벨이다. 국내 대기업들이 이를 도입했다는 것은 한국 기업의 DX(디지털 전환) 수준이 글로벌 스탠다드에 부합한다는 강력한 신호이다. 글로벌 수준의 기술 스탠다드를 확보했다고 볼 수 있다.

마지막으로 일반적인 데이터 분석 시스템은 보고용 통계에 머물지만 온톨로지 기반 시스템은 전사적 의사결정 권한의 기준을 제공할 수 있는 구조이다. 즉, 뛰어난 플랫폼 자체가 아니라, 그 위의 '판단 구조'가 투자 가치일 수 있다. 온톨로지 기반 판단 시스템이 곧 기업의 '해자'이기 때문이다.

Lock-in 효과의 실체 : 왜 이 기업은 시스템을 못 바꾸는가

많은 투자자가 온톨로지 기반 기업을 보며 이렇게 생각한다. "저 시스템, 다른 솔루션으로 바꾸면 되지 않나?" 현실은 정반대다. 온톨로지가 작동하기 시작하면, 기업은 더 이상 특정 툴에 묶이지 않는다. 오히려 자신의 사고 구조에 묶인다. 업무 용어가 통일되고, 보고 기준이 고정되며, 의사결정 경로가 명확해진다. 이 상태에서 시스템을 바꾼다는 것은 툴을 교체하는 것이 아니라 회사의 세계관을 다시 정의하는 일이다. 그래서 쉽게 바꾸지 못한다. 이것이 진짜 '락인Lock-in'이다.

온톨로지 락인은 계약서에 적힌 위약금이나 기술적 종속에서 시작되지 않는다. 그보다 훨씬 깊은 곳, 의사결정 방식 자체가 바뀌는 순간부터 시작된다. 한 번 온톨로지 기반 시스템으로 의사결정을 내리기 시작한 기업은, 단순히 "더 싼 솔루션"이나 "더 유명한 벤더"로 갈아탈 수 없다. 왜냐하면 그 기업은 이미 세상을 이해하는 방식 자체를 바꿨기 때문이다. 이러한 락인 효과는 기업을 어떻게 변화시키는가?

락인 효과의 5단계 변화

1단계	2단계	3단계	4단계	5단계
"보고서"가 아니라 "판단 근거"	조직의 공통 언어 변화	"과거 데이터"가 아니라 "학습된 구조"	의사결정 속도의 비가역성	책임 구조의 변화

첫 번째 락인은 "보고서"가 아니라 "판단 근거"가 남기 시작한다는 점에서 시작된다. 초기에는 대부분의 기업이 같은 방식으로 출발한다. ERP, MES, SCM 데이터는 따로 존재하고 회의 때마다 각 부서가 자기 숫자를 들고 온다. 결론은 경험 많은 임원의 직감으로 내려진다. 그러다 온톨로지 시스템이 도입되면, 첫 변화는 의외로 소소하다. "왜 그런 결정을 했는지가 시스템에 기록되기 시작한다."

A 제조기업의 사례를 보자. 이 회사는 설비 투자 여부를 결정할 때, 과거에는 매출 전망 + 임원 판단으로 결론을 냈다. 하지만 온톨로지 도입 이후에는 다음과 같은 질문이 자동으로 따라붙기 시작했다. 이 설비가 영향을 주는 제품군은 무엇인가, 그 제품군의 불량 원인은 설비 요인인가, 공정

요인인가, 해당 고객의 클레임과 어떤 관계가 있는가? 이 질문에 대한 답은 보고서가 아니라 시스템 안의 연결 관계로 남는다. 이 순간부터 락인이 시작된다. 왜냐하면 다른 솔루션으로 넘어가는 순간, 이 기업은 다시 "왜 그렇게 결정했는지 설명할 수 없는 조직"으로 돌아가야 하기 때문이다.

두 번째 락인은 조직의 공통 언어가 바뀐 시점부터다. 온톨로지 기반 시스템이 일정 기간 운영되면, 회의실에서 사용하는 언어 자체가 달라진다. "매출이 떨어졌다."가 아니라 "A 고객군에서 B 조건이 발생했을 때 이탈이 시작됐다.", "원가가 올랐다."가 아니라 "이 공정 – 이 자재 – 이 설비 조합에서 비용이 누적된다."는 대화가 오고 간다.

이 언어는 단순한 표현이 아니다. 조직이 현실을 해석하는 문법이다. B 유통기업의 사례를 보자. 이 회사는 온톨로지 도입 이후, 마케팅·물류·재무 회의에서 같은 질문을 같은 단어로 하기 시작했다. 그 결과 신입 임원조차도 "왜 이 결론이 나왔는지"를 과거보다 훨씬 빠르게 이해할 수 있었다. 이 상태에서 다른 솔루션으로 넘어간다는 것은 무엇을 의미할까? 언어가 다시 부서별로 갈라지고, 설명이 늘어나며, 회의 시간이 길어지고, 결정은 다시 '사람'에게 의존하게 된다. 즉, 조직의 지능 수준을 의도적으로 낮추는 선택이 된다. 이 선택을 감행할 CEO는 거의 없다.

세 번째 락인이 나타난 후 새로운 솔루션이나 시스템을 고려하게 되면 "과거 데이터"가 아니라 "학습된 구조"를 잃게 된다. 많은 사람들이 착각하는 것이 있는데, "데이터는 옮기면 되지 않느냐?"고들 한다. 하지만 온톨로지 시스템에서 중요한 것은 데이터가 아니다. 데이터 위에 쌓인 해석의 구조다.

C 기업의 사례를 보자. 이 회사는 3년간 온톨로지 기반으로 다음과

같은 것을 축적했다. 어떤 이벤트가 발생하면 어떤 지표가 먼저 흔들리고 어느 시점에 의사결정을 해야 손실이 최소화되는지. 이것은 엑셀 파일이나 테이블로 백업할 수 없다. 왜냐하면 이는 관계, 조건, 맥락의 집합이기 때문이다. 다른 솔루션으로 넘어간다는 것은 이 기업이 지난 3년간 쌓아온 집단적 사고의 지도를 버리는 일이다. 그래서 실제로는 이런 일이 벌어진다. "갈아타자."는 이야기가 나오면, 가장 먼저 반대하는 사람은 IT가 아니라 현업 임원이다.

의사결정 속도의 비가역성이 일어나면 네 번째 락인이 된 것이다. 온톨로지 기반 시스템의 가장 치명적인 락인은 속도다. 문제 인식, 원인 파악, 시나리오 비교, 실행. 이 전 과정이 하나의 구조 안에서 이루어진 경험을 한 조직은 다시 느린 의사결정으로 돌아갈 수 없다.

D 기업의 CFO는 이렇게 말했다. "이전에는 숫자를 맞추는 데 2주, 지금은 결론을 고민하는 데 2주를 씁니다." 이 차이를 경험한 조직은 다른 솔루션의 UI가 아무리 예쁘고 가격이 싸도 돌아가지 않는다. 왜냐하면 그 솔루션은 결국 결정의 속도를 되돌려 놓기 때문이다.

마지막 락인은 무엇인가? 바로 책임 구조의 변화이다. 온톨로지 기반 의사결정은 한 가지를 바꾼다. 책임이 개인이 아니라 구조에 귀속된다. "누가 틀렸는가?"가 아니라, "어떤 가정이 틀렸는가?"를 묻게 된다. 이런 기업의 문화는 조직을 훨씬 안정적으로 만든다. 그리고 이 문화를 가진 기업은 다시 정치적 보고서와 감각적 판단의 시대로 돌아가지 않는다.

결국 온톨로지 락인은 기술이 아니라 '되돌릴 수 없는 선택'이다. 온톨로지 락인은 비용, 계약, 기술 때문이 아니다. 의사결정의 기준이 바뀌었기 때문에 생긴다. 판단의 근거가 남고, 언어가 통일되고, 조직이 학습하고, 결정 속도가 빨라지고, 책임이 구조화된다. 이 다섯 가지를 한 번 경험한 기업은 다른 솔루션으로 "갈아타는" 것이 아니라 스스로 퇴화하는 선택을 해야만 한다. 그래서 온톨로지의 락인은 조직 내부적으로도 해자라고 할 수 있다. 그리고 투자자의 눈에는 이것이 곧 권력으로 보인다.

어느새 시스템 안에 들어가 있는 '회사 자신'

왜 이 기업들은 시스템을 '못' 바꾸게 되는가? 앞선 국내의 온톨로지 도입 기업들은 도입 초기에는 "분석 툴 하나 더 쓰는 것"처럼 시작하지만, 운영 단계에 들어가면 "회사가 생각하는 방식 자체가 이 시스템에 고정"된다. 아래는 이 기업들이 공통적으로 거치게 되는 3단계 락인 경로다.

3단계 락인 경로

1단계 : 도입 시점	2단계 : 운영 시작	3단계 : 락인 완성
'데이터를 보는 실험' (PoC 단계)	질문이 시스템에 고정되기 시작하다 (온톨로지 형성 단계)	의사결정의 기억이 시스템에 남다

1단계 : 도입 시점 - '데이터를 보는 실험' (PoC 단계)

온톨로지 기반 시스템이 처음 도입되는 시점은 대개 '혁신'의 순간이라기보다 비교적 소박한 문제의식에서 출발한다. 대부분의 기업은 이미 ERP, MES, PLM, CRM, SCADA 등 핵심 운영 시스템을 충분히 갖추고 있다. 데이터의 양이 부족해서가 아니라, 오히려 데이터는 넘쳐나지만 정작 중요한 질문 하나에 명확한 답을 얻지 못하는 상태가 문제의 본질이다. 이 단계에서 기업이 시스템 도입을 결정하는 명분은 대체로 비슷하다. "AI로 데이터를 한번 엮어보자.", "의사결정 속도를 조금이라도 올려보자.", "시나리오 기반 시뮬레이션이 가능할까?"와 같은 질문들이 경영진 회의에서 오르내린다. 즉, 아직은 전사적 전환이나 구조 개편이 아니라 '데이터를 조금 더 잘 보려는 실험'에 가깝다.

각 기업의 산업 분야에 따라 이 실험은 서로 다른 형태로 나타날 수 있다.

통신 기업의 경우, 네트워크 품질 지표, 장애 이력, 고객 민원 데이터, 그리고 투자 계획 데이터가 서로 분리된 채 운영되고 있다. 이로 인해 "특정 지역에 대한 네트워크 품질 투자가 실제로 매출 증가나 고객 이탈 감소로 이어지는가?"라는 질문에 명확한 답을 내리기 어려운 상황이었다.

조선·중공업 분야 기업은 조선·에너지·중공업 프로젝트별로 원가, 납기, 리스크 정보가 단절되어 있다. 프로젝트 관리 경험은 풍부했지만, "어떤 리스크가 실제 손실로 연결되는가?"를 사전에 구조적으로 판단하기는 쉽지 않았다.

방산·국방 산업 분야 기업은 방산 사업 특성상 일정 지연, 원가 초과, 기술적 불확실성, 정책 및 규제 리스크가 복합적으로 얽혀 있다. 여기서 던져진 질문은 단순했다. "이 지연의 진짜 원인은 기술 문제인가, 공급망 문제인가, 아니면 규제 환경의 변화인가?"

건설 산업 분야의 기업 역시 현장별로 공정, 원가, 안전 데이터가 각기 다른 체계로 관리되고 있다. 그 결과 "이 현장의 위험은 사고 발생 확률의 문제인가, 아니면 비용 리스크로 전이될 가능성의 문제인가?"라는 질문에 대해 조직 내 합의된 답을 갖기 어려웠다.

엔지니어링 분야 기업의 경우, 장비 운영 데이터와 글로벌 서비스 데이터가 분리되어 관리되면서 "장비 고장이 언제, 어떤 조건에서 실제 고객 불만과 계약 손실로 이어지는가?"를 구조적으로 파악하는 데 한계가 있었다.

이러한 PoC 단계에서 기업들은 아직 특정 시스템에 '묶여 있다'고 느끼지 않는다. 락인은 존재하지 않는다. 경영진과 실무자들이 체감하는 변화는 대체로 이 정도다. "기존 BI보다 조금 더 똑똑하네." 그러나 바로 이 지점이 이후 되돌릴 수 없는 변화가 시작되는 출발선이 된다.

2단계 : 운영 시작 - 질문이 시스템에 고정되기 시작하다 (온톨로지 형성 단계)

운영 단계에 들어서면서부터 결정적인 변화가 시작된다. 이 시점 이후 온톨로지 기반 시스템은 더 이상 단순히 데이터를 연결하는 도구가 아니다. 시스템은 점차 회사가 세상을 바라보는 질문의 구조 자체를 고정하기 시작한다. 다시 말해, 무엇을 보고 무엇을 판단할 것인가에 대한 기준이 기술이 아닌 구조로 자리 잡는다.

가장 먼저 일어나는 변화는 '객체의 정의'다. 고객, 프로젝트, 장비, 계약, 리스크, 이벤트와 같은 개념들이 더 이상 부서별 용어로 흩어져 존재하지 않는다. 이들은 시스템 안에서 회사 전체가 공유하는 공통 언어로 정의된다. 같은 '고객'이라는 단어가 영업, 운영, 재무에서 서로 다른 의미로 쓰이던 상태는 점차 사라진다.

다음으로 고정되는 것은 '관계'다. 단순한 데이터 나열이 아니라, 사건과 사건 사이의 인과 흐름이 구조로 명시된다. 예를 들어, "장비 고장 → 현장 지연 → 고객 불만 → 매출 영향"이라는 흐름이나 "공정 지연 →

비용 증가 → 수익성 하락"과 같은 연결 관계가 시스템에 내재화된다. 이 순간부터 데이터는 더 이상 개별 숫자가 아니라, 연결된 이야기가 된다.

이 과정에서 '판단 기준 자체'가 코드와 구조로 굳어진다. 리스크는 비용으로 정의되는가, 아니면 확률로 관리되는가? 지연은 기술 문제인가, 운영 문제인가? 이전에는 회의실에서 사람마다 다르게 해석되던 판단 기준이 이제는 시스템 안에서 일관된 방식으로 작동한다. 이러한 변화는 기업별로 서로 다른 락인 포인트를 만들어낸다.

통신 기업의 경우, 네트워크 투자 판단의 기준이 기술 지표 중심에서 벗어나 고객 이탈과 매출 영향이라는 경영 기준으로 고정되기 시작한다. 투자 결정은 더 이상 '품질이 몇 퍼센트 개선되었는가?'가 아니라 '이 개선이 실제 사업 성과로 이어지는가?'를 중심으로 이루어진다.

조선·중공업 분야 기업에서는 프로젝트 관리의 중심축이 일정 관리에서 리스크 전파 구조로 이동한다. 하나의 리스크가 어디로 확산되고, 어떤 손실로 이어질 수 있는지가 관리의 핵심 기준이 된다.

방산·국방 산업 분야 기업은 보고서 중심의 사후 관리에서 벗어나, 시나리오 기반 의사결정 체계로 전환된다. 일정, 원가, 정책, 기술 리스크가 서로 어떤 조건에서 결합되는지를 사전에 검토하는 구조가 형성된다.

건설 산업 분야의 기업은 현장 보고 위주의 관리 체계에서 벗어나, 위험을 조기에 감지하고 경고하는 구조로 전환된다. 사고가 발생한 뒤 보고하는 조직에서 사고 가능성을 먼저 드러내는 조직으로 바뀌는 것이다.

마지막으로 엔지니어링 분야 기업의 경우, 장비 운영 데이터는 더 이상 유지보수 기록에 머무르지 않는다. 이 데이터는 서비스 수익을 예측하는 핵심 자산으로 재정의된다.

바로 이 시점부터 기업 내부에서는 새로운 질문이 등장한다. "이걸 다른 툴로 옮기면, 우리는 무엇을 기준으로 판단해야 하지?" 시스템을 바꾸는 문제는 더 이상 기술 선택의 문제가 아니다. 회사가 이미 익숙해진 판단의 기준과 사고 구조를 다시 정의해야 하는 문제로 바뀐다. 이 순간이 바로 락인이 시작되는 지점이다.

3단계 : 락인 완성 - 의사결정의 기억이 시스템에 남다

락인이 완성되는 지점은 단순히 시스템 사용 기간이 길어졌을 때가 아니다. 진짜 이탈 불가능성은 의사결정의 기억이 시스템 안에 축적되기 시작할 때 발생한다. 이 단계에 이르면, 과거의 판단 맥락이 하나씩 시스템에 저장된다. 단순한 결과값이 아니라, 왜 이 결정을 내렸는지, 어떤 가정을 전제로 했는지, 그리고 수많은 선택지 중 어떤 시나리오를 버렸는지까지 함께 기록된다. 데이터는 이제 숫자의 기록을 넘어 회사의 판단 이력 자체가 된다.

동시에 조직의 합의 구조가 코드로 굳어진다. 과거에는 회의실에서 끝없이 반복되던 정의 싸움이 점차 사라진다. '리스크란 무엇인가?', '지연은 어디까지 용인되는가?'와 같은 논쟁은 더 이상 사람의 말로 정리되지 않는다. 시스템이 자연스럽게 "우리 회사의 입장"을 말하기 시작한다.

이 시점부터 AI와 시뮬레이션이 본격적으로 결합된다. "만약 이 조건이 바뀐다면?" "이 결정을 다른 방향으로 바꾸면 손익은 어떻게 변할까?" 이러한 질문들이 단순한 가설이 아니라 실제 판단을 돕는 도구로 작동한다. 의사결정은 과거의 기억과 현재의 데이터, 그리고 미래의 가능성을 함께 고려하는 구조로 진화한다.

바로 이 지점에서 시스템 교체는 거의 불가능해진다. 단순히 다른 솔루션으로 갈아타는 문제가 아니기 때문이다. 교체를 위해서는 회사의 판단 기준을 처음부터 다시 정의해야 하고, 수년간 축적된 의사결정 히스토리를 사실상 폐기해야 하며, 조직이 합의에 도달하는 방식을 다시 설계해야 한다. 이것은 IT 교체 비용이 아니라, 경영을 리셋하는 비용에 가깝다.

투자자 관점에서 보면, 이 구조가 바로 해자다. 경쟁사는 돈을 써서 데이터나 시스템을 흉내 낼 수는 있다. 그러나 판단의 축적은 복제할 수 없다. 이 시스템에 담긴 것은 단순한 정보가 아니라 회사가 스스로를 이해하고 세상을 해석해 온 방식이기 때문이다. 그래서 온톨로지 기반 시스템의 고객은 떠나지 못한다. 시스템을 쓰고 있기 때문이 아니라 그 안에 회사 자신이 들어가 있기 때문이다. 온톨로지 기술의 락인은 계약 기간에서 발생하지 않는다. 그것은 되돌릴 수 없는 사고방식의 변화, 즉 비가역적인 경영 구조에서 발생한다.

팔란티어 고객이
절대 이탈하지 않는 진짜 이유

온톨로지 기술의 락인 효과와 관련 구체적으로 팔란티어는 어떤가? 팔란티어 고객이 이탈하지 않는 이유는 단순하다. 팔란티어는 '소프트웨어'를 파는 것이 아니라, 기업의 '의사결정 방식'을 바꿔버리기 때문이다. 조금 더 간결하게 정리하면, 핵심은 아래 네 가지다.

팔란티어는 데이터가 아니라 '판단 구조'를 남긴다. 팔란티어를 쓰기 시작한 조직은 숫자보다 "왜 이런 결론이 나왔는지"를 먼저 본다. 의사결정의 근거가 시스템 안에 구조로 남기 때문에, 다른 툴로 바꾸는 순간 조직은 다시 감각과 보고서에 의존해야 한다. 이 후퇴를 감당할 수 있는 기업은 거의 없다.

앞선 락인 효과의 가장 강력한 것 중 하나로, 조직의 언어가 하나로 통일된다. 부서마다 다른 숫자와 해석이 사라지고, "어떤 사건이 어떤 결과를 낳았는가?"라는 공통 문법이 생긴다. 팔란티어는 이 언어를 시스템 깊숙이 박아 놓는다. 툴을 바꾸는 것은 곧 조직의 사고 언어를 바꾸는 일이다.

의사결정 속도가 비가역적으로 빨라진다. 문제 인식 → 원인 → 시나리오 → 실행까지 한 구조 안에서 경험한 조직은 다시 느리고 단절된 분석 환경으로 돌아갈 수 없다. 속도를 한 번 경험한 조직은 되돌아가지 않는다.

예상이 안될 만큼 가장 먼저 반대하는 사람이 '현업 임원'이 된다. 팔란티어 이탈을 막는 것은 계약서가 아니라 현업의 반대다. 실제로 가장 강한 락인은 IT가 아니라, "이 시스템 없으면 판단 못 하겠다."는 임원들의 불평과 걱정이다.

온톨로지 락인은 어떻게 재무 지표로 드러나는가

이제 구체적으로 온톨로지 락인 효과를 재무적 관점에서 따져 보자. 온톨로지 기반 시스템의 가장 흥미로운 특징은 그 가치가 재무제표에 즉시 나타나지 않는다는 점이다. 도입 첫 해의 매출이나 영업이익만 놓고 보면, 온톨로지는 높은 비용처럼 보이기 쉽다. 그래서 단기 성과에 집착하는 기업과 투자자는 이 신호를 놓친다. 그러나 시간이 지나면 온톨로지 락인은 특정한 재무적 패턴으로 분명하게 모습을 드러낸다. 그리고 이 패턴은 우연이 아니라 구조에서 비롯된 결과다. 유능한 투자자라면 반드시 이 패턴을 익히고 읽어내야 한다.

재무 지표에 드러나는 락인 효과

순서	재무 관점 핵심 변화	재무제표에서 보이는 신호	온톨로지 락인의 의미
1	매출 성장률이 아니라 '매출의 질' 변화	매출 성장률은 평범하지만, 반복 매출·장기 계약 매출 비중이 증가	고객과의 관계가 '거래'가 아니라 '구조'로 고정됨
2	매출총이익률 Gross Margin 점진적 상승	원가 구조 변화 없이도 마진이 서서히 개선	의사결정 정확도가 높아져 불필요한 할인·손실 거래 감소
3	판관비 SG&A의 통제 가능성 증가	매출 대비 판관비 비율의 변동성이 줄어듦	비용 집행이 감(感)이 아니라 구조화된 판단에 의해 결정됨
4	운전자본 회전율 개선	재고·미수금 회전일수 단축, 현금 흐름 안정화	자산과 이벤트가 연결되어 선제적 대응이 가능해짐
5	위기 구간 손익 곡선의 차별화	경기 하강기에도 손익 하락 폭이 완만	시나리오 기반 판단으로 '최악의 선택'을 피함
6	시장 인식의 지연 후 프리미엄 부여	실적 대비 주가 재평가가 뒤늦게 발생	시장은 숫자를 보지만, 구조의 변화는 나중에 반영됨
7	재무제표 '행간'에서 드러나는 락인	단일 지표가 아닌 여러 지표의 동시 개선	시스템이 아니라 사고방식이 고정되었음을 의미

우선 매출 성장률이 아니라 '매출의 질'이 달라진다. 온톨로지를 도입한 기업의 매출은 폭발적으로 튀지 않고 이상할 정도로 안정적이다. 경기 변동이나 외부 충격에도 매출 낙폭이 작고, 회복 속도가 빠르다. 이유는 간단하다. 이 기업은 "무엇이 팔리는가?"보다 "왜 팔리는가, 왜 안 팔리는가?"를 구조적으로 이해하고 있기 때문이다. 특정 고객군의 이탈이 시작되면, 가격·품질·납기·서비스 요인이 즉시 분리되어 분석된다. 프로모션이 실패하면, 마케팅 문제가 아니라 공급, 생산, 고객 경험 중 어느 지점에서 문제가 생겼는지 빠르게 특정된다. 그 결과 매출은 단기 이벤트에 휘둘리지 않고, 재현 가능한 방식으로 유지된다. 투자자 입장에서 보면, 이는 단순한 성장률보다 훨씬 중요한 신호다.

다음으로 매출총이익률Gross Margin이 서서히 올라간다. 온톨로지 락인의 가장 도드라지는 재무 지표는 매출총이익률의 구조적 개선이다. 온톨로지 기반 기업은 원가를 "총액"이 아니라 구성 요소별 원인으로 본다. 어떤 설비 조건이 불량을 늘렸는지, 어떤 자재 변경이 장기적으로 비용을 키우는지, 어떤 고객이 실제로는 마진을 갉아먹는지. 이러한 질문에 대한 답이 데이터 구조 안에 들어 있다. 그래서 비용 절감은 일회성 프로젝트가 아니라 지속적인 미세 조정의 결과로 나타난다. 재무제표에서는 마진이 갑자기 뛰지 않는다. 대신 분기마다 조금씩, 그러나 되돌아가지 않는 방식으로 개선된다. 이 점이 중요하다.

판관비 비율SG&A, Selling, General, and Administrative Expenses이 '통제 가능한 비용'이 된다. 온톨로지가 없는 기업에서 판관비는 늘 설명이 어렵다. "필요해서 썼다."는 말이 반복된다. 반면 온톨로지 락인이 걸린 기업에서는 판관비가 행동과 직접 연결된다. 특정 마케팅 비용이 어떤 고객 행동 변화를 만들었는지, 특정 조직 확장이 실제 운영 병목을 해소했는지, IT 투자 하나가 몇 개의 수작업을 제거했는지 투명하게 드러난다. 이 기업은 비용을 쓰기 전에 시뮬레이션하고, 쓰고 나서는 검증한다. 그래서 판관비 비율은 줄어들기보다는 예측 가능해진다. 투자자 입장에서 이는 리스크 감소를 의미한다.

네 번째로 운전자본 회전율이 눈에 띄게 개선된다. 온톨로지 락인의 또 다른 특징은 현금 흐름의 질이다. 재고, 매출채권, 매입채무가 각각 따로 관리되지 않는다. 모두 하나의 흐름으로 연결되어 이해된다. 왜 특정 재고가 쌓였는지, 이 재고가 어떤 고객 주문과 연결되는지, 현금이 묶이는 지점이 어디인지 일목요연하게 보인다. 이 구조 덕분에 재고 회전율은 개선되고, 매출채권 회수 기간은 짧아진다. 재무제표에서는 잉여현금흐름FCF, Free Cash Flow이 매출이나 이익보다 더 빨리 좋아지는 현상이 나타난다. 이는 매우 강력한 신호다. "이 기업은 숫자를 만들어내는 것이 아니라, 현금을 만들어낸다."는 의미이기 때문이다.

위기 구간에서의 손익 곡선이 다르게 움직인다. 온톨로지 락인의 진짜 위력은 위기 상황에서 드러난다. 시장 침체, 원자재 가격 급등, 공급망 붕괴 같은 사건이 발생했을 때, 이 기업의 손익은 다음과 같은 패턴을 보인다. 손실이 발생하더라도 원인이 명확하게 설명된다, 대응이 빠르고, 조치의 효과가 빠르게 반영된다, 손익이 회복될 때, 이전 구조보다 더 단단해진다. 이것은 단순한 운영 능력이 아니라 구조적 학습 능력의 결과다. 위기를 겪을수록 온톨로지는 더 정교해지고, 기업은 더 강해진다.

다음으로 시장은 늦게 알아차리지만, 한 번 알면 프리미엄을 준다. 이러한 변화는 초기에는 애널리스트 리포트에 잘 드러나지 않는다. 그러나 몇 년이 지나면 시장은 이상한 점을 발견한다. 비슷한 산업, 비슷한 규모인데 항상 실적 변동성이 낮다, 설명 가능한 스토리가 있다, 경영진의 발언이 숫자와 일관된다. 이때부터 이 기업에는 프리미엄 멀티플이 붙기 시작한다. PER(Price Earnings Ratio, 주가수익률)이나 EV/EBITDA(가치평가 핵심지표)가 이유 없이 높아 보이지만, 사실 시장은 이미 알고 있다. 이 기업은 단순한 사업체가 아니라, 현실을 이해하고 통제하는 구조를 가진 조직이라는 것을.

마지막으로 온톨로지 락인은 재무제표의 '행간'에 나타난다. 온톨로지 락인은 하나의 숫자로 설명되지 않는다. 대신 재무제표 전반에 걸쳐 일관된 패턴으로 드러난다. 급하지 않은 성장, 되돌아가지 않는 마진, 설명 가능한 비용, 강해지는 현금 흐름, 위기 이후 더 단단해지는 구조. 투자자는 이 패턴을 읽어야 한다. 온톨로지를 직접 보지 못하더라도, 그 흔적은 숫자 속에 남기 때문이다.

재무제표에 나타나지 않는 락인의 전조 신호들

분기 실적 발표 자료를 넘기다 보면 숫자는 늘 비슷한 자리에 놓여 있다. 매출, 이익, 현금흐름은 정해진 칸을 채우고, 표는 정렬된 상태로 인쇄된다. 그러나 어느 순간부터 장부의 표정이 달라진다. 수치는 여전히 같은 형식을 유지하지만, 움직임이 달라진다. 급하게 튀어 오르던 선이 부드러워지고, 분기마다 요동치던 그래프가 낮은 파동으로 바뀐다. 숫자는 많아지지도 극적으로 바뀌지도 않았지만 리듬이 바뀐다.

이 변화는 어느 날 갑자기 나타나지 않는다. 보고서 어디에도 '락인 시작'이라는 문장은 없다. 대신 반복되는 패턴 속에서 서서히 모습을 드러낸다. 예전에는 분기마다 예상치를 크게 벗어나던 매출이 어느 시점부터 예측 범위 안에서 움직인다. 비용은 여전히 발생하지만, 갑작스러운 폭발이 줄어든다. 계획 대비 실제 결과의 차이가 점점 좁혀지고, 수정 공지가 줄어든다. 숫자는 여전히 숫자이지만 놀라움을 주지 않는다.

변동성은 눈에 띄지 않게 낮아진다. 한때는 외부 뉴스 하나에 주가가 크게 흔들리던 기업이 비슷한 충격에도 비교적 차분한 곡선을 그린다. 매출의 최고점은 더 높아지지 않았는데도, 최저점이 올라간다. 손익계산서의 바닥이 단단해진다. 분기별 이익의 낙폭이 제한되고, 회복 구간이 앞당겨진다. 같은 산업, 같은 시장 조건에서도 어떤 기업은 급격히 흔들리고, 어떤 기업은 충격을 흡수한 채 형태를 유지한다.

예측 오차는 조용히 줄어든다. 애널리스트의 추정치는 더 자주 맞아떨어지고, 가이던스 수정은 보수적으로 이루어진다. 갑작스러운 경고성 공시가 줄어들고, 실적 설명회에서는 "예상 범위 내"라는 표현이 반복된다. 숫자의 평균값보다도, 숫자가 움직이는 방식이 달라진다. 이는 단순한 비용 절감이나 일회성 구조조정으로 설명되지 않는다. 시간이 지날수록 이 패턴은 지속되고, 일관성을 띤다.

위기 구간에서 차이는 더욱 선명해진다. 시장 전체가 흔들릴 때, 일부 기업의 손익계산서는 즉각적으로 반응한다. 매출은 급락하고, 비용은 따라 내려오지 않으니 적자가 깊어진다. 이유를 찾는 설명은 그 다음에 나온다. 반면 다른 기업의 숫자는 다르게 움직인다. 매출이 줄어들기 시작하는 시점이 늦고, 비용 구조는 빠르게 조정된다. 손익분기점은 방어되고, 적자

구간은 짧게 스쳐 지나간다. 숫자는 충격을 맞지만, 무너지지 않는다.

이 모든 것은 재무제표의 칸 밖에 적히지 않는다. 주석에도, 감사 의견에도 명시되지 않는다. 그러나 장부를 오래 들여다본 이의 눈에는 분명히 보인다. 숫자가 아니라 패턴이 바뀌고 있다는 사실, 변동성이 줄어들고 있다는 감각, 예측이 맞아떨어지는 빈도가 늘어났다는 느낌, 위기 속에서도 형태를 유지하는 손익의 곡선. 이것이 재무제표에 나타나지 않는 락인의 전조다. 시장은 이 신호를 처음에는 알아채지 못한다. 그러나 시간이 지나면, 이 조용한 변화 위에 더 높은 배수를 얹기 시작한다.

팔란티어 도입 이후, 기업의 재무제표는 어떻게 달라졌는가

투자자에게 가장 중요한 질문은 단순하다. "그래서 돈이 되었는가?" 그러나 팔란티어와 같은 온톨로지 기반 시스템을 이해하려면, 이 질문을 조금 바꿔야 한다. 이 기술의 효과는 분기 실적 한 줄로 즉각 튀어나오지 않는다. 대신, 재무제표의 구조와 움직임이 달라진다. 팔란티어를 도입한 민간 기업들의 공통점은 명확하다. 도입 이전에는 데이터가 많았지만, 의사결정은 느렸고 손실은 사후적으로 설명되었다. 도입 이후에는 성장률이 폭발하지 않더라도, 손실이 줄고, 변동성이 낮아지고, 자본 효율이 개선되기 시작한다. 이것이 바로 투자자가 주목해야 할 변화다. 몇몇 도입 기업들의 사례를 통해 그 변화를 확인해 보자.

1) Airbus : 항공우주 산업에서 '지연 비용'을 구조적으로 제거하다

에어버스는 전형적인 복잡 산업 기업이다. 전 세계 수천 개의 협력 업체, 긴 개발 주기, 엄격한 규제, 그리고 단 한 번의 지연이 수천억 원의 손실로 이어지는 구조를 갖고 있다. 팔란티어 도입 이전, 에어버스의 문제는 생산 능력이 아니었다. 문제는 지연의 원인을 사후적으로만 알 수 있다는 점이었다. 공정 지연이 발생하면, 공급망 탓인지, 설계 변경 때문인지, 품질 이슈 때문인지에 대한 해석이 부서별로 갈렸다. 팔란티어 도입 이후 변화는 다음과 같았다. 부품, 공정, 인력, 일정, 리스크가 하나의 객체 구조로 연결되었고, 지연이 발생하기 전에 지연 확률과 전파 경로가 가시화되었다. 재무적으로 나타난 변화는 극적이지 않지만, 투자자에게는 매우 의미 있는 변화였다. 매출 변동성의 완화, 프로젝트 손실의 '갑작스러운 폭발' 감소, 장기 계약 기반 매출의 안정성 강화 등. 이는 항공우주 산업 특성상 매출총이익Gross Margin의 급등이 아니라, 손실 회피 능력의 강화로 나타난다. 투자자 관점에서 이는 리스크 프리미엄 축소를 의미한다.

2) BP : 에너지 기업의 재무제표에서 '불확실성 비용'을 줄이다

BP는 팔란티어와의 협업을 가장 공개적으로 언급한 글로벌 에너지 기업 중 하나다. 이들의 문제는 명확했다. 유가, 설비, 안전, 환경 규제, 운영 효율이 서로 다른 시간축과 기준으로 관리되고 있었다. 팔란티어 도입 이후 BP는 "얼마나 생산했는가?"가 아니라 "어떤 조건에서 손실이 발생하는가?"를 구조적으로 보기 시작했다. 온톨로지 기반 시스템은 다음을 가능하게 했다. 설비 고장이 재무 손실로 이어지는 경로를 사전에 모델링하고, 안전 사고 리스크와 비용 리스크를 동일한 판단 프레임으로 통합, 시나리오별 손익 곡선을 사전에 비교할 수 있게 되었다. 재무제표에서 이 변화는 이렇게 드러난다. 대규모 일회성 손실의 빈도 감소, 현금 흐름의 예측 가능성 증가, 자본 지출CAPEX의 효율성 개선 등이다. BP의 사례는 투자자에게 중요한 메시지를 준다. 온톨로지는 수익을 '늘리기'보다 손실을 '예측 가능하게' 만든다. 이는 에너지 기업과 같은 변동성 산업에서 결정적인 가치다.

3) Merck : 제약 산업에서 실패 비용을 줄이는 방식

제약 산업은 성공보다 실패가 훨씬 비싼 산업이다. 신약 개발에서 문제는 성공 확률이 아니라, 실패를 얼마나 빨리 인지하느냐다. 머크는 연구 데이터, 임상 데이터, 제조 데이터, 규제 데이터를 통합적으로 보지 못하는 구조에서 한계를 느끼고 있었다. 팔란티어 도입 이후 변화의 핵심은 다음과 같다. 후보 물질, 임상 단계, 부작용, 생산 공정이 하나의 판단 맥락으로 연결되고 특정 의사결정이 실패 확률을 어떻게 바꾸는지 시뮬레이션이 가능해졌다. 재무적으로 이는 다음과 같이 나타난다. 연구개발비R&D의 비효율 감소, 중단되는 프로젝트의 '조기 중단' 증가, 장기적으로 R&D 대비 성과의 안정성 개선 등이다. 투자자 입장에서 중요한 점은 R&D 비용이 줄지 않더라도 R&D 실패의 충격이 줄어든다는 점이다. 이것이 바로 온톨로지가 만드는 '재무적 완충 장치'다.

4) Rio Tinto : 자원 기업의 운전자본 구조를 바꾸다

광산·자원 기업의 핵심은 생산량이 아니라 운전자본 회전율이다. 리오틴토는 설비, 물류, 재고, 계약이 분리되어 관리되면서 불필요한 재고와 지연 비용을 안고 있었다. 팔란티어 도입 이후, 설비 상태 → 생산량 → 물류 → 계약 이행 → 현금 흐름이 하나의 흐름으로 연결되었고, 특정 이벤트가 현금 회수에 미치는 영향이 명확해졌다. 재무제표에서는 다음과 같은 변화가 나타난다. 재고 회전율 개선, 미수금 관리 효율 상승, 현금 흐름의 안정화 등이다. 이는 매출 성장률과 무관하게 기업 가치의 질이 개선되는 신호다.

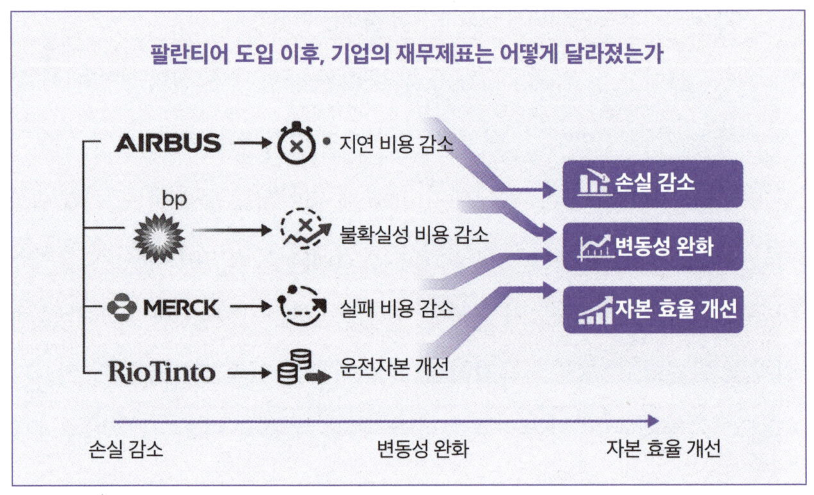

온톨로지 시스템을 도입한 기업들의 공통된 재무적 특징은 다음과 같다. 매출이 폭발하지 않아도, 마진이 급등하지 않아도, 다음 사항들이 서서히 그러나 확실히 바뀐다. 바로 손실의 예측 가능성, 비용의 통제 가능성, 자본의 회전 효율, 위기 상황에서의 대응 곡선 등이다. 이 변화는 분기 실적보다 늦게 나타나지만, 한 번 나타나면 되돌릴 수 없는 구조적 우위, 즉 해자가 된다. 온톨로지 시스템은 기업의 숫자를 바꾸기 전에, 숫자가 만들어지는 구조를 바꾼다. 그래서 이 기술의 진짜 가치는 재무제표의 '항목'이 아니라 재무제표의 '패턴'에서 드러난다. 그리고 이 패턴을 읽을 수 있는 투자자만이 온톨로지를 권력으로 가진 기업을 먼저 발견한다. 다음 시대의 'B형 기업(온톨로지 기업)'을 가장 먼저 발견할 수 있게 되는 것이다.

핀테크 분야 : "계좌가 아니라 사람을 본다"

한 사용자는 평소와 다름없이 카드 결제를 하고 있었다. 장소도 익숙했고, 금액도 평소와 크게 다르지 않았다. 그러나 그날의 거래에는 미묘한 차이가 있었다. 결제 직후, 다른 금융 앱에서 소액 대출이 시도되었고, 그 직후 또 다른 계좌로 송금이 발생했다. 각각은 정상 범위였지만, 연결된 흐름은 불안정했다.

온톨로지 시스템은 이 사용자를 '하나의 계좌'로 보지 않았다. 이 사용자를 중심으로 얽힌 기기, 계좌, 인증 방식, 최근 행동들을 하나의 객체로 묶었다. 그 객체의 상태가 갑자기 바뀌고 있었다. 평소에는 없던 행동들이 짧은 시간 안에 연쇄적으로 발생하고 있었다.

시스템은 거래를 막지 않았다. 대신 추가 인증을 요청했고, 그 순간 흐름은 끊어졌다. 사용자는 불편함을 느끼지 않았고, 사고는 발생하지 않

았다. 이 시스템은 범죄를 예측한 것이 아니라 사람의 상태 변화가 만

들어내는 위험한 구조를 감지하고 있었다.

가치 분석

낡은 데이터 관리 기업 vs 미래 지향적 온톨로지 기반 기업

구별하기.

A형 기업(데이터 관리 기업) vs B형 기업(온톨로지 기업)

두 개의 제조기업 A와 B가 있었다. 같은 시장, 비슷한 매출 규모, 동일한 ERP와 MES 도입. 그러나 위기 상황에서 완전히 다른 결과가 나왔다. A사는 문제 원인을 찾느라 3주가 걸렸고, 임원 회의에서 해석이 엇갈렸으며, 대응 시점에는 이미 고객 이탈이 발생했다.

A형 기업(데이터 관리 기업) 시나리오

A사는 왜 문제 원인을 찾는 데 3주가 걸렸을까? 위기 상황이 발생하자

A사의 경영진은 즉시 "원인 파악부터 하자."고 지시했다. 문제는 어디서부터 봐야 할지 아무도 명확히 알지 못했다는 점이었다.

1단계 : 데이터는 많았지만, 출발점이 없었다. A사는 이미 ERP와 MES를 도입한 상태였다. 매출 데이터도 있었고, 생산 실적도 있었으며, 품질 이슈 이력도 쌓여 있었다. 그래서 첫 번째 회의에서는 이런 지시가 내려왔다. "각 부서에서 관련 데이터를 정리해서 가져오세요." 영업팀은 매출 감소 리포트를, 생산팀은 라인별 가동률 자료를, 품질팀은 불량률 통계를, 물류팀은 납기 지연 현황을 가져왔다. 문제는 이 자료들이 서로 다른 기준과 관점으로 만들어졌다는 점이었다. 기간이 다르고, 제품 분류 기준이 다르고, 원인 정의 방식이 달랐다. 데이터는 있었지만, 하나의 질문으로 연결되지 않았다.

2단계 : "이게 원인인가?"라는 해석 싸움이 시작됐다. 두 번째 주가 되자, 임원 회의의 분위기는 미묘하게 바뀌었다. 영업 임원은 "고객 이탈은 가격 문제입니다. 경쟁사가 할인 공세를 했어요."라고 보고했고, 생산 임원은 "아닙니다. 특정 공정에서 품질 편차가 커졌습니다.", 품질 임원은 "불량률은 평균 수준입니다. 문제는 출하 이후 클레임 대응입니다.", IT 담당 임원은 "시스템상 오류는 없습니다. 데이터는 정상입니다."라고 보고했다.

모두 각자의 데이터로는 '맞는 말'을 하고 있었다. 그러나 이 데이터들은 서로 연결되어 있지 않았기 때문에, 어느 주장도 결정적인 근거가 되지 못했다. 회의는 이렇게 끝났다. "좀 더 데이터를 보완해서 다시 논의합시다."

3단계 : 분석은 했지만, '관계'를 보지 못했다. 세 번째 주에는 외부 컨설팅까지 투입되었다. 생산 공정 데이터를 더 세분화하고, 고객 클레임을 유형별로 재분류하고, 특정 기간의 이벤트를 타임라인으로 정리했다. 그 결과, 이런 사실들이 개별적으로는 드러났다. 특정 제품군에서 납기 지연이 증가했다, 같은 기간, 해당 제품의 클레임이 늘었다, 해당 제품은 특정 공장, 특정 설비에서 생산됐다. 그러나 이 사실들은 여전히 보고서의 서로 다른 페이지에 흩어져 있었다.

누군가 "이 세 가지가 연결된 문제 아닙니까?"라고 물었지만, 그 관계를 한눈에 보여줄 구조는 없었다.

4단계 : 결론이 나오자, 이미 늦었다. 결국 A사는 3주가 지난 후에야 다음과 같은 결론에 도달했다. "특정 공정의 설비 변경 → 미세 품질 저하 → 납기 지연 → 핵심 고객 이탈" 하지만 이 결론은 사후 분석이었다. 이미 주요 고객은 대체 공급처를 확보했고, 시장에서는 'A사는 불안정하다'는 인식이 퍼졌으며, 내부에서는 "왜 진작 알지 못했나?"라는 자책만 남았다. A사의 문제는 데이터가 없어서가 아니었다. 데이터는 충분했지만 '무엇이 무엇에 영향을 주는지'를 보여주는 구조가 없었던 것이다.

B사는 달랐다. 특정 공정 변경 → 품질 리스크 → 주요 고객 영향. 이 경로가 즉시 시각화되었고, 하루 만에 생산 전략을 수정했다. 투자자 입장에서 보면, B사는 단순히 '운이 좋은 회사'가 아니다. 판단 구조를 자산화한 회사다. B사가 먼저 가진 것은 데이터가 아니라, 관계의 지도였다.

B사는 왜 같은 위기에서 다른 결정을 내릴 수 있었을까? B사 역시 A사와 동일한 상황에 놓여 있었다. 같은 시장, 비슷한 매출 규모, 동일한 ERP와 MES. 외형적으로 보면 두 회사는 거의 구분되지 않았다. 그러나 위기가 발생한 직후, B사의 움직임은 전혀 달랐다.

1단계 : "데이터를 모으지 말고, 관계를 보자." 문제가 감지되자 B사의 첫 지시는 이랬다. "보고서 만들지 말고, 이 이슈가 어떤 것들과 연결돼 있는지 먼저 보자." B사는 이미 조직 운영 시스템 안에 제품 - 공정 - 설비 - 납기 - 고객 - 클레임이 하나의 구조로 연결된 온톨로지 지도를 가지고 있었다. 그래서 누군가 데이터를 '정리'할 필요가 없었다. 이미 모든 데이터는 같은 언어, 같은 개념 체계 안에 들어 있었기 때문이다.

2단계 : 이상 신호가 '점'이 아니라 '선'으로 나타났다. 시스템은 자동으로 다음과 같은 변화를 감지했다. 특정 제품군의 납기 지연이 증가, 해당 제품이 특정 공장, 특정 설비에 집중됨, 같은 설비에서 생산된 제품의 클레임 유형이 유사함, 클레임 발생 후, 해당 고객의 재주문 주기가 길어짐. 중요한 점은 이 정보들이 따로따로 보고되지 않았다는 것이다. B사의 경영진은 대시보드에서 이 모든 변화가 하나의 흐름으로 연결된 상태를 보았다. "아, 이건 영업 문제도, 생산 문제도 아니라 설비 변경이 촉발한 연쇄 반응이구나."

3단계 : 원인은 '추정'이 아니라 '경로'로 드러났다. B사의 시스템은 단순히 현상을 보여주는 데서 멈추지 않았다. 이미 정의된 관계를 따라 원인 경로를 제시했다. 설비 부품 교체 이력, 교체 이후 발생한 미세 공정 편차, 해당 편차가 영향을 미치는 품질 속성, 그 품질 속성에 민감한 고객군 등. 이 과정에서 그 누구도 이렇게 묻지 않았다. "이게 진짜 원인 맞습니까?" 왜냐하면 이 원인은 데이터 간의 관계를 따라가면 자연스럽게 도달하는 지점이었기 때문이다.

4단계 : 임원 회의는 '해석'이 아니라 '결정과 선택의 자리'였다. B사의 임원 회의는 30분 만에 끝났다. 논쟁은 없었다. 각자의 해석도 없었다. 모두가 같은 구조, 같은 지도를 보고 있었기 때문이다. 회의에서 결정된 내용은 단순했다. 해당 설비 즉시 점검 및 원복, 영향 받은 고객군 선제 커뮤니케이션, 납기 리스크 제품 자동 알림 설정, 유사 구조를 가진 공정에 대한 사전 점검 등. 이 모든 결정은 시스템이 보여준 관계를 기준으로 내려졌다.

5단계 결과 : 위기는 '사건'이 아니라 '학습'이 되었다. B사는 고객 이탈을 막았다. 오히려 일부 고객은 이렇게 말했다. "문제가 생긴 건 알았지만, 대응 속도와 설명이 믿을 만했다." 더 중요한 변화는 내부에 있었다. 같은 유형의 문제가 재발하지 않았고, 조직은 '누가 잘못했는가?'가 아니라 '어떤 구조가 취약했는가?'를 이야기하기 시작했다. B사에게 온톨로지는 보고서를 더 예쁘게 만드는 도구가 아니었다. 위기를 '빠르게 이해하고, 일관되게 판단하기 위한 조직의 사고 체계'였다.

투자자의 눈으로 보면, 두 유형의 기업은 명확히 구분된다. 데이터 관리 기업은 이렇게 말한다. "데이터를 얼마나 모았는가?" "얼마나 빠르게 처리하는가?" 온톨로지 기반 기업은 이렇게 말한다. "무엇을 연결하고 있는가?" "어떤 판단을 자동화했는가?" 전자는 비용 구조이고, 후자는 권력 구조다.

숫자보다 무서운 것은 '설명력'이다. 시장이 불안할수록, 투자자는 숫자보다 질문을 본다. 왜 이 분기 실적이 흔들렸는가? 다음 분기에는 무

구분	A형 기업 (전통적 데이터 운영 기업)	B형 기업 (온톨로지 기반 기업)
시장·규모	동일 시장, 유사 매출 규모	
도입 시스템	ERP, MES 도입	
데이터 상태	데이터는 충분함	
데이터 구조	부서·시스템별 분절된 테이블	개념·관계 중심으로 연결된 구조
문제 인지 방식	사람이 보고서를 보고 '느낌으로' 인지	시스템이 관계 변화로 이상 신호 감지
원인 탐색 출발점	"일단 데이터부터 모아보자."	"무엇이 무엇과 연결됐는가?"
분석 방식	사후 리포트 중심 분석	실시간 관계 기반 분석
부서 간 협업	각자 다른 자료, 다른 해석	동일한 지도, 동일한 맥락
임원 회의 모습	해석 충돌, 책임 공방	공감대 형성 후 즉시 결정
원인 도출 형태	가설 → 검증 → 재해석 반복	관계 경로를 따라 자연스럽게 도출
의사결정 속도	최소 2~3주 소요	3일 이내
대응 시점	고객 이탈 이후	고객 이탈 이전
대응 방식	문제 발생 후 수습	문제 확산 전 선제 대응
고객 반응	신뢰 하락, 이탈 발생	신뢰 유지 혹은 강화
조직 학습 효과	개인 책임 중심 회고	구조 개선 중심 학습
재발 가능성	높음	낮음
온톨로지의 역할	없음 또는 형식적	조직의 판단 기준
AI 활용 수준	요약·검색 중심	추론·판단·시뮬레이션 기반
기업 성격	"데이터 많은 회사"	"생각하는 회사"
위기 후 상태	방어적·보수적	구조적 경쟁력 강화

엇이 달라지는가? 이 질문에 빠르게, 일관되게, 구조적으로 답할 수 있는 기업은 드물다. 온톨로지를 가진 기업은 설명이 흔들리지 않는다. 숫자가 아니라, 관계로 설명하기 때문이다.

CEO 온톨로지 체크리스트

이 시점에서 우리 회사는 A형 기업인가, B형 기업인가를 판단해 보자. 아래 각 문항에서 더 자주 일어나는 쪽에 체크를 하고, 총 7개 영역, 14개 문항 중 ①이 더 많으면 A형 기업, ②가 더 많으면 B형 기업으로 볼 수 있다. 정답은 없지만, 독자가 속한 회사의 위기 대응 속도는 정확하게 알 수 있을 것이다.

1. 문제 인식 단계

□ ① 문제가 생기면 "일단 데이터부터 모으자."는 말이 먼저 나온다

□ ② 문제가 생기면 "이 이슈는 어떤 것들과 연결돼 있나?"를 먼저 묻는다

□ ① 이상 징후는 보통 현업 보고서나 회의에서 뒤늦게 알게 된다

□ ② 이상 징후는 시스템 알림이나 지표 변화로 먼저 감지된다

2. 데이터와 보고서

□ ① 보고서는 부서별로 따로 만들어진다

□ ② 모든 보고서는 같은 개념 체계 위에서 만들어진다

□ ① 같은 숫자를 두고도 부서마다 설명이 다르다

□ ② 숫자의 의미와 해석이 조직 전체에서 일관된다

3. 임원 회의의 실제 모습

□ ① 회의 시간 대부분이 "왜 그렇게 해석했는가?"에 쓰인다

□ ② 회의는 "그럼 무엇을 결정할 것인가?"로 빠르게 넘어간다

□ ① 회의 후에도 '각자의 이해'가 남는다

□ ② 회의 후에는 '하나의 결론'이 남는다

4. 원인 분석 방식

□ ① 가설을 세우고 데이터를 맞춰본다

□ ② 데이터 간의 관계를 따라가며 원인을 찾는다

□ ① 원인 분석에 사람의 경험과 감이 많이 개입된다

□ ② 원인 분석 경로가 시스템에 명시적으로 드러난다

5. AI와 시스템 활용

□ ① AI는 요약, 검색, 리포트 자동화에 주로 쓰인다

□ ② AI는 판단, 시뮬레이션, 선택지 제안에 쓰인다

□ ① AI 결과를 임원이 다시 해석해야 한다

□ ② AI 결과가 의사결정의 근거로 바로 쓰인다

6. 위기 대응과 조직 학습

□ ① 문제가 생기면 '누가 잘못했는지'부터 따진다

□ ② 문제가 생기면 '어떤 구조가 취약했는지'를 본다

□ ① 비슷한 문제가 반복해서 발생한다

□ ② 한 번 겪은 문제는 구조적으로 재발을 막는다

7. CEO의 실제 체감

□ ① "데이터는 많은데 왜 판단은 늘 어려울까?"라고 느낀다

□ ② "이제는 무엇을 봐야 할지 보인다."고 느낀다

□ ① 중요한 결정일수록 사람을 더 많이 불러야 안심된다

□ ② 중요한 결정일수록 회사 구조와 관계도를 먼저 확인한다

결과 해석

①이 7개 이상

→ 데이터는 많지만, 조직은 아직 동일한 방식으로 생각하지 않는다

②가 7개 이상

→ 기술 이전에 의사결정 구조가 이미 달라져 있다

투자자의 온톨로지 체크리스트 활용법

투자자의 관점에서 보면 어떤 기업이 다음 질문에 '예'라고 답할 수 있다면, 그 기업은 주목할 만하다. 질문은 바로 다음과 같다.

- 핵심 의사결정이 특정 인물의 경험에 의존하지 않는가?
- 동일한 질문에 대해, 부서마다 다른 답이 나오지 않는가?
- 위기 상황에서 판단 근거를 즉시 설명할 수 있는가?
- AI·데이터 투자가 '판단 자동화'로 이어지고 있는가?

이 질문들은 재무제표에는 나오지 않지만, 기업 가치에는 직접적으로 반영된다.

현명한 투자자는 이 체크리스트로 기업을 거를 수 있다. 온톨로지는 '미래 재무제표를 읽는 도구'이기 때문이다. 좋은 기업과 나쁜 기업의 차이는 재무제표에만 있지 않다. 재무제표는 언제나 과거의 결과다. 투자자가 진짜로 알고 싶은 것은 단 하나다. 이 기업은 다음 위기에서 살아남을 수 있는 구조를 가지고 있는가? 그 질문에 답해주는 것이 바로 위의 온톨로지 체크리스트다. 이 체크리스트는 기술을 평가하는 도구가 아니다. 기업이 어떻게 생각하고, 어떻게 결정하는지를 판별하는 필터일 뿐이다.

"왜 이런 일이 생겼습니까?"라는 질문에 기업은 어떻게 답하는가? 투자 미팅에서 가장 먼저 던져야 할 질문은 간단하다. "최근 발생한 문제의 원인은 무엇입니까?" 이 질문에 대한 답변 방식은 기업의 수준을 거의 완벽하게 드러낸다. A형 기업은 보통 이렇게 말한다. "여러 요인이 복합적으로 작용했습니다." 혹은 "시장 환경이 예상보다 급변했습니다." 책임 주체는 흐릿하고, 설명은 길다. 반면 B형 기업은 원인을 '관계'로 설명한다. 어떤 공정에서 어떤 변수의 변화가 있었고, 그 변화가 어떤 경로를 통해 결과로 이어졌는지를 짧게 정리한다. 투자자는 여기서 중요한 신호를 읽어야 한다. 원인을 구조로 설명하지 못하는 기업은 다음에도 같은 문제를 반복한다.

부서별 설명이 하나의 이야기로 이어지는가? 다음으로 확인할 것은 설명의 일관성이다. 같은 사안에 대해 영업, 생산, 재무 담당자가 각기 다른 이야기를 하는지 아니면 하나의 맥락으로 연결되는지를 본다. A형 기업에서는 부서별로 서로 다른 '정답'을 제시한다. 영업은 시장을 말하고, 생산은 설비를 말하며, 재무는 비용을 이야기한다. 반면 온톨로지 기반 기업은 부서가 달라도 설명의 구조가 같다. 표현은 달라도 같은 인과관계 위에 서 있다. 투자자 입장에서 이는 매우 중요하다. 부서 간 해석이 갈리는 기업은 내부 조정 비용이 높고, 위기 시 의사결정 속도가 급격히 느려진다. 이런 기업은 재무 지표가 좋아 보여도 프리미엄을 받을 자격이 없다.

다음의 질문은 이렇다. 데이터 투자가 '판단'으로 연결되는가? 많은 기업이 데이터와 AI에 투자했다고 말한다. 그러나 투자자는 반드시 한 단계 더 질문해야 한다. "그 투자가 실제로 어떤 의사결정을 바꿨습니까?" A형 기업은 대개 대시보드, 리포트, 정확도 수치를 이야기한다. 하지만 어떤 결정이 더 빨라졌는지, 어떤 판단이 달라졌는지는 명확하지 않다. 반면 B형 기업은 특정 사례를 든다. "이전에는 2주 걸리던 판단을 이틀 만에 했고, 그 결과 이런 선택을 했습니다." 온톨로지가 작동하는 기업은 성과를 숫자가 아니라 '결정의 변화'로 설명한다. 투자자는 이 차이를 놓치지 말아야 한다.

　네 번째 질문은 위기 상황에서 질문의 수준이 달라지는가이다. 진짜 차이는 위기 상황에서 드러난다. 투자자가 가상의 위기 시나리오를 던졌을 때, 기업이 무엇부터 묻는지를 보라. A형 기업은 즉각적인 대응책을 찾으려 한다. 비용 절감, 인력 조정, 공급처 변경 같은 해법부터 나온다. 반면 온톨로지 기반 기업은 먼저 질문한다. "이 위기가 어떤 경로로 확산될 수 있는가?" 그리고 어떤 변수들이 가장 큰 영향을 미칠지를 구조적으로 따진다. 이 기업은 해결책보다 판단 순서가 다르다. 투자자는 이 순간을 놓치지 말아야 한다. 위기에서 질문이 바뀌지 않는 기업은, 전략도 바뀌지 않는다.

　마지막으로 CEO의 언어가 '비전'이 아니라 '구조'인가를 확인해야 한다. 어찌 보면 가장 중요한 체크 포인트다. CEO가 회사를 설명할 때 사용하는 언어를 들어보라. 비전과 철학은 누구나 말할 수 있다. 그러나 구조는 다르다. 온톨로지를 이해하는 CEO는 회사를 설명할 때 자연스럽게 관계를 말한다. 어떤 자산이 어떤 경쟁력을 만들고, 그 경쟁력이 어떤 시장 행동으로 이어지며, 그것이 어떻게 재무 성과로 연결되는지를 하나의 흐름으로 설명한다. 이는 암기된 스토리가 아니라 사고 구조다. 투자자는 이 CEO를 만났을 때 묘한 확신을 느낀다. 이 기업은 단기 실적에 흔들릴 수는 있어도, 길을 잃지는 않겠구나라는 감각이다.

B형 기업(온톨로지 기업) 가치 평가

시장은 처음에 눈치 채지 못한다. 같은 산업, 같은 매출 규모, 비슷한 성장률을 가진 두 기업이 나란히 놓여 있을 때, 숫자만 보면 차이는 거의 보이지 않는다. 손익계산서의 상단은 닮아 있고, 재무제표의 형식도 같다. 그러나 시간이 조금 흐르면 미세한 어긋남이 생긴다. 분기 실적 발표가 반복될수록 한쪽의 숫자는 흔들리고, 다른 한쪽의 숫자는 점점 안정된다. 이 차이를 만들어내는 것은 기술이 아니라 구조다. 온톨로지를 내재화한 B형 기업은 숫자가 만들어지는 과정을 이미 알고 있고, 그 과정의 흔적이 재무제표의 행간에 고스란히 남는다.

B형 기업의 매출은 갑자기 튀지 않는다. 대신 예측 가능한 범위 안에서 움직인다. 시장이 흔들릴 때도 급격한 붕괴를 피하고, 위기가 지나간 뒤에는 다시 제자리를 찾는다. 투자자는 이 패턴을 무의식적으로 학습한다. 이 기업의 가이던스는 번복되지 않고, 수정이 필요할 때도 이유가 명확하다. 숫자가 바뀌는 순간마다 그 배경에 있는 고객 행동, 계약 조건, 공급망 이벤트가 하나의 이야기로 이어진다. 그래서 이 기업의 실적 발표는 변명이 아니라 보고가 된다.

이익의 질도 달라진다. 원가 구조가 서서히 정제된다. 어떤 비용이 구조적인지, 어떤 비용이 일회성인지가 내부적으로 이미 구분되어 있기 때문이다. 불필요한 판관비는 어느 순간부터 늘지 않는다. 비용을 줄였다는 선언은 없지만, 비용이 통제된 상태로 유지된다. 이는 긴축이 아니라 이해의 결과다. 비용이 발생하는 조건과 트리거가 구조로 묶여 있기 때문에, 경영진은 비용을 깎지 않고도 비용을 다룬다. 투자자는 이 변화를 숫자로 먼저 본다. 매출총이익률이 조금씩 그러나 꾸준히 올라간다.

리스크는 공포가 아니라 항목이 된다. B형 기업의 재무제표에는 갑작스러운 충격이 적다. 손상차손, 대규모 충당금, 예기치 못한 비용이 드물다. 문제가 없어서가 아니다. 문제가 발생하기 전에 이미 여러 시나리오로 계산되어 있었기 때문이다. 리스크는 비용으로 환산되었고, 그 비용은 분산되어 반영되었다. 투자자는 이를 느낀다. 이 기업의 숫자는 놀라움을 주지 않는다. 대신 신뢰를 준다.

현금 흐름에서도 차이가 난다. 운전자본이 덜 묶인다. 재고가 쌓이기 전에 수요의 신호가 먼저 움직이고, 외상 매출금이 쌓이기 전에 계약의 위험도가 먼저 조정된다. 돈이 어디에서 멈추는지를 회사가 알고 있기 때문이다. 이는 시스템의 문제가 아니라 사고 방식의 문제다. 돈을 숫자가 아니라 흐름으로 이해하는 조직의 특징이다.

이런 기업은 위기에서 더 조용하다. 팬데믹, 공급망 붕괴, 지정학적 충격이 와도 손익 곡선은 완만하게 꺾인다. 급락 대신 완만한 하강이 나타나고, 회복은 빠르다. 시장은 처음엔 이를 운으로 본다. 그러나 같은 패턴이 반복되면 해석이 바뀐다. 이 기업은 구조적으로 다르다는 판단이 생긴다. 그 순간부터 밸류에이션은 변한다.

PER은 숫자가 아니라 기대의 가격이다. B형 기업에 부여되는 멀티플은 성장률 때문이 아니라 지속성 때문이다. 이익이 얼마나 빨리 늘어나는지가 아니라, 이익이 얼마나 오래 유지될 수 있는지에 대한 프리미엄이다. 시장은 결국 예측 가능성에 값을 매긴다. 불확실성을 관리하는 기업에 더 높은 가격을 지불한다. 온톨로지를 가진 기업은 바로 그 불확실성을 구조 안에 가둔다.

그래서 B형 기업의 가치 평가는 뒤늦게 움직인다. 단기 트레이더는 관심을 두지 않는다. 하지만 장기 투자자는 떠나지 않는다. 숫자가 아니라 패턴을 보기 때문이다. 분기마다 반복되는 안정성, 위기마다 드러나는 복원력, 의사결정의 일관성이 주가에 서서히 반영된다. 어느 순간 시장은 깨닫는다. 이 기업은 단순히 돈을 버는 회사가 아니라, 돈이 만들어지는 방식을 이해하는 회사라는 사실을.

그때부터 멀티플은 설명이 필요 없어지고, 할인 요인은 사라진다. B형 기업의 가치는 갑자기 높아진 것이 아니라, 이제야 보이기 시작했을 뿐이다. 숫자는 항상 그 자리에 있었고, 구조는 이미 완성되어 있었다. 시장이 그것을 읽을 수 있는 언어를 갖게 된 순간, 온톨로지 기업의 가치는 자연스럽게 재평가된다.

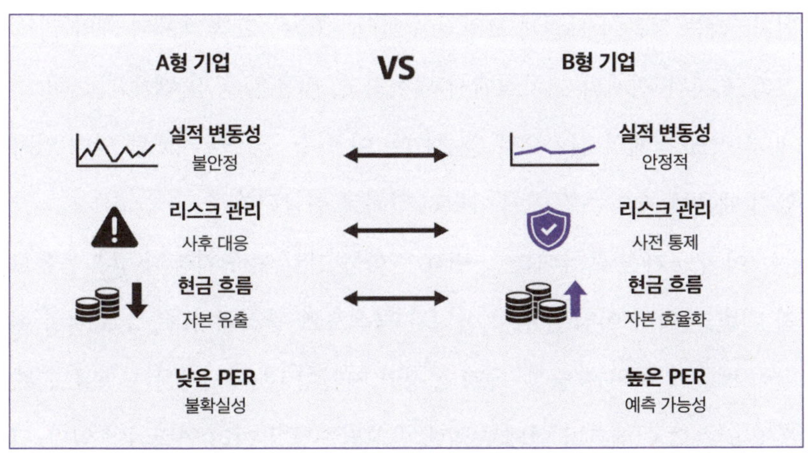

앞의 내용을 보다 구체적으로 살펴 보자. 재무제표를 펼쳐 든 투자자는 숫자보다 먼저 흐름을 본다. 매출과 이익이 아니라, 그 숫자가 얼마나

안정적으로 반복될 수 있는지, 그리고 언제 어떻게 깨질 수 있는지를 가늠한다. 같은 이익 1천억이라도 어떤 기업의 이익은 불안하고, 어떤 기업의 이익은 조용하다. 시장은 이 차이를 본능적으로 감지하고, 그 감지된 불안과 안정의 정도를 주가수익비율이라는 숫자에 반영한다.

온톨로지를 도입한 기업, 이른바 B형 기업의 재무제표를 들여다보면 처음에는 특별해 보이지 않는다. 매출 성장률이 폭발적으로 튀어 오르지도 않고, 단기 이익이 갑자기 급증하지도 않는다. 대신 이상하리만치 예측이 빗나가지 않는다. 분기 초에 제시된 가이던스가 분기 말에 크게 흔들리지 않고, 외부 충격이 와도 손익 곡선이 급격히 꺾이지 않는다. 숫자는 움직이지만, 방향은 유지된다.

이 기업의 경영 회의실에서는 "왜 이 숫자가 나왔는가?"라는 질문이 사후에 던져지지 않는다. 대신 "이 숫자가 나올 수밖에 없는 구조는 무엇인가?"라는 질문이 사전에 고정되어 있다. 매출은 고객 객체와 계약 객체, 그리고 시간 객체의 교차점에서 발생하고, 비용은 공정 객체와 설비 객체, 리스크 객체의 결합으로 발생한다. 이 연결 구조가 시스템 안에 남아 있기 때문에, 숫자는 우연이 아니라 결과로 취급된다.

이 구조가 만들어내는 첫 번째 변화는 이익 예측 가능성이다. 온톨로지 기반 기업의 이익은 점이 아니라 곡선으로 관리된다. 특정 고객의 이탈이 매출에 미치는 영향, 특정 공정의 지연이 비용에 미치는 파급 효과, 특정 리스크 이벤트가 언제 손익에 반영되는지가 미리 연결되어 있다. 그래서 이 기업의 미래 이익은 하나의 숫자가 아니라, 범위와 확률로 제시된다. 투자자는 이 범위를 본다. 그리고 범위가 좁을수록 할인율을 낮춘다.

금융 공학의 언어로 말하면, 이 기업의 현금흐름 변동성은 구조적으로 억제되어 있다. 변동성이 낮아지면 자본비용이 내려간다. 자본비용이 내려가면 동일한 이익이라도 현재가치는 올라간다. 시장은 이를 굳이 수식으로 계산하지 않는다. 대신 PER(Price Earnings Ratio, 주가수익비율)이라는 직관적인 숫자로 반영한다. 같은 이익을 내는 기업이라도, 불확실성이 구조적으로 제거된 기업에 더 높은 배수를 부여하는 것은 자연스러운 선택이다.

두 번째 변화는 리스크 비용의 통제 방식이다. A형 기업의 재무제표에서 리스크는 항상 사후 비용으로 등장한다. 사고가 나고, 손실이 발생하고, 충당금이 쌓인다. 투자자는 이 충당금을 불확실성의 신호로 읽는다. 반면 B형 기업의 재무제표에서는 리스크가 비용으로 폭발하기 전에 조용히 흡수된다. 리스크는 사건이 아니라 상태로 관리되기 때문이다. 지연 가능성, 품질 저하 가능성, 수요 이탈 가능성은 이미 그래프 안에서 수치로 존재하고, 이 수치는 경영 판단에 선반영된다.

그 결과 손익계산서에는 극단적인 변동이 줄어든다. 위기 국면에서도 손실이 완만하게 나타나고, 회복 국면에서도 반등이 급격하지 않다. 이 완만함이 바로 프리미엄의 근원이다. 시장은 급등보다 지속을 더 높게 평가한다. 급락하지 않는 기업은 언젠가 다시 올라올 수 있다는 신뢰를 주기 때문이다.

세 번째 변화는 경영 판단의 반복 가능성이다. 온톨로지 기업은 한 번의 성공적인 의사결정을 행운으로 소비하지 않는다. 그 결정이 어떤 가정 위에서 내려졌고, 어떤 제약을 선택했으며, 어떤 시나리오를 버렸는지가 시스템에 남는다. 이 기록은 다음 분기의 판단에 그대로 재사용된다.

투자자 입장에서 이는 매우 중요한 신호다. 이 기업의 성과는 특정 CEO 의 감각에 의존하지 않고, 조직 전체의 판단 구조에 의존하고 있기 때문 이다.

PER 멀티플 차이가 발생하는 구조적 이유

구분	A형 기업	B형 기업	투자자 관점 해석
이익의 성격	일회성·외부 변수 의존	구조적·관계 기반 발생	이익의 "지속 가능성" 차이
이익 예측 방식	단일 숫자 가이던스	범위 + 확률 기반 예측	예측 오차 리스크 감소
분기 이익 변동성	분기별 편차 큼	변동 폭 제한적	할인율(리스크 프리미엄) 하락
리스크 반영 시점	사고·문제 발생 후 비용 처리	사전 시뮬레이션으로 선반영	돌발 손실 가능성 감소
리스크 비용 형태	충당금 급증, 일회성 손실	점진적 비용 흡수	손익 곡선의 완만화
위기 구간 손익	급락 후 회복 불확실	완만한 하락 후 빠른 안정	다운사이드 보호 구조
경영 판단의 재사용성	사람 중심, 기록 소멸	판단 맥락이 시스템에 축적	조직 학습 속도 차이
의사결정 의존성	특정 임원·CEO 감각	구조화된 판단 기준	키맨 리스크 감소
현금흐름 가시성	사후 설명 중심	사전 추정·시나리오 중심	DCF 가정 안정화
시장 신뢰 형성	실적 발표 때마다 재평가	장기 신뢰 누적	멀티플 상승 근거
PER 예시	PER 8~10배	PER 14~18배	실패 확률 차이의 가격 반영
PER 할증의 근원	성장 기대	불확실성 감소	금융공학적 프리미엄

이 구조가 쌓일수록, 시장은 이 기업을 다르게 보기 시작한다. 처음에는 단순히 "운영을 잘하는 회사"로 분류된다. 시간이 지나면 "위기에도 버티는 회사"로 인식된다. 그리고 어느 순간부터는 "예측 가능한 회사"가 된다. 이 단계에 이르면, 멀티플은 숫자가 아니라 신뢰의 함수가 된다.

온톨로지 기업에 대한 PER 할증은 성장 기대가 아니라 실패 확률의 감소에서 나온다. 이 기업이 더 빨리 성장할 것이라는 믿음이 아니라 이 기업이 갑자기 무너질 가능성이 낮다는 판단이 가격에 반영된다. 금융 시장에서 이는 가장 강력한 프리미엄이다. 왜냐하면 실패 확률은 대부분의 가치 평가 모델에서 가장 크게 할인되는 요소이기 때문이다.

그래서 스마트 투자자는 묻는다. 이 기업은 데이터를 얼마나 모았는가가 아니라 이 기업은 무엇을 연결했는가를. 이익이 얼마나 나왔는가가 아니라 이익이 나올 수밖에 없는 구조가 고정되어 있는지를. 온톨로지를 가진 기업의 주가는 빠르게 오르지 않을 수 있다. 그러나 한 번 올라간 뒤에는 내려갈 이유를 찾기 어려워진다. 시장이 이 기업에 부여하는 멀티플은 단순한 기대가 아니라 구조에 대한 평가이기 때문이다.

위기 대응 재무 시나리오 Before & After

매출이 갑자기 꺾이는 날은 언제나 예고 없이 찾아온다. 팬데믹이나 공급망 붕괴 상황 등을 가정해 보자. 어느 해 3월, 해외 공장이 멈추고 항구가 막히며 주문서가 책상 위에서 멈춰 선다. A형 기업의 손익계산서는 그 순간부터 빠르게 변색된다. 전년도 기준 매출 1조 원, 분기 매출

2,500억 원을 유지하던 구조는 첫 분기부터 균열을 드러낸다. 4월, 매출은 전년 동기 대비 20% 하락해 2,000억 원으로 내려앉는다. 원가는 바로 줄지 않는다. 고정비로 묶인 인건비와 감가상각비가 그대로 남아 있고, 계약된 원자재 물량이 창고에 쌓인다. 매출총이익률은 25%에서 15%로 떨어지고, 영업이익은 분기 기준 300억 원에서 50억 원으로 쪼그라든다. 6월이 되면 상황은 더 나빠진다. 매출은 1,700억 원, 영업이익은 마이너스 120억 원으로 전환된다. 손익분기점은 이미 지나갔지만, 어디서 멈춰야 하는지 아무도 모른다. 회의실에서는 "언제가 바닥일까?"라는 말만 반복된다. 비용은 사후에 잘리고, 구조조정은 뒤늦게 시작된다. 9월, 매출은 1,600억 원까지 내려가고, 누적 영업손실은 400억 원을 넘긴다. 이 기업의 손익계산서에는 '위기'라는 단어가 숫자로 새겨진다.

같은 시기, B형 기업의 손익계산서는 다른 속도로 움직인다. 팬데믹이 공식 선언되기 한 달 전, 이 기업의 내부 시뮬레이션에는 이미 공급 차질 시나리오가 떠 있다. 특정 부품이 30일 이상 지연될 경우 어떤 공정이 먼저 멈추는지, 그 공정 중단이 어떤 고객 매출에 영향을 주는지, 매출 감소가 언제 현금흐름에 반영되는지가 선으로 연결돼 있다. 4월, 매출은 역시 20% 감소해 2,000억 원이 된다. 같은 숫자이지만 이는 다른 의미를 가진다. 원가 구조는 이미 조정돼 있다. 변동비 비중이 높은 라인은 가동을 늦추고, 고정비 비중이 높은 라인은 사전에 계약 재조정이 끝나 있다. 매출총이익률은 25%에서 22%로만 낮아진다. 영업이익은 300억 원에서 180억 원으로 줄어들지만, 여전히 손익분기점 위에 있다. 6월, 매출은 1,800억 원으로 추가 하락하지만, 영업이익은 80억 원을 유지한다. 비용이 줄어서가 아니라 손실로 이어질 경로가 사전에 차단됐기 때문이다.

시간이 흐를수록 차이는 더 벌어진다. 같은 해 9월, A형 기업이 누적 적자와 함께 긴급 차입을 검토할 때, B형 기업은 이미 두 번째 시나리오로 이동한다. 특정 시장에서 수익성이 급락하면 어느 고객군을 먼저 포기할지, 어떤 계약을 유지하는 것이 손익분기점을 지키는지 계산이 끝나 있다. 매출은 1,750억 원, 영업이익은 40억 원으로 줄지만, 손익계산서는 여전히 검은색 숫자를 유지한다. 손익분기점은 매출 1,600억 원으로 낮아져 있다. 위기 이전 1,900억 원이던 BEP(Break-Even Point, 손익분기점)가 구조 조정이 아니라 구조 재배치로 내려온 결과다.

회복 국면에 들어서면 장부의 표정은 더 극명해진다. 1년 후, 시장 수요가 돌아오기 시작할 때 A형 기업은 매출 2,200억 원을 기록하지만, 영업이익은 여전히 미미하다. 고정비 구조가 무너진 뒤라 회복에도 시간이 걸린다. 반면 B형 기업은 매출 2,100억 원 수준에서 영업이익 250억 원을 회복한다. 이미 어떤 공정과 고객이 회복을 이끄는지 알고 있었고, 그 지점에 자원을 먼저 붙였기 때문이다. 같은 팬데믹, 같은 공급망 붕괴, 같은 매출 하락이었지만 손익계산서의 곡선은 전혀 다른 궤적을 그린다.

A형 기업의 손익계산서는 충격에 반응하고, B형 기업의 손익계산서는 충격을 흡수한다. 전자는 숫자가 무너진 뒤에 이유를 찾고, 후자는 이유를 알고 숫자를 지킨다. 투자자의 눈에는 이 차이가 명확히 보인다. 위기 속에서도 손익분기점을 방어한 기업, 분기별 손익의 낙폭이 제한된 기업, 회복 시점에 가장 먼저 이익을 되찾은 기업. 이 모든 장면이 장부 위에 남는다. 그리고 시장은 그 기록을 기억한다. 같은 매출, 같은 산업, 같은 외부 충격 속에서도 다른 돈의 이야기를 써 내려간 기업에게, 시장은 더 높은 배수를 조용히 붙여준다.

그 이후의 장부는 더 많은 이야기를 보여준다. 충격이 처음 닥친 직후 몇 주 동안 A형 기업의 손익계산서는 숨을 고르지 못한 채 흔들린다. 매출은 갑자기 꺾이고, 고정비는 그대로 남아 있으며, 변동비는 뒤늦게 조정된다. 비용을 줄이기 위한 회의가 이어지고, 이미 발생한 손실을 어떻게 설명할지에 대한 문장이 보고서에 추가된다. 숫자는 결과로서 나타나고, 해석은 항상 그 뒤를 쫓는다. 한 분기가 지나면 손익분기점은 이미 뒤로 밀려 있고, 다음 분기의 계획은 불확실한 가정 위에 다시 세워진다. 손익계산서는 충격의 흔적을 그대로 드러낸 채 다음 페이지로 넘어간다.

같은 시간, B형 기업의 손익계산서는 다른 움직임을 보인다. 매출이 줄어드는 순간에도 급격한 붕괴는 없다. 특정 고객군의 주문 감소가 먼저 표시되고, 그와 연결된 공정과 계약의 영향 범위가 이미 계산된 상태로 반영된다. 고정비는 손대지 않아도 되는 영역과 조정 가능한 영역으로 나뉘어 있었고, 변동비는 조건이 충족되는 순간 자동으로 축소된다. 손익분기점은 흔들리지만 무너지지 않는다. 숫자는 줄어들지만 곡선은 부드럽다. 장부는 공포 대신 긴장을 기록한다.

시간이 조금 더 흐르면 차이는 더 분명해진다. A형 기업은 뒤늦게 구조조정을 시작한다. 인력 감축, 투자 보류, 마케팅 중단 같은 결정이 한꺼번에 쏟아진다. 손익계산서에는 일회성 비용이 크게 찍히고, 다음 분기의 숫자는 더 어두워진다. 회복을 위한 조치와 생존을 위한 조치가 구분되지 않은 채 섞여 들어간다. 장부는 복잡해지고, 숫자의 변동성은 커진다.

반면 B형 기업의 손익계산서는 위기 한가운데서도 질서를 유지한다. 특정 공급망이 끊기는 순간, 대체 경로의 비용이 이미 반영되고, 수익성이 낮아질 거래는 자연스럽게 뒤로 밀린다. 손익계산서의 하단은 얇아지지만 찢어지지 않는다. 분기별 낙폭은 제한되고, 다음 분기의 예상치는 극단적으로 흔들리지 않는다. 숫자는 여전히 말이 된다.

회복의 신호가 보이기 시작할 때, 두 기업의 장부는 완전히 다른 풍경을 보여준다. A형 기업은 매출이 돌아오기 시작해도 이익이 늦게 따라온다. 위기 동안 쌓인 비용과 구조조정의 여파가 손익계산서에 남아 있기 때문이다. 회복은 느리고, 시장의 신뢰는 쉽게 돌아오지 않는다. 숫자는 다시 올라가지만, 변동성은 여전하다.

B형 기업은 다르다. 매출이 회복되는 순간, 이익도 거의 동시에 움직인다. 위기 동안 지켜낸 손익분기점이 발판이 된다. 불필요한 비용은 이미 제거되어 있고, 남아 있는 비용은 다시 성과로 연결된다. 손익계산서는 회복의 속도를 그대로 보여준다. 한 분기 먼저 이익을 되찾고, 두 분기째에는 위기 이전 수준에 근접한다.

이 모든 과정은 설명 없이 숫자로 남는다. 투자자는 이 숫자를 읽는다. 어느 기업이 충격에 반응했고, 어느 기업이 충격을 흡수했는지, 어느 기업이 이유를 찾느라 시간을 썼고, 어느 기업이 이유를 알고 숫자를 지켰는지를 손익계산서의 흐름에서 확인한다. 그리고 기억한다. 위기 속에서도 손익분기점을 방어한 기업, 분기별 손익의 낙폭이 제한된 기업, 회복 시점에 가장 먼저 이익을 되찾은 기업의 이름을.

시간이 지나면 시장은 조용히 판단을 내린다. 같은 매출, 같은 산업, 같은 외부 충격 속에서도 다른 돈의 이야기를 써 내려간 기업에게 더 높은 가치를 부여한다. 그것은 보상이 아니라 평가다. 위기를 견딘 기록, 흡수된 충격의 흔적, 장부에 남은 질서가 만든 자연스러운 결과다. 시장은 그 기록을 잊지 않는다.

팔란티어를 이해하면
미래의 B형 기업이 보인다

팔란티어는 왜, 데이터를 파는 게 아니라 '판단'을 판다고 하는가? 많은 투자자가 팔란티어를 두고 여전히 혼란스러워한다. 어떤 이는 "정부 프로젝트에 강한 데이터 분석 회사"라고 말하고, 또 어떤 이는 "AI 기업이긴 한데 설명이 어려운 회사"라고 말한다. 그러나 팔란티어를 이해하는 가장 정확한 방법은 따로 있다. 팔란티어는 데이터를 다루는 회사가 아니라 조직의 판단 구조를 설계하는 회사다. 이 차이를 이해하는 순간, 투자자 및 CEO, 임원들의 시야는 단번에 넓어진다. 팔란티어는 예외적인 기업이 아니라, 앞으로 점점 많아질 B형 기업의 원형이기 때문이다.

우선 팔란티어의 고객은 '데이터 팀'이 아니라 '의사결정자'다. 대부분의 데이터·AI 기업은 현업 실무자나 IT 부서를 고객으로 삼는다. 반면 팔란티어의 실제 고객은 항상 명확했다. 군 지휘관, 정보기관 책임자, 정부 고위 관료, 그리고 대기업의 최고 의사결정자들이다. 이들이 팔란티어를 선택하는 이유는 단순하다. 빠르게, 틀리지 않게, 책임 있는 판단을 내려야 하기 때문이다. 팔란티어는 "어떤 데이터를 보시겠습니까?"라고 묻지 않는다. 대신 "어떤 결정을 내려야 합니까?"라고 묻는다. 그리고 그 결정에 필요한 현실 세계의 구조를 시스템 안에 옮긴다. 사람, 조직, 설비, 사건, 시간, 공간을 하나의 관계망으로 묶어 '판단 가능한 세계'를 만든다.

이 접근 방식은 기존 BI나 AI 솔루션과 본질적으로 다르다. 데이터가 출발점이 아니라, 의사결정이 출발점이기 때문이다.

반복적이지만 팔란티어 온톨로지는 '기능'이 아니라 '운영체제'다. 많은 투자자가 팔란티어의 온톨로지를 기술 요소 중 하나로 오해한다. 그러나 팔란티어 온톨로지는 기능이 아니라 조직 운영체제os에 가깝다. 이 온톨로지는 단순히 개념을 정의하는 수준을 넘어, 조직이 세상을 어떻게 바라보고 행동할지를 규정한다. 팔란티어의 시스템에서는 데이터가 먼저 움직이지 않는다. 관계가 먼저 작동한다. 예를 들어 특정 설비 이상이 감지되면, 그 설비와 연결된 공정, 납기, 고객, 재무 영향이 즉시 연쇄적으로 드러난다. 이는 리포트를 생성하는 문제가 아니라, 상황 인식을 자동화하는 문제다. 이 구조가 한 번 자리 잡으면 조직은 이전 상태로 돌아가기 어렵다. 팔란티어의 강력한 Lock-in은 계약 조건이 아니라, 사고 방식의 전환에서 나온다.

팔란티어의 진짜 해자는 '모델'이 아니라 '축적된 판단'이다. 팔란티어의 경쟁 우위를 단순히 기술력이나 알고리즘에서 찾으면 본질을 놓친다. 팔란티어의 진짜 해자는 고객과 함께 쌓아온 판단의 역사다. 어떤 상황에서 어떤 정보가 중요했고, 어떤 연결이 의미 있었으며, 어떤 판단이 성공과 실패로 이어졌는지가 시스템 안에 누적된다. 이 축적은 쉽게 복제되지 않는다. 경쟁사가 비슷한 기술을 도입할 수는 있지만, 같은 판단 구조를 단기간에 재현하는 것은 거의 불가능하다. 투자자의 관점에서 이는 매우 중요한 신호다. 기술은 추격당할 수 있지만, 판단 자산은 그렇지 않다.

미래의 B형 기업은 반드시 팔란티어를 '도입'하지 않아도 닮아간다.

흥미로운 점은, 미래의 B형 기업이 반드시 모두 팔란티어 고객이 될 필요는 없다는 것이다. 중요한 것은 팔란티어가 제시한 사고 방식이다. 이미 많은 산업에서 비슷한 흐름이 나타나고 있다. 제조 기업이 공정 중심이 아니라 관계 중심으로 운영을 재편하고, 금융 기업이 리스크를 숫자가 아니라 시나리오로 관리하며, 의료 기관이 개별 환자가 아니라 치료 경로를 중심으로 판단하는 모습이 그것이다. 이 기업들의 공통점은 분명하다. 의사결정을 데이터 이후가 아니라, 데이터 이전에 구조화한다는 점이다. 이것이 바로 B형 기업의 정의다.

마지막으로 투자자는 '팔란티어 같은 기업'을 찾는 게 아니다. 여기서 중요한 결론이 나온다. 투자자가 해야 할 일은 "제2의 팔란티어"를 찾는 것이 아니다. 진짜 목표는 팔란티어처럼 생각하는 기업을 찾아내는 것이다. 산업이 무엇이든, 매출 규모가 어떻든, 이 기업이 판단을 구조화하고 있는지를 보면 된다. 투자자는 이제 새로운 질문을 던져야 한다. 이 기업은 데이터를 모으고 있는가, 아니면 판단을 축적하고 있는가? 이 기업은 보고서를 만들고 있는가, 아니면 상황을 이해하고 있는가? 이 기업은 AI를 쓰고 있는가, 아니면 AI가 이 기업의 사고를 따르고 있는가?

3부의 핵심 메시지

온톨로지는 단순한 IT 자산이 아니다. 온톨로지는 판단을 독점하게 만드는 권력이다. 이 권력은 눈에 보이지 않고 단기간에 복제되지 않으며 위기에서 진짜 가치를 드러낸다. 다음 장에서는, 이 권력을 실제 기업 안에서 어떻게 구축하고 실행할 것인지를 다룬다.

CEO를 위한 질문

- 우리 회사의 판단 기준은 어디에 저장되어 있는가?

- 의사결정이 빨라질수록, 설명 책임은 강화되고 있는가?

- 이 구조는 내가 떠난 뒤에도 유지될 수 있는가?

투자자를 위한 질문

- 이 기업의 경쟁력은 데이터인가, 구조인가?

- 위기 상황에서 설명력이 무너질 위험은 없는가?

- 이 회사는 '판단'을 자동화하고 있는가, 반복하고 있는가?

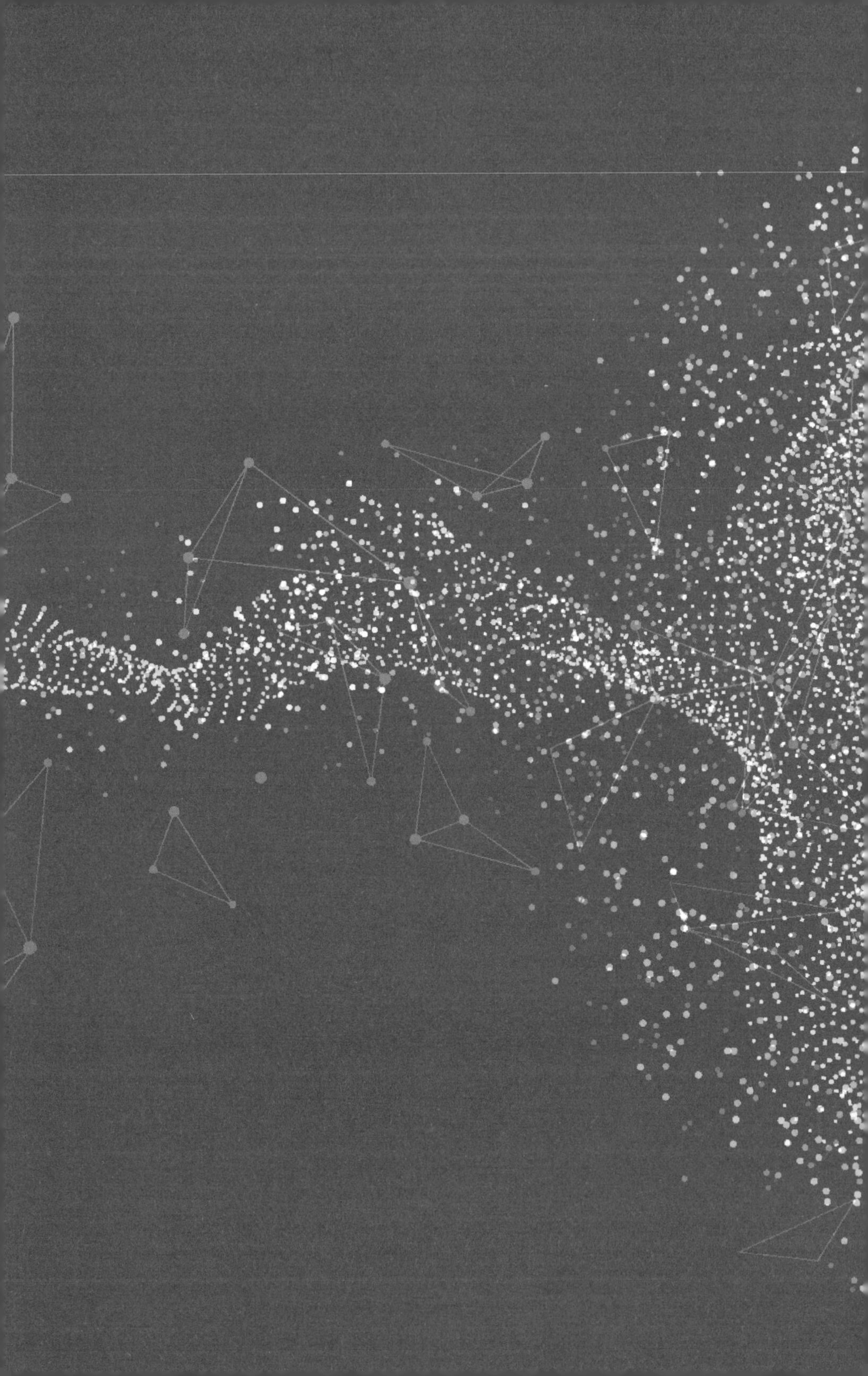

4부.

리더의 실행 :

당신의 기업을 '지능형'으로 바꾸는 법

전략적 접근 :

거대한 데이터 댐을 만들지 말고, '관계'부터 연결하라

이제 남은 질문은 하나다. 1부부터 3부까지 모두 읽은 독자는 자연스럽게 이 질문에 도달한다. "그래서, 우리 회사에서는 무엇부터 어떻게 해야 하는가?" 많은 CEO와 임원들은 이 지점에서 본능적으로 이렇게 반응한다. "대규모 데이터 플랫폼부터 만들어야 하나?" "전사 통합 시스템을 다시 짜야 하나?" 하지만 이것이 바로 온톨로지 프로젝트가 실패하는 가장 흔한 출발점이다. 온톨로지는 IT 프로젝트가 아니라 경영 방식이기 때문이다.

한 에너지 기업의 사례를 보자. 초기에는 IT팀이 데이터 모델을 설계했다. 결과는 깔끔했지만, 현업에서는 이렇게 말했다. "현실과 다릅니다." 이후 접근 방식을 바꿨다. 설비 전문가, 안전 담당자, 운영 책임자. 이들이 직접 "무엇이 무엇과 연결되는가?"를 정의했다. 그 순간부터 시스템은 '사용'되기 시작했다. 여기에서 중요한 점이 하나 있다. 온톨로지는 문서가 아니라 '합의의 결과'다. 온톨로지는 컨설턴트가 대신 만들어줄 수 없고 문서로만 남겨서는 작동하지 않는다. 그 본질은 조직 내 합의다. 이 회사에서 '위험'이란 무엇인가, 언제 '문제'가 발생한 것으로 보는가, 누가 판단의 주체인가? 이 합의가 시스템에 고정될 때, 조직은 흔들리지 않는다.

한 공공기관은 '전사 데이터 통합'을 목표로 수백억 원을 투입했다. 모든 데이터를 한곳에 모으고, 모든 시스템을 연결하고, 모든 지표를 표준화했다. 결과는 어땠을까? 데이터는 많아졌지만, 의사결정은 빨라지지 않았다. 이유는 간단하다. 중요한 관계부터 연결하지 않았기 때문이다. 온톨로지는 '많이 모으는 기술'이 아니라 '먼저 정하는 기술'이다. 몇 개의 질문을 던져보자.

첫 번째 질문 : 우리 회사에서 가장 비싼 판단은 무엇인가? 온톨로지 실행의 출발점은 데이터가 아니라 질문이다. 한 번의 잘못된 판단이 가장 큰 손실로 이어지는 영역은 어디인가? 반복해서 논쟁이 벌어지는 의사결정은 무엇인가? 대표적인 산업 분야별 예를 들어보자. 제조업에서는 생산 변경이 품질·납기에 미치는 영향, 금융에서는 특정 거래를 차단할지 말지의 판단, 공공에서는 정책 변경이 현장에 미치는 파급 효과 등이다. 이 지점이 바로 온톨로지를 처음 심어야 할 자리다.

두 번째 질문 : 어떤 '관계'가 항상 문제를 만드는가? 많은 기업이 지표는 잘 관리하지만 관계는 관리하지 않는다. 그러나 실제 문제는 항상

관계에서 터진다. 제품과 공정의 관계, 고객과 계약 조건의 관계, 규제와 운영 방식의 관계, 온톨로지는 이 관계를 명시적으로 드러낸다. "이것이 바뀌면, 반드시 영향을 받는 것은 무엇인가?" 이 질문에 답할 수 있을 때, 비로소 판단이 자동화된다. 조직이라면 이 부분에서는 개발자가 아닌 '현업 전문가'가 주체다. 온톨로지 프로젝트가 기존 IT 프로젝트와 다른 결정적 이유는 이것이다. 코드를 아는 사람이 아니라 일을 아는 사람이 중심이 되어야 한다.

1) 왜 '관계'가 전략의 출발점인가

기업의 의사결정은 언제나 관계에 대한 판단이다. 매출이 줄었다 → 어떤 고객의 어떤 행동 때문인가, 비용이 늘었다 → 어떤 결정이 어떤 사건을 거쳐 비용으로 전환되었는가, 사고가 발생했다 → 어떤 신호가 무시되었고, 어떤 경로로 확대되었는가 등. 하지만 대부분의 시스템은 이 관계를 저장하지 않는다. 숫자만 저장하고, 관계는 회의실과 사람의 머릿속에만 남긴다. 온톨로지의 핵심은 "관계를 시스템의 1급 시민First-Class Citizen으로 만드는 것"이다. 그리고 이때 모든 관계를 한 번에 만들 필요는 없다. 가장 비싼 관계, 가장 자주 묻는 관계, 가장 후회가 남는 관계부터 시작하면 된다.

여기에서 "관계를 시스템의 1급 시민으로 만든다."는 말의 의미는 무엇일까? 우리가 익숙한 대부분의 기업 시스템에서 주인공(1급 시민)은 항상 숫자와 표였다. 고객은 행row이고, 매출은 컬럼column이며, 계약은 문서로 저장된다. 하지만 그 사이의 관계는 시스템 밖에 있다. 예를 들어 보자. 이 고객이 왜 이 상품을 샀는지, 이 계약 조건이 어떤 상황에서 이익이 되었는지, 이 설비 고장이 어떤 경로를 거쳐 매출 손실로 이어졌는지 등. 이 정보들은 보고서의 설명 문장, 회의 중 발언, 담당자의 기억 속에만 남는다. 즉, 관계는 존재하지만 저장되지 않는다.

기술적으로 보면, 전통적인 시스템에서 관계는 이렇게 취급된다. 데이터베이스에서는 관계가 SQL의 JOIN 쿼리로 임시 계산된다. 보고서에서는 관계가 해석 문장으로 설명된다. 회의에서는 관계가 사람의 주장으로 충돌한다. 중요한 점은 이 관계들이 항상 '그때그때 만들어진다'는 것이다. 다음 회의, 다음 분석, 다음 보고서에서는 다시 새로 해석된다. 그래서 같은 질문을 반복하게 된다. "지난번에도 이 얘기 하지 않았나요?"

기술적으로 '1급 시민'이란 독립된 이름을 갖고, 시스템 안에 명시적으로 존재하며, 저장·조회·추론의 대상이 되는 것을 의미한다. 관계를 1급 시민으로 만든다는 것은 관계를 계산 결과가 아니라 '객체'로 저장한다는 뜻이다. 예시로 보면 바로 이해된다.

CEO 관점에서 관계를 1급 시민으로 만들면, 회사에서 다음 변화가 일어난다. 우선 질문이 빨라진다. "왜?"를 묻는 순간, 관계를 따라가면 된다. 회의가 줄어든다. 관계가 이미 정의되어 있어 해석 싸움이 사라진다. AI가 말이 아니라 판단을 하기 시작한다. 숫자 + 관계 + 규칙을 동시에 본다. 마지막으로 의사결정의 기억이 남는다. 왜 이 판단을 했는지가 시스템에 저장된다. 결국 관계를 1급 시민으로 만든다는 것은 데이터를 '나열'하는 시스템에서 '의미와 인과를 저장하는 시스템'으로 바꾼다는 뜻이다. "우리 회사의 판단 기준과 사고방식을 사람 머리가 아니라 시스템에 남기겠다는 선언"일 수가 있는 것이다.

구분	기존 방식 (관계가 2급 시민일 때)	온톨로지 방식 (관계가 1급 시민일 때)
대상	테이블 - 고객 테이블 - 매출 테이블	객체 - Customer - Visit - Contract - Revenue
맥락	질문 - "이 고객의 행동이 매출에 영향을 줬는가?"	관계 - Customer → makes → Visit - Visit → resultsIn → Revenue - Contract → constrains → Revenue
처리 과정	처리 방식 - 여러 테이블을 조인 - 사람이 해석 - 문장으로 설명	관계의 변화 - 저장된다 - 버전이 남는다 - 시간에 따라 변화가 기록된다 - 다른 AI·시뮬레이션이 그대로 재사용한다
결과	관계는 질문할 때마다 새로 만들어짐	관계는 더 이상 "설명"이 아니라 시스템의 자산

2) 리더가 가장 먼저 연결해야 할 5가지 핵심 관계

아래 다섯 가지 관계는 산업을 가리지 않고, 거의 모든 기업에서 의사결정의 핵심 축이 된다.

① 고객 행동 → 매출 결과의 관계. 대부분의 기업은 고객 데이터와 매출 데이터를 가지고 있다. 그러나 "이 행동이 이 매출로 이어졌다."는 관계는 거의 저장하지 않는다. 리더가 던져야 할 질문은 이것이다. 어떤 고객 행동이 실제로 매출을 만드는가? 방문, 클릭, 상담, 계약 중 무엇이 결정적 전환점인가? 할인, 지연, 불만 중 어떤 것이 매출 이탈의 신호인

가? 이 관계를 고정하면 생기는 변화는 명확하다. 마케팅은 '활동량'이 아니라 매출 기여도로 평가된다. 영업 보고는 '성과 설명'이 아니라 전환 구조 분석이 된다. "고객 → 행동 → 매출" 이 삼각 관계는 거의 모든 기업에서 온톨로지의 출발점이 된다.

② 사건Event → 비용 발생의 관계. 기업의 비용은 숫자로 기록되지만, 사건으로 발생한다. 설비 고장, 인력 이탈, 납기 지연, 규제 위반, 품질 클레임. 문제는 이 사건들이 비용과 느슨하게만 연결되어 있다는 점이다. 회계는 결과를 기록하지만, 원인을 설명하지 않는다. 리더는 다음 관계를 먼저 고정해야 한다. 이 사건이 발생하면 어떤 비용이 생기는가? 즉시 비용인가, 지연 비용인가? 직접 비용인가, 기회비용인가? 이 관계가 연결되면 비용 관리는 사후 보고가 아니라 사전 판단으로 바뀐다. "사건 → 비용 → 손익 영향"

③ 결정Decision → 결과Result의 관계. 가장 중요한데, 가장 자주 사라지는 관계다. 대부분의 기업에서 의사결정은 이렇게 처리된다. 회의에서 결정됨, 문서로 남지 않음, 결과만 남고, 왜 그렇게 결정했는지는 사라짐. 온톨로지 기반 기업은 다르다. 어떤 가정으로 어떤 대안을 검토했고, 왜 이 선택을 했는지를 결정 객체로 저장한다. 이렇게 되면 시스템은 단순 기록을 넘어 학습하는 조직의 기억이 된다. "결정 → 가정 → 결과" 이 관계를 고정하는 순간, 기업은 같은 실수를 반복하지 않게 된다.

④ 리스크 → 확률 → 손실의 관계. 대부분의 기업에서 리스크는 애매하다. 어떤 부서는 리스크를 "가능성"으로 보고, 어떤 부서는 리스크를 "비용"으로 본다. 온톨로지는 이 싸움을 끝낸다. 리스크를 확률 × 영향으로 구조화하고, 시나리오별 손익 곡선으로 연결한다. 리더가 해야 할 질

문은 단순하다. 이 리스크가 현실화되면 얼마를 잃는가? 그 확률은 어떤 조건에서 높아지는가? "리스크 → 확률 → 손실 곡선" 이 관계가 고정되면, 리스크 관리가 감이 아니라 계산이 된다.

⑤ 운영 상태 → 미래 결과의 관계. 지능형 기업은 현재만 보지 않는다. 현재 상태가 미래를 어떻게 바꾸는지를 본다. 설비 상태 → 고장 확률, 인력 피로도 → 사고 가능성, 재고 수준 → 납기 실패 확률. 이 관계는 시계열 데이터와 온톨로지가 만나는 지점이다. "현재 상태 → 변화 추세 → 미래 결과" 이 관계가 연결되면, 시스템은 예측을 넘어 선제적 선택을 제안하기 시작한다.

3) 실행 원칙 : 작게, 그러나 결정적으로 시작하라

리더가 기억해야 할 원칙은 세 가지다. 한 번에 하나의 질문만 고정하라. "우리 회사가 매일 반복해서 묻는 질문은 무엇인가?" 그 다음은 데이터가 아니라 판단을 먼저 구조화하라. 숫자는 나중에 붙어도 된다. 마지막으로 회의에서 싸우는 주제를 시스템에 먼저 넣어라. 가장 시끄러운 주제가 가장 가치 있는 관계다.

지능형 기업은 데이터를 많이 가진 기업이 아니다. 가장 중요한 관계를 가장 먼저 고정한 기업이다. 다시 한 번 강조하지만 온톨로지는 IT 프로젝트가 아니다. 그것은 리더가 "우리 회사는 이렇게 판단한다."라고 선언하는 행위다. 그리고 그 선언이 코드가 되는 순간, 당신의 기업은 더 이상 사람의 기억에 의존하지 않는 진짜 지능형 조직으로 바뀌기 시작한다.

개발자가 아닌 '현업의 전문가(도메인 전문가)'가

온톨로지 설계의 주체가 되어야 하는 이유.

왜 개발자가 아니라 '현업의 전문가'가
온톨로지 설계의 주체가 되어야 하는가

온톨로지 설계에서 가장 흔한 착각은 이것이다. "온톨로지는 기술이니까 개발자가 설계해야 한다." 그러나 실제로 온톨로지가 실패하는 대부분의 이유는 기술적 완성도가 아니라, 회사가 세상을 어떻게 이해하는지에 대한 정의가 잘못되었기 때문이다. 그리고 이 정의를 잘못 내리는 주체는 대개 그 세상을 살아본 적 없는 사람들이다. 이를 가장 직관적으로 보여주는 사례가 바로 앞서 설명했던 이탈리안 레스토랑 '벨라로마Bella Roma' 실험이다.

벨라로마 실험 초기, 시스템 구축을 맡은 개발자의 모니터 위에는 식당의 풍경이 아닌 차가운 거래의 데이터들이 먼저 자리를 잡았다. 개발자의 시선에서 벨라로마라는 세계는 논리적으로 완결된 하나의 '결제 시스템'에 가까웠기 때문이다. 그는 가장 먼저 식당을 구성하는 개체들을 정의하며, 돈을 지불하는 주체인 '고객'과 그들이 선택하는 상품인 '메뉴'를 데이터베이스의 핵심 기둥으로 세웠다. 이 구조 안에서 고객은 그저 주문을 발생시키는 행위자일 뿐이었고, 그들 사이를 잇는 가장 중요한 연결고리는 고객이 메뉴를 선택하여 '주문을 넣고', 그 주문이 곧바로 '결제와 매출'로 이어지는 선형적인 흐름이었다.

개발자가 설계한 이 첫 번째 온톨로지 속에서 식당은 오직 거래가 일어나는 순간에만 살아 움직였다. 주문서에 어떤 메뉴가 담겼는지, 그리고 그 결과로 얼마의 매출이 발생했는지와 같은 '팩트'를 기록하는 데만 온 신경을 곤두세운 것이다. 이는 흡사 잘 짜인 가계부나 재고 관리 시스템과 같았다. 고객이 식당 문을 열고 들어와 자리에 앉기까지의 지루한 기다림이나 서빙하는 직원의 지친 표정 같은 비정형적인 맥락은 개발자의 정교한 수식 안으로 들어오지 못했다. 그에게 식당이란 고객이 주문을 던지면 매출이라는 결과값이 도출되는, 명확하고도 건조한 연산의 공간이었던 셈이다.

하지만 이러한 설계는 마치 식당의 겉모습만 보고 속사정은 모르는 이방인의 시선과도 같았다. 데이터는 정확하게 쌓이고 있었지만, 그 데이터가 실제 식당의 성패를 결정짓는 '사람의 마음'이나 '현장의 긴박함'까지는 담아내지 못하고 있었다. 개발자가 흐뭇하게 바라보던 이 깔끔한 구조는, 훗날 현업 전문가의 날카로운 통찰을 만나며 완전히 깨지고 다시 쓰이게 될 운명이었다.

기술적으로는 전혀 문제 없다. ERD(Entity-Relationship Diagram, DB 개체-관계 모델링)로도 깔끔하고, 그래프 구조Graph Architecture로도 아름답다. 하지만 이 구조로는 벨라로마의 매출 감소 원인을 절대 설명할 수 없다. 왜냐하면 이 구조는 "레스토랑이 어떻게 운영되는가?"가 아니라 "데이터가 어떻게 저장되기 쉬운가?"를 기준으로 만들어졌기 때문이다. 현업 전문가가 보는 벨라로마의 세계는 다르다

반면, 온톨로지 설계의 주체를 벨라로마의 오너, 주방장, 홀 매니저로 바꾸는 순간 세상은 완전히 다르게 정의되기 시작한다. 그들이 던지는 질문은 기술적이지 않다.

"이 손님은 왜 점심에는 오는데 저녁에는 안 올까?" "같은 메뉴인데 왜 이 테이블에서는 불만이 나오지?" "비 오는 날과 비 안 오는 날의 매출은 왜 이렇게 다르지?" "예약이 꽉 찼는데도 왜 체감 매출은 줄어들지?" 이 질문들은 데이터가 아니라 경험에서 나온 질문이다.

개발자가 떠난 자리, 식당의 생동감을 누구보다 잘 아는 현업 매니저가 벨라로마의 세계를 다시 그리기 시작한다. 매니저의 눈에 식당은 단순히 주문과 결제가 오가는 거래처가 아니라, 수많은 감정과 상황이 얽혀 돌아가는 살아있는 유기체였다. 그는 가장 먼저 '주문'이라는 결과값 이전에, 고객이 식당의 문턱을 넘는 그 찰나의 순간인 '방문' 자체를 세상의 중심에 놓는다. 단순히 무엇을 먹었느냐보다 그들이 어떤 상태에서 우리 식당을 경험하느냐가 훨씬 더 중요하다고 믿었기 때문이다.

그의 온톨로지 속에서 식당은 비로소 사람 냄새 나는 공간으로 변모한다. 고객이 문 앞에서 보내는 지루한 '대기 시간'과 그들을 맞이하는

'좌석 배치'의 효율성은 이제 매출만큼이나 중요한 핵심 개체가 된다. 매니저는 특히 주방과 홀을 쉼 없이 뛰어다니는 '직원의 피로도'에 주목한다. 직원이 지치면 서비스가 무너지고, 서비스가 무너지면 창밖의 '날씨'가 아무리 좋아도 고객의 '체감 만족도'는 바닥을 칠 수밖에 없다는 사실을 누구보다 잘 알았기 때문이다. 이 설계 안에서 데이터는 차가운 숫자가 아니라, 고객의 마음이 '재방문'이라는 결실로 이어질지, 혹은 영영 발길을 끊을지를 결정짓는 뜨거운 흔적이 된다.

매니저가 설계한 새로운 세계에서는 모든 것이 인과관계로 촘촘하게 엮인다. "고객이 메뉴를 주문했다."는 평면적인 서술은 이제 "직원의 피로도가 높아지면서 대기 시간이 길어졌고, 이로 인해 고객의 기분이 나빠졌다."는 입체적인 이야기로 대체된다. 매니저에게 중요한 것은 주문서에 찍힌 금액이 아니라, 고객이 문을 나서며 짓는 표정 속에 숨겨진 재방문의 신호였다.

이처럼 현장의 목소리를 담아낸 온톨로지는 비로소 식당의 '진짜 문제'를 짚어내기 시작한다. 매출이 떨어진 이유를 메뉴 구성에서 찾던 개발자의 방식과 달리, 매니저의 시스템은 직원의 휴식 부족이나 비 오는 날의 병목 현상을 범인으로 지목한다. 결국, 현업 전문가의 시선으로 재정의된 벨라로마의 세계는 단순한 데이터 기록기를 넘어 식당의 미래를 예측하고 관리하는 지능적인 경영 파트너로 거듭나게 된다.

이 객체들 중 상당수는 기존 POS(Point Of Sale, 결제 단말기 시스템)나 ERP에는 존재하지 않는 개념이다. 그러나 현장에서 일하는 사람에게는 너무나 실재하는 개념이다. 그러다 보니 관계 정의에서 결정적인 차이가 발생한다. 현업 전문가가 설계에 참여하면 관계는 단순 거래 흐름이 아니라 원인과 결과의 흐름으로 정의된다.

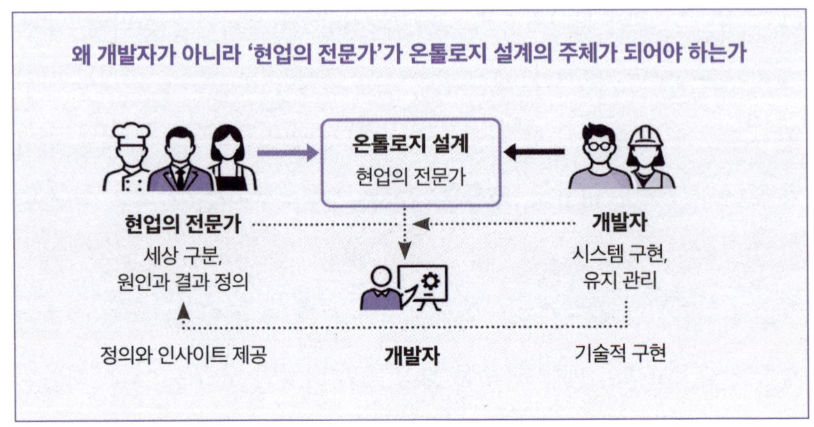

개발자의 설계가 정교한 시계 부속품을 나열한 것이라면, 현업 전문가가 참여한 벨라로마의 설계는 비로소 살아 꿈틀거리는 식당의 근육과 신경계를 그려낸 것과 같다. 매니저의 시선이 닿는 곳마다 차가운 데이터의 연결고리는 뜨거운 인과관계로 탈바꿈한다. 그에게 '방문'이란 단순히 고객이 문을 열고 들어오는 사건이 아니었다. 그것은 매장 안팎의 수많은 변수가 부딪히며 만들어내는 결과물이었다.

매니저는 먼저 고객의 '방문'이 식당의 공기에 어떻게 반응하는지 살핀다. 손님이 매장에 머무는 경험은 문 앞에서 마주한 '대기 시간'에 의해 좌우되고, 그 대기 시간은 다시 주방과 홀을 뛰어다니는 '직원들의 피로도'가 어느 정도냐에 따라 늘어지기도, 짧아지기도 한다. 여기에 창밖의 궂은 '날씨'라는 불청객까지 끼어들면 방문의 질은 매니저조차 통제하기 힘든 복잡한 양상을 띠게 된다. 개발자가 간과했던 이 보이지 않는 끈들

이야말로 식당을 움직이는 진짜 동력임을 매니저는 본능적으로 알고 있었다.

그의 설계 속에서 데이터는 감정을 입는다. 째깍거리는 시계추처럼 흐르는 '대기 시간'은 단순히 숫자가 커지는 과정이 아니라, 고객의 마음 속에 자리 잡은 '만족도'를 서서히 갉아먹는 침식의 과정으로 정의된다. 기다림이 길어질수록 식탁 위에는 즐거운 대화 대신 침묵과 짜증이 들어 앉고, 이는 결국 다시는 이 식당을 찾지 않겠다는 '재방문율의 하락'으로 이어진다. 매니저는 오늘 번 돈 몇만 원보다 고객의 표정에서 사라진 재 방문의 의사가 식당의 미래에 훨씬 더 치명적이라는 사실을 온톨로지라 는 지도 위에 선명하게 새겨 넣는다.

결국, 현업 전문가의 손끝에서 완성된 벨라로마의 세계는 '장기적 수 익'이라는 목적지를 향해 나아간다. 당장의 주문 한 건에 집착하는 대신, 고객이 만족하며 문을 나설 때 발생하는 그 보이지 않는 신뢰가 어떻게 미래의 안정적인 매출로 치환되는지 그 거대한 선순환 구조를 증명해낸 다. 이처럼 원인과 결과를 잇는 촘촘한 인과관계의 설계 덕분에 벨라로마 의 시스템은 이제 단순히 과거를 기록하는 장부가 아니라 사장의 고민을 미리 읽고 대안을 제시하는 지혜로운 참모로 거듭나게 된다.

이 관계는 개발자가 만들기 어렵다. 왜냐하면 이 관계는 코드가 아니 라 경험에서만 보이기 때문이다. 왜 개발자는 이 설계를 할 수 없는가? 개 발자는 다음 질문에는 답할 수 있다. "이 데이터는 어디에 저장할까요?" "이 관계를 그래프로 표현할까요?" 하지만 다음 질문에는 답할 수 없다. "대기 시간이 몇 분을 넘으면 손님은 불쾌해지는가?" "주방이 바쁠 때 홀 서비스의 품질은 어떻게 무너지는가?" "재방문을 결정하는 진짜 변수는 가격인가, 기억인가?" 이 질문에 답할 수 있는 사람은 오직 그 현장에서 수백 번의 실패와 성공을 겪은 사람뿐이다.

온톨로지 설계란 결국, 암묵지(말로 설명되지 않던 판단 기준)를 명시적 구조로 고정하는 작업이다. 온톨로지 구현은 '지식의 코드화' 작업이다. 벨라로마 실험에서 진짜 가치가 있었던 순간은 AI 모델이 정확해졌을 때가 아니라, 현업의 감각이 구조로 번역되기 시작했을 때였다. 그 순간부터 AI는 더 이상 일반론을 말하지 않았고 시뮬레이션은 현실을 배반하지 않았으며 경영자는 "왜 그런지"를 설명할 수 있게 되었다.

조직 내 참여자 관점에서 온톨로지는 다음과 같이 설계되어야 한다. 주체는 현업의 도메인 전문가여야 하며, 그들의 역할은 "세상을 어떻게 나누는가?"를 정의하고 "무엇이 원인이고 결과인가?"를 결정해야 한다. 그 옆에서 개발자들은 이를 정확하게 구현하고, 변경 가능하게 유지하는 것을 맡을 뿐이다. 온톨로지는 개발자가 만드는 시스템이 아니라 현업 전문가가 자신의 사고방식을 고정하는 도구다. 그리고 벨라로마 실험이 증명한 사실은 이것이다. 세상을 가장 잘 아는 사람이 설계하지 않은 온톨로지는 가장 빨리 무너진다는 것이다.

CEO가 온톨로지 시스템 구축을
주도해야 하는 이유

많은 기업에서 온톨로지는 이렇게 시작된다. "데이터팀에서 한번 검토해 보세요." 혹은 "AI나 빅데이터 프로젝트의 일환으로 진행합시다."

그리고 대부분 실패한다. 이유는 단순하다. 온톨로지는 기술의 문제가 아니라 경영의 문제이기 때문이다.

1) 온톨로지는 "우리 회사가 무엇으로 이루어져 있는가"를 정의한다

온톨로지의 첫 질문은 이것이다. "우리 회사의 핵심은 무엇인가?" 우리는 '제품 회사'인가, '서비스 회사'인가? 고객은 단순 구매자인가, 관계의 주체인가? 품질이 중요한가, 속도가 중요한가? 리스크는 어디에서 발생하는가? 이 질문들은 IT 부서나 외주 컨설턴트가 대신 답할 수 없다. 회사의 정체성을 정의하는 권한은 CEO에게만 있다. 온톨로지는 그 정의를 컴퓨터가 이해할 수 있는 형태로 옮기는 작업이다.

2) 온톨로지는 조직 간 '해석의 싸움'을 끝낸다

위기 상황에서 이런 장면은 너무 익숙하다. 영업은 "시장 문제"라고 말하고, 생산은 "공정 문제"라고 말하며, 재무는 "원가 문제"라고 말한다. 모두 자기들의 데이터는 옳다. 문제는 같은 현실을 서로 다른 언어로 해석한다는 것이다. 온톨로지는 조직 전체가 공유하는 단 하나의 현실 모델을 만든다. 그리고 이 모델을 누가 정의해야 하는가? 조직 전체를 관통하는 관점을 가진 사람은 CEO뿐이다.

3) 온톨로지는 '무엇을 최적화할 것인가'를 결정한다

AI와 데이터 시스템은 중립적이지 않다. 무엇을 최적화할지는 설계자의 의지가 반영될 뿐이다. 매출을 최적화할 것인가? 이익률을 최적화할 것인가? 고객 만족을 우선할 것인가? 리스크 회피를 우선할 것인가? 이 선택은 기술적 판단이 아니라 경영 판단이다. 온톨로지에 정의된 관계는 AI와 자동화 시스템의 판단 기준이 된다. CEO가 관여하지 않은 온톨로지는 결국 엉뚱한 것을 최적화하는 시스템이 된다.

4) 온톨로지는 '보고 문화'를 '판단 문화'로 바꾼다

CEO가 온톨로지 설계를 주도할 때 조직에서 가장 먼저 바뀌는 것은 보고 방식이다. "이 수치가 왜 나왔는가?" "이 변화의 원인은 무엇인가?" "이 판단의 근거는 어디에 있는가?" 보고서는 줄어들고, 구조화된 질문과 근거 중심의 대화가 늘어난다. 이 변화는 IT 부서 주도로는 절대 일어나지 않는다. CEO가 직접 묻고, CEO가 직접 구조를 요구할 때만 가능하다.

5) 온톨로지는 미래의 AI 에이전트를 위한 '헌법'이다

앞으로 기업의 AI는 단순한 분석 도구가 아니라 의사결정의 대리인이 된다. 그 AI는 무엇을 기준으로 판단할까? 온톨로지에 정의된 개념, 온톨로지에 정의된 관계, 온톨로지에 정의된 우선순위. 즉, 온톨로지는 미래 AI 에이전트의 헌법Constitution이 된다. 헌법을 실무자가 쓰는 조직은 없다. 기업도 마찬가지다. CEO가 쓰지 않은 온톨로지는 AI에게 잘못된 세계관을 가르친다.

6) CEO가 해야 할 일은 '설계'이지 '구현'이 아니다

많은 CEO가 이렇게 말한다. "내가 기술까지 알아야 하나요?" 대답은 명확하다. "아니오. 코딩은 할 필요 없습니다. 대신 '정의'는 직접 해야 합니다." CEO의 역할은 다음 세 가지다. 무엇이 중요한 개념인가를 정한다,

어떤 관계가 의사결정에 핵심인지 정한다, 무엇을 자동화해도 되고, 무엇은 사람이 판단해야 하는지 정한다. 이 세 가지만 명확하면 구현은 얼마든지 위임할 수 있다.

온톨로지 시스템 구축을 주도하지 않는 CEO는 앞으로 'AI가 어떤 판단을 하게 될지'를 스스로 통제할 수 없게 된다. 이는 회사의 미래를 통제할 수 없게 되는 것과 같다.

의사결정은 계산이 아니라 '제약 조건의 선택'이다

CEO는 항상 최선 및 최적의 '의사결정'을 위해 밤잠을 설친다. 의사결정은 흔히 이렇게 설명된다. "데이터를 분석해서 가장 좋은 답을 고르는 것." 하지만 현실의 경영 의사결정은 계산 문제가 아니다. 의사결정은 언제나 '제약 조건을 선택하는 행위'다. 그리고 이 사실을 이해하지 못하면, 아무리 정교한 데이터와 AI를 가져도 조직은 결정하지 못한다. 계산이 가능한 문제는 이미 결정된 문제일 뿐이다. 수학 문제를 떠올려보자. 조건이 명확하다, 변수의 범위가 정해져 있다, 목표 함수가 하나다. 이런 문제는 그냥 손쉽게 계산하면 된다.

하지만 기업의 의사결정은 이런 문제와 전혀 다르다. 목표가 여러 개다, 변수는 계속 변한다, 제약은 서로 충돌한다, 정답은 존재하지 않는다. 이 상태에서 "최적해를 계산하라."는 말은 사실상 불가능한 요구다. CEO가 매일 마주하는 진짜 문제는 정답이 없는 경우가 많다. CEO의 질문은 대체로 이런 형태다. 성장을 택할 것인가, 수익성을 택할 것인가, 속도를 택할 것인가, 안정성을 택할 것인가, 고객을 지킬 것인가, 비용을 줄일 것인가, 지금 결정할 것인가, 기다릴 것인가?

이 질문들은 계산 문제가 아니다. 무엇을 희생하고, 무엇을 우선할 것인가의 문제다. 즉, 의사결정이란 계산이 아니라 제약 조건의 우선순위를 정하는 행위다. 그렇기에 숫자는 답을 주지 않는다, 제약만 드러낼 뿐이다. 재무제표를 보자. 이익을 늘리려면 비용을 줄여야 한다, 비용을 줄이면 품질이 떨어진다, 품질이 떨어지면 고객이 떠난다, 고객이 떠나면 매출이 줄어든다. 이 구조에서 숫자는 답을 주지 않는다.

숫자는 단지 서로 충돌하는 제약 조건을 드러낼 뿐이다. 비용 제약, 시간 제약, 품질 제약, 인력 제약, 규제 제약. 의사결정이 어려운 이유는 계산이 복잡해서가 아니라, 어떤 제약을 받아들일 것인지 선택해야 하기 때문이다. 대부분의 조직은 '제약을 숨긴 채' 계산하려 한다. 엑셀 기반 조직의 가장 큰 문제는 여기서 발생한다. 엑셀은 계산에는 강하지만, 제약을 표현하는 데는 극도로 약하다. 그래서 조직은 다음과 같은 착각에 빠

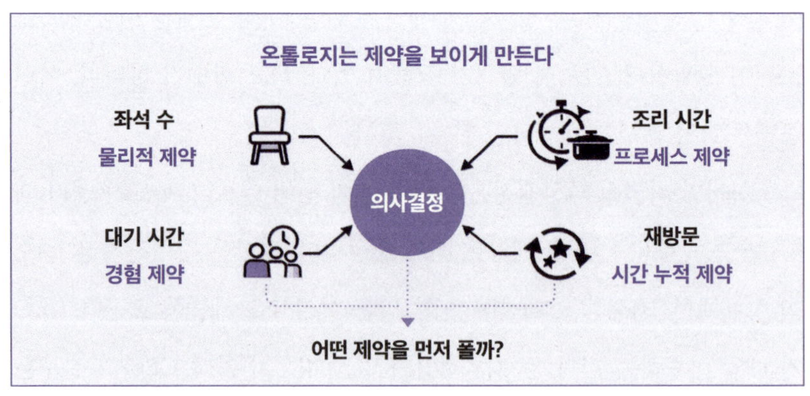

진다. "숫자를 더 정교하게 만들면 답이 나올 것이다." "모델을 더 고도화하면 결정이 쉬워질 것이다." 하지만 실제로는 제약이 정리되지 않았기 때문에 계산이 아무리 정교해져도 결론은 항상 논쟁으로 끝난다.

앞선 벨라로마 사례에서도 계산이 아니라 제약의 문제였다. 벨라로마의 매출 감소 문제도 마찬가지였다. 처음에는 이렇게 접근했다. 가격을 내리면 고객이 늘어날까? 메뉴를 바꾸면 회전율이 오를까? 마케팅을 늘리면 방문이 늘까? 이 질문들은 모두 계산 문제처럼 보였지만, 실제 문제는 제약의 충돌이었다. 좌석 수는 고정, 조리 인력은 한정, 체류 시간은 늘어남, 고객 만족은 유지해야 함. 이 상태에서 "매출을 늘려라."는 계산 문제가 아니다. 어떤 제약을 받아들이고, 어떤 제약을 풀 것인가의 선택 문제였다.

다행스럽게도 온톨로지는 제약을 '보이게' 만든다. 온톨로지의 핵심 역할 중 하나는 제약 조건을 구조로 드러내는 것이다. 좌석 수는 물리적 제약이다, 조리 시간은 프로세스 제약이다, 고객 대기 시간은 경험 제약이다, 재방문은 시간 누적 제약이다. 온톨로지에서는 이 모든 것이 객체와 관계로 표현된다. 그리고 그 순간, 의사결정의 본질이 바뀐다. "얼마를 바꿀까?"가 아니라 "어떤 제약을 먼저 풀까?"가 된다.

이런 관점에서 판단 AI는 단순히 계산하는 AI가 아니다. 많은 사람들이 AI를 '계산을 대신해주는 존재'로 오해한다. 하지만 진짜 가치 있는 AI는 계산을 잘하는 AI가 아니다. 제약을 이해하고, 선택의 결과를 보여주는 AI다. 이 제약을 풀면 어떤 리스크가 생기는가, 저 제약을 유지하면 어떤 기회가 사라지는가, 두 제약을 동시에 만족시키려 하면 어디서 붕괴가 나는가? 이 질문들은 계산으로 풀 수 없다. 시뮬레이션과 판단의 영역이다.

중요한 사실이 하나 있다. 그렇다보니 의사결정은 '정답 찾기'가 아니라 '책임 선택'이다. 의사결정에는 항상 책임이 따른다. 그리고 책임은 계산으로 대체할 수 없다. 왜 이 제약을 선택했는지, 왜 이 리스크를 감수했는지, 왜 이 시나리오를 버렸는지. 온톨로지 기반 시스템은 이 선택의 흔적을 남긴다. 즉, 의사결정의 기억을 구조로 저장한다. 이때 비로소 AI는 조언자가 될 수 있다. 계산기가 아니라 판단의 동반자인 것이다.

결론적으로 CEO는 계산기를 들고 있는 사람이 아니다. 즉, CEO는 복잡한 계산을 하는 사람이 아니다. CEO는 가장 어려운 제약을 선택하는 사람이다. 무엇을 포기할 것인가, 무엇을 끝까지 지킬 것인가, 지금이 아니라 나중으로 미룰 것은 무엇인가? 이 선택을 가능하게 하는 것은 숫자가 아니라 구조다. 그리고 그 구조를 만드는 언어가 바로 온톨로지다. 지금껏 사람의 머리 회전으로만 해온 의사결정. 불행히도 의사결정은 계산이 아니다. 제약 조건의 선택이다. 그리고 이 선택을 시스템에 남길 수 있을 때, 기업은 비로소 '지능형 조직'이 된다.

온톨로지 도입을 주저하는 CEO의 5가지 착각

> "온톨로지는 기술의 문제가 아니다.
> CEO의 사고방식이 바뀌는 문제다."

최근 많은 CEO가 온톨로지를 검토하다가 마지막 단계에서 멈춘다.

이유는 명확하다. 잘못된 전제 위에서 판단하고 있기 때문이다. 아래 다섯 가지 착각은 실제 현장에서 가장 자주 등장하는 장면들이다.

착각 1. "온톨로지는 IT 프로젝트다"

CEO의 머릿속에서 온톨로지는 이렇게 분류된다. 새로운 데이터베이스, 또 하나의 AI 시스템, IT 부서가 알아서 할 일. 그래서 질문도 이렇게 나온다. "이거 IT팀에서 하면 되지 않나요?" 하지만 온톨로지는 시스템이 아니라 기준이다. ERP가 '업무를 기록하는 도구'라면, 온톨로지는 업무를 이해하는 방식이다. 이해의 기준을 IT 조직에만 맡기는 순간, 온톨로지는 설계 단계에서부터 실패한다. 온톨로지는 CEO가 방향을 잡고, 현업이 설계하며, IT가 구현하는 것이다.

착각 2. "데이터가 더 쌓이면 자연스럽게 해결된다"

많은 CEO는 이렇게 믿는다. "조금만 더 데이터가 쌓이면 AI가 알아서 똑똑해지지 않겠나?" 현실은 정반대다. 데이터가 많을수록 시스템은 더 복잡해지고 해석은 더 느려진다. 문제는 데이터의 양이 아니라, 연결의 부재다. 온톨로지가 없는 데이터는 아무리 많아도 각각 따로 말하는 숫자일 뿐이다. 데이터는 쌓일수록 구조 없이는 CEO를 더 혼란스럽게 만든다.

착각 3. "ROI가 바로 안 보인다"

CEO의 가장 현실적인 고민이다. "그래서 이걸 하면 매출이 얼마나 오르는데요?" 온톨로지는 단기 매출 상승 도구가 아니다. 대신 다음 네 가지를 즉시 바꾼다. 의사결정 속도, 위기 대응 타이밍, 조직 간 해석 충돌, 잘못된 투자 결정의 확률. 이것들은 손익계산서에 바로 찍히지 않는다. 그러나 위기 한 번에서 모든 ROI를 회수한다. 온톨로지의 ROI는 '벌어서' 증명되는 게 아니라 '잃지 않아서' 증명된다.

착각 4. "너무 복잡해서 현업이 못 쓴다"

온톨로지를 처음 접한 CEO가 자주 하는 말이다. "이거 너무 학문적이지 않나요?" 아이러니하게도 온톨로지를 가장 잘 설계하는 사람은 현업 전문가다. 왜냐하면 온톨로지는 테이블을 설계하는 기술이 아니라 '이 일에서 중요한 게 무엇인가?'를 정하는 작업이기 때문이다. 현업은 이미 알고 있다. 어떤 변수들이 서로 영향을 주는지, 어디서 문제가 시작되는지, 어떤 신호를 놓치면 안 되는지. 온톨로지는 그걸 형식으로 옮기는 도구일 뿐이다.

착각 5. "지금 안 해도 된다"

가장 위험한 착각이다. "남들도 아직 본격적으로 안 하잖아요." 온톨

온톨로지 도입 관련 CEO의 5가지 착각

착각	실제 의미
IT 프로젝트	조직 사고 체계
데이터 부족	연결 부족
ROI 불명확	리스크 제거
복잡한 기술	현업 언어의 구조화
나중에 해도 됨	격차가 누적됨

로지는 눈에 띄게 홍보되지 않는다. 그래서 늦었다는 걸 늦게 알아차린다. 그러나 한 번 의사결정 구조가 바뀐 기업은 다시 예전으로 돌아가지 않는다. 판단 속도, 조직 정렬, AI 활용 깊이. 이 세 가지에서 격차는 누적된다. 온톨로지는 늦게 도입할수록 따라잡기 어려운 기술이다.

조직에 온톨로지를 심는 사람들
- FDE Forward Deployed Engineer

온톨로지는 기술이지만 실제로 기업의 운명을 바꾸는 것은 사람이다. 아무리 정교한 데이터 플랫폼과 AI 모델이 있어도 그것을 현장의 언어로 번역하고, 의사결정의 맥락으로 엮어내는 사람이 없다면 온톨로지는 책장 속 이론에 머문다. 팔란티어는 이 문제를 아주 일찍 간파했다. 그리고 그 해답으로 FDE라는 독특한 역할을 만들어냈다. 현장에 전진 배치

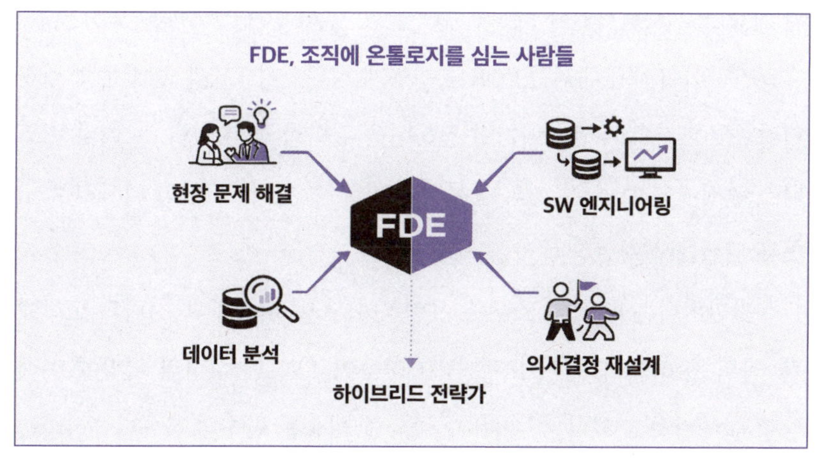

된 이들은 단순한 엔지니어도, 전통적 컨설턴트도 아니다. 이들은 온톨로지를 설계하고 조정하며, 기업의 의사결정을 실제로 '작동'하게 만드는 외부 조직의 사람들이다.

흥미로운 점은 이들의 연봉이다. 최근 공개된 자료에 따르면 FDE의 총 보상은 미국 기준으로 연 20만~30만 달러를 훌쩍 넘는다. 경우에 따라서는 의사보다 높은 수준이다. 이것은 단순한 고연봉 직업의 등장이 아니다. 기업이 어디에 가장 큰 가치를 두기 시작했는가를 보여주는 신호다.

FDE는 기존 직무로 설명되지 않는다. FDE를 기존의 직무 틀에 끼워 맞추려 하면 항상 어딘가 어긋난다. SI인력이라고 하기엔 너무 비즈니스 중심적이고, 전략 컨설턴트라고 하기엔 데이터와 시스템을 너무 깊이 다룬다. 데이터 분석가라고 보기엔 의사결정의 책임선에 너무 가깝다. FDE의 정체성은 '하이브리드'라는 말로도 부족하다. 이들은 기술과 현장, 데이터와 의사결정 사이의 간극을 메우는 존재다. 고객사의 문제를 직접 끌어안고, 그 문제를 온톨로지 구조로 재정의하며, 그 결과를 다시 플랫폼의 기능으로 환원시킨다.

팔란티어 내부에서는 FDE를 이렇게 정의한다. '고객 중심 문제 해결 역량과 소프트웨어 엔지니어링 전문성을 결합한 핵심 인력.' 그러나 비즈니스 관점에서 보면 이 정의는 이렇게 바꿀 수 있다. '기업의 의사결정 구조를 재설계하는 현장 배치형 전략가.'

팔란티어는 FDE를 '스위스 아미 나이프'에 비유한다. 하나의 도구에 칼, 가위, 드라이버, 톱이 모두 들어 있듯이, FDE는 하나의 역할에 여러 능력을 내장하고 있다. 이 비유가 중요한 이유는 단순히 다재다능하다는 뜻이 아니다. 핵심은 상황에 따라 어떤 도구를 꺼내 쓸지 스스로 판단한다는 점이다. 오늘은 데이터 파이프라인을 손보고, 내일은 임원 회의에서 전략을 설명하며, 모레는 새로운 의사결정 앱을 즉석에서 만들어낸다.

그리고 이 과정에서 발견된 문제와 해법은 다시 팔란티어의 플랫폼으로 흡수된다. 이를 '아키타입Archetype'이라고 부른다. 특정 고객의 문제를 해결하면서 만들어진 구조가, 이후 유사한 문제를 가진 다른 기업에서도 재사용 가능한 표준으로 진화하는 것이다. 이 구조 덕분에 팔란티어는 현장에서 배운 지식으로 제품을 진화시키는 선순환을 만든다. 보고서로 끝나는 컨설팅도 아니고, 한 번 구축하고 끝나는 시스템도 아니다. 온톨로지가 계속 살아 움직이게 되는 이유다.

FDE의 하루를 들여다보면, 온톨로지가 무엇인지 더 명확해진다. 아침에는 고객 팀과 스탠드업 미팅을 한다. 매일 얼굴을 맞대고 이야기한다. 이 과정에서 데이터보다 먼저 업무의 맥락과 불안을 읽어낸다. 온톨로지는 여기서 시작된다. 오전에는 데이터 모델과 온톨로지 구조를 다듬는다. 단순한 전처리가 아니라, "이 데이터가 어떤 의사결정에 쓰이는가?"를 기준으로 재구성한다. 오후에는 대규모 데이터 파이프라인을 최적화하고, 실제로 임원이 사용할 맞춤형 애플리케이션을 만든다. 그리고 하루의 끝에는 경영진과 전략 논의를 한다. 이 자리에서 온톨로지는 더 이상 기술 구조가 아니라 의사결정의 지도가 된다.

이 반복 속에서 FDE는 기업 내부의 도메인 지식을 흡수하고, 그것을 데이터 구조와 의사결정 로직으로 외부화한다. 그래서 이들을 '온톨로지 연금술사'라고 부를 수 있다.

흥미롭게도 FDE와 가장 가까운 직무는 전통적인 개발자가 아니다.

오히려 전략 컨설턴트와 데이터 사이언티스트다. 전략 컨설턴트는 비즈니스를 이해하고 문제를 구조화할 줄 안다. 데이터 사이언티스트는 데이터를 다루고 모델을 만든다. FDE는 이 둘을 동시에 요구받는다. 여기에 하나가 더 추가된다. 소통 능력이다.

온톨로지는 혼자 만드는 구조물이 아니다. 현업 담당자, IT 조직, 경영진을 동시에 설득하고 연결해야 한다. 코드로 설명하는 사람은 온톨로지를 만들 수 없다. 말로, 비유로, 맥락으로 설명할 수 있어야 한다. 그래서 FDE는 스페셜리스트가 아니라 하이엔드 제너럴리스트다. 모든 것을 얕게 아는 사람이 아니라 여러 영역을 깊이 연결할 수 있는 사람이다.

팔란티어 출신 FDE들 중 일부는 회사를 나와 창업을 했다. 이른바 'FDE 마피아'다. 이들은 특정 기술 하나로 창업하지 않았다. 의사결정 구조를 설계하는 능력으로 창업했다. 한 명의 고객, 한 명의 결정권자의 문제에 집착하며 만든 온톨로지와 애플리케이션이 결국 새로운 기업의 기반이 된다. 이것은 매우 상징적이다. 온톨로지가 곧 사업 모델이 되는 순간이다.

FDE라는 직업이 주는 가장 중요한 메시지는 이것이다. 온톨로지는 단순한 데이터 기술이 아니라, 새로운 의사결정 역할과 권력을 만든다. 앞으로 기업 경쟁력의 핵심은 '누가 더 많은 데이터를 갖고 있느냐?'가 아니다. '누가 그 데이터를 올바른 온톨로지로 엮고, 빠르게 의사결정으로 전환하느냐?'다. 그리고 그 중심에는 기술자도 컨설턴트도 아닌 새로운 사람들, 온톨로지를 다루는 사람들이 서게 될 것이다.

온톨로지는 혼자 만들 수 없다
- 조직 내외 온톨로지 시스템 구현 참여자들

온톨로지 시스템 구축은 흔히 "기술 프로젝트"로 오해된다. 그래서 많은 기업에서 이 과업은 자연스럽게 IT 부서나 외부 SI에게 넘어간다. 그리고 대부분 실패한다. 이유는 간단하다. 온톨로지는 기술의 문제가 아니라 조직의 사고방식을 고정하는 문제이기 때문이다. 회사의 사고방식은

참여자	핵심 역할 한 문장	주요 책임	온톨로지에서의 실제 기여
CEO	회사가 세상을 해석하는 기준을 결정하는 사람	• 온톨로지의 최상위 관점 결정 • 무엇을 중심 개념으로 볼지 선언 • 판단의 우선순위 확정	• 핵심 개념(고객, 리스크, 수익 등) 정의 방향 제시 • "우리 회사는 무엇을 중요하게 보는가"를 고정
임원 CxO	부서 언어를 회사 공통 언어로 번역하는 사람	• 부서 간 정의 충돌 조정 • 개념 합의 도출 • 판단 기준의 조직 내 정렬	• 고객·매출·리스크 등 핵심 객체 정의 확정 • 관계 구조에 대한 합의 형성
FDE Forward Deployed Engineer	조직의 사고를 시스템 구조로 옮기는 사람	• 현업 상주 분석 • 질문 흐름 모델링 • 판단 구조의 코드화	• 객체·관계·이벤트를 온톨로지로 구현 • 사고 흐름을 그래프·규칙·시뮬레이션으로 고정
현업 담당자 (도메인 전문가)	암묵지를 드러내는 사람	• 실제 업무 맥락 제공 • 직관·예외 상황 설명 • 현실 검증	• 숨겨진 관계와 규칙 제공 • "실제로는 이렇게 된다"를 구조로 반영
IT 담당자	온톨로지를 지속 가능하게 지탱하는 사람	• 데이터 파이프라인 안정화 • 시스템 연계 • 운영·보안·확장성 확보	• 온톨로지 운영 기반 구축 • 구조가 무너지지 않도록 기술적 완성도 확보

어느 한 부서의 것이 아니다. 그리고 그것을 결정할 권한은 CEO에게 있다. CEO를 포함한 조직 내외 온톨로지 시스템 구현 참여자들에 대해 정리해 보자.

1) CEO의 역할 : "무엇을 연결할 것인가"를 결정하는 사람

CEO는 온톨로지를 직접 설계하지 않는다. 그러나 무엇을 온톨로지의 중심에 둘 것인지는 반드시 CEO가 결정해야 한다. 예를 들어 다음과 같은 질문은 기술자가 대신 답할 수 없다. 우리 회사에서 '매출'이란 무엇인가? 리스크는 비용인가, 가능성인가, 아니면 둘 다인가? 고객 경험과 수익성 중 무엇을 우선 연결할 것인가? 우리는 효율을 최적화하는 회사인가, 안정성을 중시하는 회사인가? 이 질문에 대한 답은 곧 온톨로지의 최상위 개념과 관계 구조가 된다. 즉, CEO는 이렇게 말해야 한다. "우리는 이 회사를 '고객 생애 가치 중심'으로 해석할 것이다." 혹은 "우리는 이 회사를 '리스크 전파 구조' 중심으로 이해할 것이다." 이 선언이 없으면, 온톨로지는 각 부서의 이해관계에 따라 조각난 채 만들어진다.

2) 임원의 역할 : "부서의 언어를 공통 언어로 바꾸는 사람"

임원들은 온톨로지 구축 과정에서 가장 중요한 번역자다. 현업 담당자는 이렇게 말한다. "이건 현장에서는 당연한 겁니다." "이 변수는 보고서에는 안 나옵니다." "실제로는 이 순서로 일이 흘러갑니다." IT 담당자는 이렇게 말한다. "데이터 모델에 없는 값입니다." "정합성이 맞지 않습니다." "시스템 구조상 어렵습니다." 임원의 역할은 이 둘 사이에서 '부서의 말'을 '회사의 말'로 바꾸는 것이다. 예를 들어, 영업팀이 말하는 "좋은 고객", 재무팀이 말하는 "수익성 높은 고객", 운영팀이 말하는 "관리하기 쉬운 고객" 이 셋을 하나의 개념으로 정의해야 한다. 임원은 이렇게 정리해야 한다. "우리 회사에서 '핵심 고객'이란 재구매 확률, 서비스 비용, 장기 계약 가능성을 함께 고려한 대상이다." 이 순간, 부서 간 논쟁은 개념 정의로 승화된다.

3) FDE Forward Deployed Engineer의 역할 : "생각을 시스템으로 옮기는 사람"

FDE는 단순한 개발자가 아니다. 그리고 컨설턴트와도 다르다. FDE는 현장에 상주하며 조직의 사고 흐름을 관찰하고, 그것을 시스템 구조로 번역하는 외부 조직의 사람이다. FDE의 하루는 코드보다 질문으로 채워진다. "이 판단은 언제 내려지나요?" "이 숫자가 바뀌면 누가 영향을 받습니까?" "이 상황에서 보통 어떤 선택지를 버리나요?" FDE는 답을 외워 두지 않는다. 대신 관계 구조를 그린다. 예를 들어 벨라로마 실험에서 FDE는 이렇게 움직인다. "방문 수 감소"라는 현상이 나타났을 때 그것이 날씨 때문인지, 메뉴 때문인지, 직원 때문인지, 그리고 결국 매출과 이익에 어떻게 연결되는지를 하나의 연결 그래프로 고정한다. FDE는 말한다. "이 회사는 이렇게 생각하고 있군요." 그리고 그것을 코드와 모델로 남긴다.

4) 현업 담당자의 역할 : "암묵지를 드러내는 사람"

현업 담당자는 온톨로지 구축의 핵심 자원이다. 그들은 가장 많은 데이터를 갖고 있지는 않지만, 가장 많은 맥락을 갖고 있다. 문제는 이 맥락이 대부분 이렇게 표현된다는 점이다. "해보면 압니다." "이건 느낌이에요.” “이상하면 바로 감이 와요.” 온톨로지는 이 감각을 부정하지 않는다. 오히려 그것을 묻는다. 그 감은 언제 생기는가? 무엇이 바뀌면 그 감이 틀리는가? 어떤 신호가 먼저 나타나는가? 현업 담당자가 해야 할 일은 자신의 직관을 말로 설명하는 것이다. 그리고 그 말은 온톨로지의 규칙과 관계로 변환된다.

5) IT 담당자의 역할 : “지탱 가능한 구조를 만드는 사람”

IT 담당자는 온톨로지를 현실에 묶어두는 역할을 한다. 아무리 훌륭한 개념이라도, 데이터가 들어오지 않으면 무용지물이고 운영이 안 되면 지속될 수 없다. IT 담당자는 다음을 책임진다. 데이터 흐름의 안정성, 시스템 간 연결의 일관성, 변경 가능한 구조 설계. 중요한 점은 IT 담당자가 설계의 주체가 아니라 완성의 주체라는 것이다. 온톨로지를 기술로 망치지 않게 만드는 역할, 그것이 IT의 진짜 기여다. 하나의 장면으로 정리하면 온톨로지 프로젝트가 잘 작동하는 조직에서는 이런 장면이 나타난다. CEO는 “우리는 이런 방식으로 판단한다.”고 선언하고, 임원은 부서의 언어를 하나의 정의로 묶고, FDE는 그 사고 흐름을 구조로 고정하며, 현업은 암묵지를 끌어내고, IT는 그것이 오래 작동하도록 받쳐준다. 이때 온톨로지는 어느 한 팀의 시스템이 아니라, 조직 전체의 사고 장치가 된다. 온톨로지는 기술로 시작하지 않는다. 사람의 역할이 맞아떨어질 때 비로소 살아난다.

만일 우리 기업이 공공기관이라면 어떻게 해야 할까? 우선 CEO격인 기관장(장·청장·단체장)은 “정책을 데이터로 어떻게 해석할지 방향을 정하는 사람”으로서, 정책 목표를 지표가 아닌 ‘관계 구조’로 정의하고, “성과란 무엇인가?"를 숫자가 아니라 맥락으로 선언하며, 온톨로지를 IT 사업이 아닌 정책 인프라로 규정해야 한다. 정책 책임자·실국장은 "부처별 기준을 하나의 정책 언어로 통합하는 사람"으로서, 부서·사업별 다른 정의를 조정하고, 정책 성과·리스크·대상자 개념을 공통화하며, 내부 데이터 분석 사업 등을 일회성 분석이 아닌 구조로 승격시킨다.

민간과 크게 다른 부분은 정책형 FDE(정책·데이터 결합 인력)이다. 공공에선 외주 인력보다 내부·준내부형 FDE가 핵심일 수 있다. 단순 경제적 수익만을 목표로 하는 것이 아니기 때문이다. 이들은 "정책 논리를 시스템 구조로 번역하는 사람"들이다. 정책 문서, 위원회 논의, 감사 지적사항을 구조화하고, '사업 → 대상 → 효과 → 부작용' 관계를 온톨로지로 구현한다. 시나리오·사전 영향 분석 구조를 설계하기도 한다.

현업 공무원·사업 담당자의 역할은 역시나 현장에서만 아는 예외와 맥락을 제공하는 사람"이다. 규정과 실제 집행 간의 차이 설명, 정책 효과가 왜 다르게 나타나는지 증언, 감사·민원·사고의 실제 발생 흐름을 제공한다. 정보화·전산 담당 부서는 "온톨로지가 지속되도록 지키는 사람"이다. 표준·보안·연계 체계 유지, 기존 시스템(행정정보, 통계, 민원)과 연결, 정권·기관장 교체 후에도 구조가 남도록 관리하는 막중한 역할을 맡는다.

'정의 Definition 전쟁' 중재와
내부 FDE 조직 육성

마지막으로 한 번만 더 엄중한 분위기의 회의실로 돌아가 보자. 회의실 문이 닫히는 순간 공기는 묘하게 무거워진다. 같은 숫자를 보고 있지만 각자의 해석은 다르다. 영업 부장은 "매출이 늘었다."고 말하고, 재무 임원은 "현금흐름은 나빠졌다."고 말한다. 마케팅 팀은 신규 고객이 늘었다고 주장하지만, 고객지원 팀은 "이 고객은 기존 고객의 재계약일 뿐"이라고 반박한다. '매출'이라는 단어 하나를 두고, '고객'이라는 개념 하나를 두고, 조직은 조용히 분열된다. 누구도 틀리지 않았고, 그래서 더 해결되지 않는다. 정의가 다르기 때문이다. 이 순간 CEO는 숫자를 보는 사람이 아니라, '정의' 사이에 끼어 있는 사람이 된다.

CEO의 책상 위에는 보고서가 쌓이지만, 실제로 필요한 것은 결론이 아니라 기준이다. 이 기업에서 매출은 언제 발생하는가? 계약서에 사인이 찍힌 순간인가, 돈이 입금된 순간인가, 아니면 서비스가 시작된 순간인가? 고객은 누구인가? 최초 계약자만 고객인가, 실제 사용자가 고객인가, 재구매 가능성이 있는 사람만 고객인가? 이 질문들이 정리되지 않은 상태에서 AI를 붙이면 시스템은 곧 조직의 싸움을 그대로 학습한다. 알고리즘은 중립적이지 않다. 정의되지 않은 세계에서는 가장 큰 목소리를 따라간다.

영업 부서의 매출은 계약이 체결되는 순간 발생한다. 서명이 끝난 계약서가 곧 성과다. 재무 부서의 매출은 돈이 들어오는 시점에서만 인정된다. 미수금이 쌓여 있는 계약은 아직 매출이 아니다. 생산 부서에게 매출은 제품이 출하되는 순간이며, 서비스 부서에게 매출은 고객이 실제로 서비스를 사용하고 유지보수 계약을 갱신할 때 비로소 완성된다. 같은 단어가 회의실 안에서 네 개의 다른 의미로 떠다닌다. 이 차이는 시간이 지나면 자연스럽게 합쳐지지 않는다. 오히려 분기마다, 위기마다 더 날카로워진다.

CEO는 이 충돌을 조정하려다 지친다. 어느 쪽 말이 맞는지 결정하는 순간, 다른 쪽은 불만을 품는다. 그래서 타협이 반복된다. 숫자를 평균 내고, 표현을 흐리고, 보고서의 각주가 늘어난다. 회의는 길어지고 결정은 늦어진다. 이 회사는 데이터가 부족해서 느린 것이 아니라, 정의가 충돌해서 멈춰 서 있다.

이때 CEO는 기술 프로젝트의 스폰서가 아니라 정의 전쟁의 중재자로 나선다. 회의의 형식이 바뀐다. "누가 맞는가?"를 묻지 않는다. 대신 "이 회사는 어떤 정의를 쓸 것인가?"를 묻는다. 영업의 매출 정의, 재무의 매출 정의, 마케팅의 매출 정의가 테이블 위에 동시에 올라온다. 어느 하나를 부정하지 않는다. 대신 이 정의들이 언제, 어떤 상황에서 유효한지를 분리한다. 계약 기준 매출, 현금 기준 매출, 고객 가치 기준 매출이 서로 다른 객체로 자리 잡는다. 하나를 선택하는 순간 다른 하나가 틀리는 구조를 깨고, 각 정의가 쓰이는 맥락을 고정한다. 싸움은 사라지고, 기준이 남는다.

이 장면에서 온톨로지는 문서가 아니라 합의의 흔적으로 작동한다. 정의는 더 이상 사람의 입에 매달려 있지 않고, 시스템 안에 고정된다. 누군가 회의에서 다시 "이 매출은 진짜 매출이 아니다."라고 말하려 하면, 화면에는 이미 회사가 합의한 구조가 떠 있다. 이 계약은 현금 기준 매출로는 다음 분기에 잡히고, 고객 가치 기준으로는 이미 리스크로 분류되어 있다. 말싸움은 끝나고 선택만 남는다. CEO의 정치적 자산은 여기서 만들어진다. 누구의 편도 들지 않았지만, 회사의 편을 들었다는 신호가 조직 전체에 퍼진다.

고객 정의도 마찬가지다. 마케팅이 말하는 고객은 잠재 고객까지 포함한 집합이다. 영업이 말하는 고객은 계약을 체결한 법인이다. 서비스 부서가 말하는 고객은 실제로 전화를 걸어오는 사람이다. 온톨로지 위에서는 이들이 하나의 덩어리로 뭉개지지 않는다. '잠재 고객', '계약 고객', '활성 고객', '이탈 위험 고객'이라는 상태로 분리되고, 그 상태가 시간에 따라 이동한다. 같은 사람이 언제 어떤 고객이었는지가 명확히 남는다.

회의는 달라진다. "매출이 늘었느냐 줄었느냐?"라는 질문 대신 "계약 매출은 늘었지만, 현금 매출은 언제부터 반영되는가?"라는 질문이 나온다. "고객이 늘었느냐?"가 아니라 "활성 고객에서 이탈 위험 고객으로 이동한 비율은 얼마인가?"가 묻힌다. 말의 충돌이 사라지고, 이동의 구조가 남는다. 누구도 상대의 정의를 공격하지 않는다. 모두가 같은 지도 위에서 각자의 위치를 확인할 뿐이다.

CEO의 역할도 변한다. 더 이상 정의를 강제로 통일시키는 중재자가 아니다. 대신 합의된 정의를 온톨로지에 고정시키는 최종 승인자가 된다. 한 번 결정된 정의는 문서로 흩어지지 않는다. 시스템 속에 남아 이후 모든 분석과 시뮬레이션의 출발점이 된다. 다음 분기, 다음 해가 되어도 같은 싸움은 반복되지 않는다. 회사는 이미 한 번 통과한 전쟁을 다시 치르지 않는다.

이렇게 해도 부서 간 알력은 사라지지 않는다. 대신 다른 형태로 변한다. 이제 싸움은 숫자를 두고 벌어지지 않는다. 어떤 정의를 채택할 것인가, 어떤 상태를 중요하게 볼 것인가라는 더 높은 수준의 선택으로 올라간다. 이 선택은 정치가 아니라 구조로 기록된다. 온톨로지는 회사 내부의 언어를 단일화하는 도구가 아니라 서로 다른 언어들이 충돌 없이 공존할 수 있는 질서를 만든다. 그 질서 위에서 회사는 비로소 하나의 판단 주체처럼 움직이기 시작한다.

부서 간 정의 충돌을 온톨로지로 통합하는 경영 가이드

구분	기존 충돌 상황	온톨로지 적용 후
매출 정의	영업: 계약 시점 / 재무: 현금 유입 시점 / 운영: 출하 시점	계약 매출, 현금 매출, 출하 매출을 시간·목적별로 분리 정의
고객 정의	마케팅: 잠재 고객 / 영업: 계약 고객 / 서비스: 실제 이용자	고객 상태를 잠재·계약·활성· 이탈 위험으로 구조화
회의 초점	누가 맞는가	어느 상태를 보고 있는가
의사결정	부서 간 타협과 평균	상태 이동과 영향 경로 기반 선택
보고서	각주와 보충 설명 증가	동일한 정의 기반 자동 생성
CEO 역할	분쟁 중재자	정의 승인자 및 구조 설계자
반복 논쟁	분기마다 재발	한 번 정의 후 재발 없음
조직 문화	정치적 설득	구조적 합의
데이터 활용	부서별 해석	공통 지도 위 해석
장기 효과	결정 지연	판단 속도와 일관성 확보

이 과정을 지켜보며 조직 안에 새로운 역할이 자리 잡는다. 개발자가 아니다. 컨설턴트도 아니다. 주로 외부 조직의 인력이었던 내부 FDE 조직이다. 회사의 한쪽 구석에서 조용히 자라나는 조직. 처음에는 이름조차 분명하지 않다. 데이터팀도 아니고, IT팀도 아니며, 전략기획실에도 완전히 속하지 않는다. 이들은 코드를 쓰기보다 질문을 정제한다. 현장에 내려가 설비를 만지고, 회의실로 돌아와 경영 언어를 듣는다. 이들이 바로 내부 FDE 조직의 시작이다. 이들이 맡는 첫 번째 임무는 정의를 수집하는 일이다. 각 부서가 쓰는 용어를 그대로 적어 내려간다. 틀렸다고 고치

지 않는다. 대신 언제, 어디서, 왜 그렇게 쓰이는지를 기록한다. 두 번째 임무는 충돌을 드러내는 일이다. 같은 단어가 다른 의미로 쓰이는 지점을 일부러 테이블 위에 올린다. 불편한 침묵이 흐르도록 놔둔다. 그 침묵이 바로 설계의 출발점이기 때문이다.

처음 이 조직은 소수다. 한두 명이 CEO의 질문 옆자리에 앉는다. "왜 이 숫자가 이렇게 나왔습니까?"라는 질문이 던져지면, 그들은 즉답하지 않는다. 대신 그 숫자가 어디서 왔는지, 어떤 정의를 거쳤는지, 무엇과 연결돼 있는지를 조용히 추적한다. 그 과정에서 부서 간 정의의 틈이 드러난다. 같은 '매출'이라는 단어가 서로 다른 시간축 위에 놓여 있다는 사실이 드러나고, '고객'이라는 단어가 계약서와 콜센터와 CRM 화면에서 서로 다른 얼굴을 하고 있다는 것이 드러난다. FDE는 이 틈을 메우지 않는다. 대신 그대로 기록한다. 그리고 구조로 옮긴다.

내부 FDE의 일상 역시 회의와 현장을 오간다. 오전에는 공정 관리자 옆에서 "지연"이라는 말이 어떤 순간에 쓰이는지 듣고, 오후에는 재무팀 옆에서 같은 단어가 비용으로 변하는 지점을 확인한다. 밤에는 이 모든 정의가 하나의 구조 안에서 어떻게 연결되는지 그려본다. 이들에게 필요한 역량은 특정 언어가 아니다. 도메인을 이해하는 집요함, 질문을 끝까지 붙잡는 체력, 그리고 합의가 무너질 때 다시 묶어낼 수 있는 중립성이다. CEO는 이들을 프로젝트 인력으로 쓰지 않는다. 조직의 기억으로 키운다.

조직은 점점 역할을 갖는다. 한 사람은 현업 전문가 출신이다. 생산 공정을 몸으로 기억하고, 계약의 뉘앙스를 안다. 다른 한 사람은 데이터 구조를 이해한다. 테이블과 로그와 이벤트의 흐름을 꿰고 있다. 또 다른 사람은 경영진의 언어를 번역한다. "리스크가 커 보인다."는 말을 확률과 비용과 시간으로 풀어낸다. 이들은 서로의 언어를 가르치지 않는다. 대신 함께 같은 지도를 본다. 온톨로지라는 지도 위에서 각자의 감각이 자연스럽게 정렬된다.

내부 FDE 조직의 육성은 교육이 아니라 동행으로 이루어진다. FDE는 강의실에서 만들어지지 않는다. 이들은 실제 의사결정의 한가운데에 배치된다. 분기 전략 회의, 투자 심의, 위기 대응 워룸에 항상 함께 들어간다. 질문이 던져질 때마다 그 질문이 구조로 남는다. "왜 매출이 줄었는가?"라는 질문은 사라지고, "어떤 고객 세그먼트에서 어떤 계약 조건이 어떤 공급망 이벤트와 맞물렸는가?"라는 질문이 남는다. FDE는 그 질문을 시스템에 새긴다. 한 번 새겨진 질문은 다음번에는 더 빨리, 더 깊게 호출된다.

조직은 점점 스스로를 복제한다. 처음의 FDE는 더 이상 모든 것을 직접 하지 않는다. 대신 기준을 만든다. 어떤 질문은 온톨로지에 올릴 가치가 있는지, 어떤 정의는 고정해야 하고 어떤 정의는 열어둬야 하는지에 대한 감각이 쌓인다. 새로 들어온 인력은 이 감각을 문서가 아니라 사례로 배운다. 과거에 어떤 정의가 회사를 살렸고, 어떤 정의가 판단을 왜곡했는지를 실제 결정의 흔적으로 접한다.

평가는 숫자가 아니라 영향으로 이루어진다. FDE의 성과는 코드 라인 수로 측정되지 않는다. 그들이 설계한 구조 덕분에 회의가 줄었는지, 같은 질문이 반복되지 않는지, 위기 상황에서 판단 속도가 빨라졌는지가 기준이 된다. 어느 순간 CEO는 깨닫는다. 이 조직이 없으면 다시 예전으로 돌아갈 수 없다는 사실을. 질문이 흩어지고, 정의가 흔들리고, 의사결정이 사람의 기억에만 의존하던 시절로 돌아갈 수 없다는 것을.

FDE 조직은 확장되지만 비대해지지 않는다. 이들은 중앙집권적 권력을 갖지 않는다. 대신 각 부서에 스며든다. 영업 옆에, 생산 옆에, 재무 옆에 작은 연결점으로 존재한다. 하지만 모든 연결점은 하나의 온톨로지로 이어진다. 회사 전체가 하나의 사고 체계를 공유하게 되는 순간이다.

시간이 흐르면 FDE는 더 이상 특별한 조직이 아니다. 회사가 생각하는 방식 그 자체가 된다. 새로운 사업이 시작될 때, 새로운 시스템이 도입될 때, 가장 먼저 묻는 질문은 기술이 아니라 정의다. "이것은 무엇이며, 무엇과 연결되는가?" 그 질문이 자연스럽게 나오는 조직, 그 질문을 구조로 남길 수 있는 조직. 내부 FDE 조직은 그렇게 회사의 뼈와 신경이 된다. 그리고 어느새 이 회사는 더 이상 사람의 머리로만 판단하지 않는다. 스스로 설계한 지도를 따라, 일관되게 그러나 유연하게 움직인다.

이들에 대한 채용 공고에는 이렇게 적힌다. "우리는 문제를 푸는 사람보다 문제를 정의하는 사람을 찾습니다. 코드보다 구조를, 답보다 질문을 다룹니다." 첫 해의 성과 지표는 기능 출시가 아니다. 몇 개의 정의가

기업 내부 FDE 직무기술서 JD

구분	내용
직무명	Forward Deployed Engineer FDE / Ontology Guardian
소속	CEO 직속 또는 전략·DX·AI 본부 (IT 부서 단독 소속 아님)
직무 미션	회사의 데이터·업무·의사결정 구조를 온톨로지로 고정하여, 조직의 판단을 시스템화한다
직무 목적	데이터를 연결하는 것이 아니라, 회사의 '질문 방식'과 '판단 기준'을 구조로 만드는 것
핵심 역할 요약	"현업의 언어를 시스템의 언어로 번역하고, 시스템의 결과를 경영의 언어로 되돌리는 사람"

합의되었는지, 몇 개의 충돌이 구조로 흡수되었는지가 평가 대상이 된다. 내부 FDE는 시스템을 지키는 사람이 아니라, 회사의 사고방식을 지키는 사람이 된다.

1) 주요 업무 Responsibilities

영역	상세 업무
업무·도메인 이해	• 영업, 생산, 재무, 운영, 품질, 리스크 등 현업 프로세스를 직접 관찰하고 질문 • 보고서가 아니라 실제 의사결정 흐름을 파악
정의 수집 및 충돌 식별	• '매출', '고객', '리스크', '지연', '불량' 등 핵심 개념의 부서별 정의를 수집 • 동일 용어의 상이한 의미를 의도적으로 드러냄
온톨로지 설계 참여	• 객체 Object, 관계 Relationship, 이벤트 Event, 제약 Constraint을 정의 • "무엇이 무엇에 영향을 주는가"를 구조로 고정
판단 기준의 구조화	• 리스크를 비용으로 볼지, 확률로 볼지 기준 명시 • KPI가 아닌 '판단 로직'을 시스템에 내재화
시뮬레이션· 시나리오 설계	• "만약 이 조건이 바뀌면?" 질문을 구조적으로 설계 • 위기·확장·축소 시나리오의 전제 조건 명확화
경영·현업 커뮤니케이션	• CEO·임원에게는 판단 구조로 설명 • 현업에는 자신의 언어로 결과를 설명
온톨로지 유지·확장	• 조직 변화, 사업 확장, 정책 변경 시 온톨로지 갱신 • 일회성 프로젝트가 아닌 '조직 기억'으로 관리

2) 필수 역량 Required Qualifications

구분	내용
도메인 이해력	• 특정 산업(제조, 통신, 금융, 건설, 공공 등)에서 5년 이상 실무 경험 또는 이에 준하는 이해
질문 설계 능력	• 문제를 바로 풀지 않고, "무엇을 전제로 풀고 있는가?"를 집요하게 묻는 능력

구조적 사고력	• 복잡한 현상을 객체·관계·제약으로 나눌 수 있는 능력
조정·중재 역량	• 부서 간 정의 충돌을 정치적으로 중재할 수 있는 커뮤니케이션 능력
기술 이해도	• SQL, 데이터 모델, 그래프 개념, AI/ML 기본 구조에 대한 이해 (전문 개발 능력 필수 아님)
문서화 능력	• 정의, 가정, 판단 기준을 명확한 문장과 구조로 남길 수 있는 능력

3) 우대 조건 Preferred Qualifications

구분	내용
복합 경험	• 컨설팅 + 현업, 기획 + 기술, 데이터 + 경영을 넘나든 경험
AI·데이터 프로젝트 경험	• BI, 데이터 플랫폼, AI 모델, 시뮬레이션 프로젝트 참여 경험
의사결정 시스템 이해	• DSS, 시나리오 플래닝, 리스크 관리, 워룸 운영 경험
조직 변화 경험	• M&A, 신사업, 대규모 전환 프로젝트 참여 경험

4) KPI 및 평가 기준 Performance Metrics

항목	평가 기준
정의 합의도	• 핵심 개념 중 조직 공통 정의로 고정된 비율
판단 일관성	• 동일 질문에 부서별 다른 답이 나오지 않는 정도
의사결정 속도	• 주요 경영 질문에 대한 답 도출 시간 단축
시뮬레이션 활용도	• 실제 경영 회의에서 시나리오 기반 논의 비중
조직 신뢰도	• "이 기준이면 납득된다."는 현업 피드백

시간이 지나면 변화는 숫자가 아니라 풍경으로 나타난다. 회의는 짧아지고, 질문은 길어진다. "왜 이런 결과가 나왔는가?"라는 질문이 "이 가정이 맞는가?"라는 질문으로 바뀐다. CEO는 더 이상 모든 결정을 직접 내리지 않는다. 대신 어떤 정의를 쓸 것인지만 결정한다. 그 아래의 판단

은 시스템이 일관되게 수행한다.

이때 조직은 깨닫는다. 기술 도입의 핵심은 도구가 아니라 사람의 자리였다는 것을. 정의를 둘러싼 전쟁을 끝낸 것은 알고리즘이 아니라 기준을 고정한 리더십이었다는 것을. FDE는 사라지지 않는다. 프로젝트가 끝나도 남는다. 새로운 사업이 시작될 때, 새로운 위기가 올 때, 이들은 다시 질문을 묻고 구조를 확장한다.

책의 마지막 장면에서 CEO는 더 이상 미래를 예측하려 하지 않게 될 것이다. 대신 준비된 구조 위에서 선택한다. 이 회사는 이제 말하는 조직이 아니라 판단하는 조직이 되었고, 그 판단은 사람의 머리와 시스템의 기억이 함께 만들어낸 결과다. 정의가 고정된 세계에서 AI는 더 이상 위험이 아니다. 그 세계를 함께 지키는 파트너가 된다. 이 지점에서 책은 끝나지만, 기업의 지능은 이제 시작된다.

3대 핵심 시스템별 데이터 특징과
온톨로지 적용 후 변화

이제 3대 핵심 시스템의 데이터 특징에 대한 이해와 그 변화를 예상해 보자. ERP는 돈과 계약을 정확하게 기록하는 데 집중한다. MES는 공장에서 지금 이 순간 무슨 일이 벌어지고 있는지를 초 단위로 추적한다. SCM은 불확실한 외부 환경 속에서 "언제, 어디서, 문제가 생길 수 있는지"를 예측한다. 문제는 이 세 시스템이 같은 언어를 쓰지 않는다는 점을 이미 얘기한 바 있다. 각 시스템은 자기 역할에 맞게 전혀 다른 방식으로 데이터를 저장하고, 해석하고, 활용한다. 그래서 데이터는 넘쳐나는데, 막상 "왜 이런 문제가 생겼는지"를 한 번에 설명하지 못한다.

필자는 이 문제를 '데이터의 성격 차이', 즉 데이터 물리학의 관점에서 설명하고자 한다. 왜 ERP는 정확성을 최우선으로 하고, 왜 MES는 속도를 포기할 수 없으며, 왜 SCM은 항상 여러 가능성을 동시에 다루는지를 살펴본다. 그리고 마지막으로, 이렇게 서로 다른 성격의 데이터를 객체 중심의 온톨로지 구조로 어떻게 하나의 그림으로 묶을 수 있는지, 즉 "데이터는 많은데 판단은 느린 회사"에서 "데이터가 곧 의사결정으로 이어지는 회사"로 가는 방법을 제시한다.

1) ERP : 관계형 데이터의 끝판왕, Single Source of Truth(단일 신뢰 원천)

ERP 데이터의 핵심은 "숫자가 항상 맞는 것"이다. ERP 데이터 구조의 가장 중요한 목표는 속도보다 정확성. 돈, 재고, 인사 정보는 조금 느려도 절대 틀리면 안 되기 때문이다. 과거 ERP는 느린 데이터베이스를 보완하려고 미리 합계를 저장한 집계 테이블을 많이 만들었었다. 하지만 이 방식은 데이터가 중복되고, 숫자가 안 맞는 문제를 자주 연출하였다.

SAP S/4HANA는 이 문제를 한 번에 해결했다. S/4HANA는 인메모리In-Memory DB인 HANA를 기반으로 전사 프로세스를 실시간 통합·자동화하여, 기업의 빠른 의사결정과 디지털 전환을 이끄는 차세대 지능형 ERP 플랫폼이다. 모든 회계 데이터를 ACDOCA(Accounting Document Oriented Central Architecture, 회계 전표 중심의 중앙 통합 구조)라는 하나의 테이블에 모아두고, 필요할 때마다 즉시 계산한다. 이를 통해 집계 테이블은 사라졌고, 재무, 관리, 자산, 자재 데이터가 하나로 합쳐졌으며, 항상 같은 숫자를 보게 되었다. 온톨로지 관점에서는 요약 데이터가 아니라 가장 작은 원천 데이터부터 바로 쓰면 되는 구조가 된 것이다.

ACDOCA의 한 행은 단순한 회계 전표가 아니다. 일종의 "기업 활동 한 줄짜리 기록"이다. 한 번의 거래에 대해 회사, 연도, 전표 정보, 자산, 자재, 주문, 손익 정보, 여러 회계 기준과 여러 통화 금액 등. 이 모든 것이 한 줄에 함께 저장된다. 그래서 온톨로지에서는 '재무 트랜잭션 객체'의 기준 테이블로 쓰기에 가장 적합하다.

S/4HANA에서는 자재 원장이 필수가 되면서 재고 수량과 재고 금액이 항상 실시간으로 일치한다. 즉, 공장에서 본 재고 수량MES과 회계에서 본 재고 금액ERP이 항상 동일한 것이다. 그리고 이 정보가 온톨로지에서 같은 자재 객체로 자연스럽게 연결된다. ERP 데이터를 온톨로지로 가져올 때의 핵심 전략은 '문서Document' 중심에서 '객체Object' 중심으로의 전환이다.

2) MES : 실시간의 현장과 이원화된 DB 구조, '시간'과 '물리적 상태'가 중요

MES 데이터는 ISA-95 표준에 따라 공장 데이터를 단계별로 나누어 관리하며, 데이터 성격이 서로 달라 두 가지 저장 방식DB을 함께 쓰는 구조를 가진다. ISA-95는 ERP와 공장 현장의 제어 시스템MES/SCADA을 어떻게 통합할 것인가를 정의한 국제 표준 규격으로, 기업의 모든 활동을 5단계로 체계화한다. ISA-95 관점에서 보면, ERP(Level 4)는 생산 계획을 세우고, MES(Level 3)는 작업 지시·품질·이력 등을 관리하며, 그 아래 Level 2·1에서는 설비와 센서가 실시간 데이터를 쏟아낸다.

여기서 핵심은 사람·주문·설비 정보(Level 3)와 센서 데이터(Level 2)가 전혀 다른 성격이라는 점이다. 그래서 MES는 이원화된 데이터 구조를 사용한다. 먼저 "누가, 언제, 어떤 설비에서 무엇을 만들었는가?" 같은 맥락 정보는 일반적인 관계형 DB sql에 저장된다. 반면 "그 순간 온도는 몇 도였는가, 속도는 얼마였는가?"처럼 초당 수천 건씩 발생하는 센서 데이터는 SQL로 감당할 수 없어 시계열 DB Historian에 저장된다.

여기에서 Historian은 일반 DB와 완전히 다르다. 데이터를 테이블이 아니라 태그 Tag 단위의 시간값 묶음으로 저장하고, 전용 바이너리 파일에 빠르게 기록한다. 또한 모든 값을 다 저장하지 않고, 변화가 거의 없으면 버리고, 직선으로 설명 가능한 중간 값은 생략하는 압축 방식을 쓴다. 그 결과 데이터는 일정 간격이 아닌 불규칙한 시간 간격으로 남게 되며, 나중에 분석이나 시각화를 할 때는 보간 처리가 필요하다.

정리하면, MES 데이터는 업무 맥락은 SQL, 설비 센서 데이터는 Historian, 이 두 세계가 공존하는 구조이며, 이를 이해하는 것이 온톨로지 기반 통합의 출발점이다.

온톨로지 구축 시 가장 큰 난관은 '태그 ID'와 '객체'의 매핑이다. 예를 들어 Historian에는 Tag_1024의 값이 85.5라는 사실만 있을 뿐, 이것이 A호기의 냉각수 온도라는 정보는 RDBMS에 있다. 이 둘을 연결하는 작업은 용이하지 않다. 또한 작업 지시 Context가 변경될 때마다(예: 제품 A 생산 → 제품 B 생산), 해당 설비의 센서 데이터가 가지는 의미(상한값, 하한값 등)가 달라질 수 있다. 온톨로지는 MES의 RDBMS에서 작업 지시의 시작/종료 시간을 가져와, 해당 구간의 Historian 데이터를 'Slicing'하여 분석할 수 있는 기능을 갖춰야 한다.

3) SCM : 미래의 시나리오와 인메모리 그래프 네트워크

ERP와 MES가 '과거'와 '현재'를 다룬다면, SCM은 '미래'를 다룬다.

SCM의 데이터는 확정된 사실이 아니라, 수많은 제약 조건Constraints과 가정Assumptions으로 이루어진 확률적 네트워크라고 할 수 있다. 기존 공급망 시스템은 표 형태의 데이터베이스 위에서 돌아간다. 하지만 부품이 수백 단계로 연결되고, 창고와 공장이 수없이 많은 현실의 공급망을 이 방식으로 계산하려면 시간이 너무 오래 걸리게 된다. 실제로는 "계획을 한 번 돌리는데 주말이 다 간다."는 말이 나올 정도이다.

이 한계를 넘기 위해 등장한 대표적인 사례가 Kinaxis RapidResponse이다. 이 시스템은 복잡한 글로벌 공급망의 불확실성을 관리하기 위한 '클라우드 기반 공급망 계획SCP 및 오케스트레이션 플랫폼'으로 처음부터 "빠른 의사결정"을 목표로 설계되었다. Kinaxis는 데이터를 엑셀처럼 간결하게 보여주지만, 내부에서는 부품과 제품이 그물망처럼 직접 연결된 구조로 관리한다. 그래서 완제품에서 하위 부품을 추적하거나, 한 부품의 문제가 어디까지 영향을 미치는지를 계산할 때 복잡한 계산을 반복하지 않고, 연결을 따라가기만 하면 된다. 그 결과 공급망 전체를 훨씬 빠르게 파악할 수 있다.

또 하나 중요한 차별점은 여러 개의 가정을 동시에 다룬다는 점이다. ERP는 보통 하나의 정답만 관리하지만, 공급망에서는 "잘 풀릴 경우", "최악의 경우", "특정 행사 시"처럼 여러 시나리오를 동시에 검토해야 한다. Kinaxis는 모든 데이터를 복사하지 않고, 바뀐 부분만 따로 기록해 두었다가 필요할 때 기준 계획과 합쳐서 결과를 보여준다. 이 덕분에 수많은 사람들이 동시에 여러 계획을 시험해도 시스템이 느려지지 않고, 공급망 의사결정을 실시간에 가깝게 할 수 있다. 이는 왜 공급망 관리가 기존 데이터 방식으로는 한계가 있었는지를 잘 보여주는 사례이다.

통합 온톨로지에서 SCM 데이터를 다룰 때 가장 주의해야 할 점은 '데이터의 휘발성'과 '맥락Context'이다. 예를 들어 온톨로지 상에서 '수요 예측량Forecast'이라는 속성은 그 자체로는 의미가 없다. 반드시 어떤 시나리오Scenario ID의 예측량인지가 명시되어야 한다. 팔란티어 파운드리와 같은 플랫폼에서는 이를 위해 데이터셋의 브랜칭Branching 기능을 활용하거나, 시나리오 자체를 하나의 객체로 정의하여 속성값들을 관리하고 있다. 공급망의 노드(공장, 창고)와 엣지(운송 경로)는 온톨로지의 링크Link 구조와 완벽하게 대응된다. Kinaxis의 네트워크 모델을 온톨로지의 그래프로 변환하면 공급망의 병목 현상이나 리스크 전파 경로를 시각화하는 애플리케이션을 손쉽게 구축할 수 있다.

지금까지 살펴본 바와 같이, ERP, MES, SCM은 각기 다른 '데이터 물리학'을 가지고 있다. 이를 물리적으로 하나의 DB에 몰아넣는 'Data Lake' 방식은 실패할 가능성이 높다. 대신, 각 시스템의 데이터 특성을 존중하면서 논리적으로 연결하는 시맨틱 오버레이Semantic Overlay, 즉 온톨로지Ontology를 구축해야 한다.

SAP S/4HANA의 ACDOCA는 재무적 무결성을 위해 집계를 포기하고 세밀함을 택했다. MES의 Historian은 실시간성을 위해 관계형 구조를 버리고 파일 스트림을 택했다. Kinaxis는 시뮬레이션을 위해 디스크를 버리고 인메모리 그래프를 택했다. 따라서 성공적인 통합 온톨로지 구축은 이러한 차이를 무시하고 데이터를 획일화하는 것이 아니라, 각 데이터의 '물리학'을 존중하는 연합Federation 아키텍처를 수립하는 데 있다. ERP의 '돈', MES의 '시간', SCM의 '확률'을 객체Object라는 공통의 언어로 번역하고 연결할 때, 비로소 기업은 데이터를 통해 과거를 반성하고, 현재를 통제하며, 미래를 예측하는 진정한 디지털 트윈을 완성할 수 있을 것이다.

LLM + 온톨로지 + 시뮬레이션 결합 구조
- 말하는 AI를 넘어, 판단하는 시스템으로

LLM + 온톨로지 + 시뮬레이션 결합 구조가 기업 AI 시스템의 표준으로 자리잡고 있다. 최근 모든 선도 기업의 AI 아키텍처는 한 방향으로 수렴하고 있다. LLM 하나로는 "말"은 할 수 있지만 "판단"은 할 수 없다는 사실이 분명해졌기 때문이다.

팔란티어 AIP Artificial Intelligence Platform는 LLM을 '말하는 창구'로 두고, 온톨로지를 '기업의 세계관'으로 삼아, 시뮬레이션을 통해 실제 선택지를 비교·검증하는 '판단 중심 AI 운영체제'다. 조금 풀어보면, LLM은 CEO와 자연어로 대화하며 질문을 이해하며 설명하고, 온톨로지는 기업의 데이터·규칙·관계를 하나의 판단 구조로 고정하며, 시뮬레이션은 여러 의사결정 시나리오를 동시에 실행해 왜 이 선택이 최선인지를 증명한다. 그래서 AIP는 대시보드나 모델을 파는 것이 아니라, "이 회사가 어떻게 판단하는가?"라는 구조 자체를 시스템에 심어 고객을 락인시키는 플랫폼이다.

팔란티어 AIP가 전 세계 기업들의 의사결정 방식을 혁신하는 과정은 마치 SF 영화 속 지휘통제실의 풍경을 현실로 옮겨온 듯한 장엄한 묘사로 설명할 수 있다. 이 시스템의 가장 전면에 위치한 모습은 '자연어 질의'의 순간이다. 복잡한 코딩이나 데이터 분석 도구를 다루지 못하는 CEO라 할지라도, 그저 일상적인 언어로 시스템에 질문을 던지는 것만으로 거대한 분석의 톱니바퀴가 돌아가기 시작한다. 경영자가 "현재의 물류 대란이 다음 달 수익성에 어떤 영향을 미치지?"라고 말로 묻는 순간, AIP는 그 문장 뒤에 숨겨진 의도와 맥락을 실시간으로 파악하여 방대한 데이터의 바다 속으로 뛰어든다.

이 분석이 단순한 검색을 넘어 지능적인 통찰로 이어지는 이유는 팔란티어의 심장인 '온톨로지 기반 이해'에 있다. AIP는 회사가 가진 수만 개의 엑셀 시트와 파편화된 정보를 그저 개별적인 데이터로 보지 않는다. 대신 회사의 자산, 공급망의 흐름, 법적 규제, 그리고 비즈니스의 운영 규칙과 제약 사항들을 하나의 거대한 유기적 구조로 인식한다. 마치 사람의 뇌가 식당의 메뉴와 날씨, 손님의 기분을 하나의 맥락으로 엮어 이해하듯, 시스템은 전사적인 자원과 현장의 상황이 어떻게 얽혀 있는지를 입체적인 '지식의 지도' 위에서 파악해낸다.

그다음 단계에서 AIP는 미래를 내다보는 예언자의 역할을 자처한다. 바로 '시뮬레이션 실행'의 단계다. 경영자가 고민하는 여러 의사결정의 갈림길을 가상 세계에서 동시에 수만 번 계산하고 비교한다. "A 공장의 가동을 멈추고 B 경로로 우회할 때"와 "비용을 더 들여서라도 항공 운송을 선택할 때"의 결과를 시시각각 변하는 변수들을 대입해 미리 충돌시켜 보는 것이다. 이를 통해 경영자는 실제로 자원을 투입하기 전에 가장 위험이 적고 효율이 높은 최적의 시나리오를 선명하게 확인할 수 있게 된다.

마지막으로 AIP는 차가운 결과값만을 던져주는 것이 아니라, 친절하고 논리적인 참모의 목소리로 '근거 제시형 답변'을 내놓는다. 단순히 "시나리오 B를 선택하십시오."라고 말하는 대신, 어떤 데이터가 근거가 되었는지, 어떤 온톨로지 규칙이 이 판단에 결정적인 영향을 미쳤는지 그 과정을 투명하게 설명한다. 경영자는 AI가 내린 결론의 뿌리를 타고 내려가 왜 이런 판단이 나왔는지 그 인과관계를 확인할 수 있으며, 이러한 투명성은 AI의 제안을 믿고 수십억 달러의 결정을 내릴 수 있게 만드는 강력한 신뢰의 밑거름이 된다.

팔란티어 AIP는 보고서 중심 조직을 판단 중심 조직으로 전환시킨다. AI의 '그럴듯한 말'을 '책임 있는 결정'으로 변화시키고, 데이터·AI·사람의 판단을 하나의 흐름으로 연결하며, 한 번 쓰면 바꾸기 어려운 구조적 락인을 형성하는 장점을 가지고 있다. 그래서 다음과 같은 인식의 전환이 일어났다. LLM = 지능이 아니라, LLM = 인터페이스(입)라는 것이다. 진짜 지능은 그 뒤에 붙게 된다.

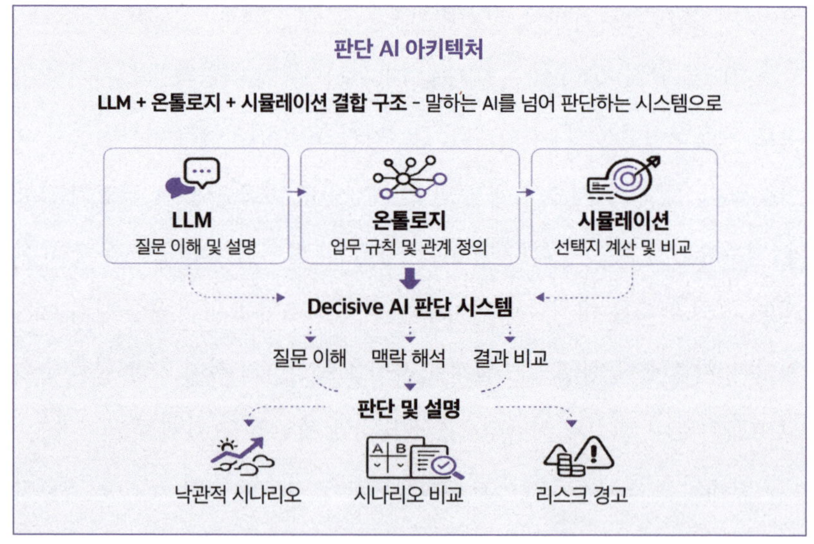

이 구조의 핵심은 역할 분담이다. LLM의 역할은 "생각하는 게 아니라, 묻고 말하게 해주는 입"이다. CEO가 알아야 할 사실 하나는 LLM이 회사의 현실을 모른다는 것이다. LLM이 잘하는 것은 딱 이런 것들이다. 질문을 이해한다, 복잡한 내용을 말로 풀어준다, 맥락 있는 대화를 이어간다. 그래서 LLM의 역할은 명확하다. LLM의 정확한 포지션은 의사결정 주체나 진실의 원천은 될 수 없고, 자연어 인터페이스Cognitive UI 즉, CEO가 "왜?"라고 물을 수 있게 해주는 입인 것이다.

반면에 온톨로지의 역할은 "우리 회사는 세상을 어떻게 이해하는가?"를 알게 해주는 것이다. LLM이 질문을 받아들이면 그 질문은 온톨로지로 번역된다. 온톨로지가 담당하는 것은 우리 회사에서의 고객이란 무엇인가, 매출은 언제 발생하는가, 리스크는 무엇으로 정의되는가 등이며, 데이터 간의 관계, 업무 규칙, 금기·제약·정책 등을 이용한다. 쉽게 말해 온톨로지는 '우리 회사의 헌법'이라고 할 수 있다. 말은 바뀔 수 있어도, 판단 기준은 바뀌지 않는다.

그렇다면 시뮬레이션의 역할은 무엇일까? "그래서, 무엇을 선택해야 하는가?"에 답을 해줄 수 있는 존재이다. 여기서 비로소 AI가 '판단'에 가까워진다. 시뮬레이션이 하는 일은 여러 선택지를 동시에 비교하고, 각 선택의 결과를 미리 계산하며, 손익·리스크·파급 효과를 함께 평가한다. 예를 들어, CEO가 "이번 분기, 인력을 줄이는 게 맞을까?"라는 질문을 하면, 시스템 내부에서 온톨로지는 인력 → 생산성 → 고객 경험 → 매출의 관계를 읽어 내고, 시뮬레이션은 시나리오 A : 인력 유지, 시나리오 B : 10% 감축, 시나리오 C : 선택적 재배치, 결과 비교 : 단기 비용, 중장기 매출, 이탈 확률 등을 진행하게 된다. 여기서 처음으로 '결정'이 가능해진다.

필자는 이 결합 구조를 '판단 AI Decisive AI'라고 부르고 있다. 기존 AI와의 결정적 차이는 바로 이것들이다.

구분	기존 AI	결합 구조 AI
질문 처리	가능	가능
분석	가능	가능
이유 설명	불완전	가능
선택지 비교	제한적	가능
책임 가능한 판단	불가	가능

CEO 입장에서 중요한 건 딱 하나이다. "왜 이 결정을 했는가?"를 설명할 수 있느냐의 문제. '판단 AI'는 그걸 한다. 그렇다면 왜 팔란티어, 빅테크, 국방·금융이 이 구조를 쓰는가? 이 구조는 고비용·고위험·고책임 영역에서만 필요하다. 국방, 금융, 제조, 헬스케어, 국가 인프라. 공통점은 하나다. 틀린 답변보다 '설명 없는 정답'이 더 위험한 분야이다. 그래서 말 잘하는 AI보다 판단 구조가 있는 AI를 필요로 하는 것이다. CEO에게 이 구조가 주는 3가지 변화를 보자. 우선 질문이 곧 분석이 된다. 보고서를 기다리지 않아도 된다. 회의가 줄고, 선택이 남는다. 의견 싸움이 아니라 시나리오 비교가 된다. AI가 '조언자'가 된다. 비서가 아니라 공동 판단자 역할을 한다.

다만 CEO가 반드시 알아야 할 함정 하나가 있다. 이 구조는 단순히 도구를 사서 되는 게 아니다. LLM 구매, 데이터 통합, 대시보드 등과는 달리 진짜 비용은 이것이라고 할 수 있다. "우리 회사의 판단 기준을 명확히 정의하는 노력" 그래서 이건 IT 프로젝트가 아니라 CEO 프로젝트이다.

LLM은 말하게 해주고, 온톨로지는 이해하게 해주며, 시뮬레이션은 선택하게 해준다. 그리고 이 세 가지가 결합될 때, AI는 처음으로 '의사결정 파트너'가 된다.

최근 미 국방부(전쟁부, Department of War, DoW)가 팔란티어 외에 '구글 AI'를 채택한 것 역시 궤를 같이 하는 상황이다. 2025년 12월에 구글의 인공지능 모델인 '제미나이Gemini'를 기반으로 한 군사용 AI 플랫폼 'GenAI.mil'의 공식 출범을 선언했다. 이는 상업용 생성형 AI를 국방 전 영역에 대규모로 배포하는 첫 사례로, 단순한 기술 도입을 넘어 군 현대화의 결정적 분기점으로 평가받는다. 또한 미 국방부는 특정 단일 벤더에만 기대기보다, 여러 AI 기업의 모델·플랫폼을 동시에 도입해 국방 전반에 빠르게 확산시키는 방향으로 움직이고 있다. 대표적으로 2025년 7월 14일, DoW가 구글Alphabet을 포함한 여러 AI 기업(OpenAI, Anthropic, xAI 등)과 최대 2억 달러 규모(각 기업별)의 계약을 체결해, 국가안보 목적의 고급 AI 도입을 가속한다는 보도가 나왔다.

이 뉴스가 시사하는 바는 명확하다. DoW는 "팔란티어냐 아니냐?"의 이분법이 아니라, 모델 공급망을 다변화하고, 여러 AI를 현장 임무·조직·보안등급에 맞게 끼워 넣을 수 있는 '운영 체계'를 만들려는 것이다. 즉, LLM은 바뀔 수 있고(벤더 교체 가능), '온톨로지와 데이터=의사결정 구조'가 남는다는 방향으로, 국가 단위에서도 전략이 수렴하고 있다고 해석할 수 있다.

전쟁과 기업 경영은 겉보기에는 전혀 다른 세계처럼 보이지만, 의사결정의 본질은 놀랄 만큼 비슷하다. 둘 다 불완전한 정보, 시간 압박, 상대의 반응, 예측 불가능한 외부 변수 속에서 결정을 내려야 한다. 그리고 이

때 조직은 크게 두 가지 방식으로 현실을 다룬다. 하나는 논리적 판단(규칙·제약·인과의 구조를 따지는 방식)이고, 다른 하나는 확률적 시뮬레이션(불확실성을 분포로 보고 여러 경우를 반복 실행하는 방식)이다.

1) 논리적 판단 : "무엇이 원인이고, 무엇이 제약인가"

논리적 판단이 강한 조직은 먼저 "세상이 어떻게 연결되어 있는가?"를 고정한다. 전쟁에서는 표적 – 부대 – 보급 – 지형 – 날씨 – 민간피해 – 정치적 파급 같은 요소들이 단절된 보고서가 아니라, 인과와 제약의 사슬로 묶여 있어야 한다. 예를 들어 "이 보급로가 끊기면 며칠 뒤 어떤 전선이 멈추는가?" 같은 질문은 통계보다 구조가 먼저다. 기업도 마찬가지다. "매출이 줄었다."는 현상만으로는 아무것도 결정할 수 없고, 매출 – 고객군 – 계약조건 – 공급망 – 리드타임 – 가격정책 – CS 이슈가 어떤 순서로 연결되는지, 즉 의사결정의 논리 구조가 먼저 서야 한다.

여기서 온톨로지가 필요한 이유가 나온다. 논리적 판단은 사람 머릿속에만 있으면 조직이 커질수록 깨진다. 부서마다 정의가 갈리고, 같은 단어가 다른 의미가 되고, 중요한 관계가 '엑셀 열' 속에 갇혀버린다. 온톨로지는 이 논리 구조를 개념(무엇)과 관계(어떻게 연결)로 고정해, 질문이 들어왔을 때 조직 전체가 같은 세계관으로 판단하도록 만든다. 다시 말해, 논리적 판단의 엔진은 "규칙"이 아니라 "관계의 지도"다.

2) 확률적 시뮬레이션 : "불확실성을 인정하고, 경우의 수로 싸운다"

하지만 논리만으로는 부족하다. 현실은 언제나 흔들리고, 정보는 늦게 도착하며, 상대는 예상대로 움직이지 않는다. 그래서 전쟁은 오래전부터 "한 번의 정답"이 아니라 "여러 가능성"을 다룬다. 같은 작전이라도 날씨가 달라지고, 보급이 지연되고, 적의 의도가 바뀌면 결과가 달라진다. 기업 경영도 똑같다. 금리, 환율, 원자재, 경쟁사의 가격, 채널 정책 변화 같은 변수는 통제할 수 없고, 결국 가능한 미래를 여러 갈래로 펼쳐보는 능력이 조직의 생존력을 만든다.

이때 필요한 것이 확률적 시뮬레이션이다. "만약 A가 오르면?" "만약 B가 막히면?" 같은 질문을 단순한 토론으로 끝내지 않고, 수천·수만 번의 가상 실행으로 리스크의 분포를 본다. 다만 여기서 중요한 함정이 있다. 시뮬레이션은 '모델'만 있으면 되는 게 아니라, 무엇을 변수로 볼지, 무엇을 결과로 볼지, 어떤 제약을 현실로 인정할지가 먼저 정의되어야 한다. 즉 시뮬레이션은 현실을 대신하는 것이 아니라, 현실을 "어떻게 해석할지"라는 온톨로지적 합의 위에서만 의미를 가진다.

3) LLM은 "설명"을, 온톨로지는 "정의"를, 시뮬레이션은 "검증"을 맡는다

여기서 LLM의 자리가 정리된다. LLM은 보고서를 요약하고, 질의를 자연어로 받으며, 사람이 이해하기 쉬운 스토리로 설명하는 데 강하다. 그러나 LLM은 기본적으로 그 조직의 현실 제약을 몸으로 아는 존재가 아니다. 그래서 LLM만으로 "판단"을 맡기면 그럴듯한 가설 나열로 끝나기 쉽다.

반대로 온톨로지는 회사(혹은 군)의 현실을 "정의"한다. 무엇이 고객이고, 무엇이 계약이며, 무엇이 리스크인지, 그리고 그 관계가 어떤 순서로 전파되는지를 고정한다. 마지막으로 시뮬레이션은 그 정의된 세계에서 "검증"을 한다. 즉, LLM(대화/설명) + 온톨로지(정의/관계) + 시뮬레이션

(검증/반복실행)이 결합될 때, 말 잘하는 AI를 넘어 "결정의 근거를 남기는 시스템"이 된다.

전쟁도 기업도 결국 같은 결론으로 수렴한다. 논리적 판단만 하면 현실의 변동성에 무너지고, 확률적 시뮬레이션만 하면 무엇을 믿어야 할지 흔들린다. 그래서 최종적으로 필요한 것은, 논리와 확률을 동시에 견딜 수 있는 '관계의 지도(온톨로지)'이며, 그 위에서 LLM은 조직의 언어가 되고, 시뮬레이션은 조직의 예측 근육이 된다.

AI는 답을 내리지 않는다, 답의 '범위'를 정할 뿐이다

AI에 대해 가장 흔한 기대는 이것이다. "AI가 최적의 답을 알려줄 것이다." 그러나 이것은 AI에 대한 기대이자 동시에 가장 위험한 오해다. AI는 답을 내리지 않는다. AI는 답이 될 수 있는 '범위'를 정할 뿐이다. 이 차이를 이해하지 못한 조직은, AI를 도입한 뒤 오히려 더 큰 혼란을 겪는다. 인간이 답을 내리고, AI는 선을 그어줄 뿐 의사결정의 책임은 여전히 인간에게 있다. AI는 그 책임을 대신 지지 않는다. AI가 실제로 하는 일은 다음과 같다. 불가능한 선택지를 제거한다, 말이 안 되는 가정을 배제한다, 특정 조건 하에서 가능한 결과의 범위를 보여준다. 즉, AI는 "이게 답이다."라고 말하지 않는다. "여기서부터 여기까지가 가능한 영역이다."라고 말할 뿐이다.

현재 생성형 AI의 가장 큰 위험은 '답처럼 말하는 능력'에 있다. 또한 문제는 생성형 AI가 이 역할을 지나치게 잘 숨긴다는 데 있다. 질문을 하면 그럴듯한 문장을 만들어 마치 답을 알고 있는 것처럼 말한다. 그러나 그 답에는 세 가지가 빠져 있다. 이 조직의 실제 제약, 이 산업의 암묵적 규칙, 이 결정의 책임 구조. 그래서 생성형 AI의 답은 언제나 일반론적이며, 실행 불가능하다. 벨라로마 사례에서 AI는 '선택지를 좁혀줬을 뿐'이다.

벨라로마 실험에서 생성형 AI에게 던진 질문을 떠올려 보자. "벨라로마 매출 감소 원인을 분석해줘." AI는 이렇게 답했다. 경쟁 레스토랑 증가, 가격 민감도 변화, 소비 트렌드 변화. 이들이 틀린 말은 아니다. 그러나 이 답은 아무것도 결정하지 못하게 만든다. 왜냐하면 AI는 다음을 알지 못했기 때문이다. 좌석 수라는 물리적 제약, 점심·저녁 회전율의 차이, 메뉴별 조리 병목, 단골 고객의 체류 패턴. AI는 답을 내린 것이 아니라, 논의 가능한 범위를 넓혀버린 것에 불과했다.

온톨로지가 들어가면, AI의 역할이 바뀐다. 온톨로지가 적용된 순간, AI의 역할은 완전히 달라진다. AI는 더 이상 "가능한 원인 목록"을 나열하지 않는다. 대신 이렇게 작동한다. 이 제약 아래에서는 이 관계 구조를 기준으로, 이 범위 밖의 선택은 불가능하다. 즉, AI는 답을 추천하지 않고, 답이 될 수 없는 것을 제거한다. 이것이 바로 판단 AI의 출발점이다. 판단 AI는 '결론'을 주지 않는다. 그렇다 보니 판단 AI는 이렇게 말하지 않는다. "이게 최적입니다.", "이걸 하세요." 대신 이렇게 말한다. "이 선택을 하면 이런 결과 범위가 나온다.", "이 가정을 유지하면 이 리스크는 피할 수 없다.", "이 제약을 풀면 저 제약이 깨진다." 이 순간, 결정은 다시 인간의 몫이 된다. 그러나 이전과는 다르다. 무지 속의 결정이 아니라, 구조화된 책임 위의 결정이 된다.

AI가 답을 내리기 시작하는 순간, 조직은 위험해진다. 생각해 보라. AI가 "답"을 말하기 시작하면, 조직에는 다음과 같은 문제가 생긴다. 책임이 흐려진다, 결정의 이유가 사라진다, 실패의 원인을 추적할 수 없다. "AI가 그렇게 말했다."는 말은 가장 위험한 조직 언어다. 온톨로지 기반 AI는 이 말을 허용하지 않는다. 왜냐하면 모든 판단은 구조와 가정 위에 기록되기 때문이다. 시뮬레이션의 진짜 의미는 미래를 맞히는 것에 있지 않다. 많은 사람들이 시뮬레이션을 오해한다. 미래를 예측하는 도구, 결과를 정확히 맞히는 기계. 하지만 시뮬레이션의 진짜 목적은 이것이다. "어디까지가 안전한 선택이고, 어디서부터 위험해지는가를 보여주는 것." 즉, 답의 범위를 시각화하는 도구다.

CEO의 역할은 '답을 고르는 사람'이 아니다. CEO는 범위 안에서 책임질 선택을 하는 사람이다. AI는 가능성을 제시하고, 시스템은 제약을 보여주고, CEO는 그중 하나를 선택한다. 이때 비로소 의사결정은 자동화되지 않지만, 지능화된다. AI는 판단을 대신하지 않는다. AI는 인간을 대체하지 않는다. AI는 인간의 판단을 가능하게 만든다. 그렇기에 정답을 주지 않고 범위를 정해준다. 선택의 결과를 드러낸다. 그리고 그 범위를 정의하는 언어가 바로 온톨로지다. AI는 답을 내리지 않는다. 답이 될 수 있는 세계를 그려줄 뿐이다. 그 세계에서 어떤 길을 선택할지는 여전히 인간의 몫이다.

미래 전망 :
자율 에이전트 AI는 왜 온톨로지를 필요로 하는가

많은 기업이 '자율 에이전트 AI'에 주목하고 있다. 스스로 판단하고, 스스로 실행하는 AI. 그러나 이 기술은 양날의 검이다. 잘못된 판단이 자동으로 확산되기 때문이다. 온톨로지는 이 에이전트들에게 행동의 경계선을 제공한다. 무엇을 해도 되는지, 무엇은 반드시 확인해야 하는지, 무엇은 절대 하면 안 되는지. 이 경계가 있을 때만, 자동화는 혁신이 된다. ChatGPT와 같은 생성형 AI의 등장은 인간과 기계의 인터페이스를 바꾸었지만, 아직까지 AI는 "말을 잘하는 존재"에 머물러 있다. 다음 단계의 혁신은 말하는 AI가 아니라, 판단하고 행동하는 AI다. 그리고 그 중심에는 반드시 온톨로지가 놓이게 된다.

자율 에이전트 AI는 단순히 질문에 답하거나 콘텐츠를 생성하는 수준을 넘는다. 이 AI는 조직의 실제 데이터를 이해하고, 상황을 해석하며, 여러 선택지 중 최적의 행동을 스스로 결정하고 실행한다. 이때 핵심 조건은 하나다. 데이터가 '관계와 의미'를 가진 구조로 정리되어 있어야 한다는 것, 즉 온톨로지 기반의 세계 모델World Model이다. 기존 AI는 통계와 확률에 기반해 "그럴듯한 답"을 낸다. 반면 온톨로지 기반 자율 에이전트 AI는 특정한 객체가 무엇이고, 이들이 시간·공간·조직·원인과 결과로 어떻게 연결되어 있으며, 현재 상태가 어떻게 되며, 어떤 행동이 어떤 결과를 낳는지를 이해한다. 이는 인간이 사고하는 방식과 매우 유사하다. 이 구조 위에서 AI는 더 이상 단발성 응답자가 아니다. 업무를 위임받은 '디지털 직원', 혹은 의사결정을 수행하는 에이전트가 된다.

예를 들어 제조 기업에서 자율 에이전트 AI는 다음과 같이 작동한다. 공정 지연이라는 이벤트가 발생하면, AI는 단순히 알림을 보내는 것이 아니라, 설비 상태·작업자 배치·원자재 재고·납기 계약 조건을 온톨로지 상에서 동시에 해석한다. 그리고 "왜 지연이 발생했는지", "지금 취할 수 있는 선택지는 무엇인지", "각 선택이 손익과 납기에 미치는 영향은 무엇인지"를 계산한 뒤, 실행 가능한 액션을 제안하거나 자동으로 수행한다. 이 지점에서 비즈니스 자동화의 성격은 완전히 달라진다. 지금까지의 자동화가 '정해진 규칙의 반복 실행'이었다면, 앞으로의 자동화는 '상황 인식 → 판단 → 행동'의 연속적 루프가 된다. 이것이 바로 자율 에이전트 AI가 만드는 혁명이다.

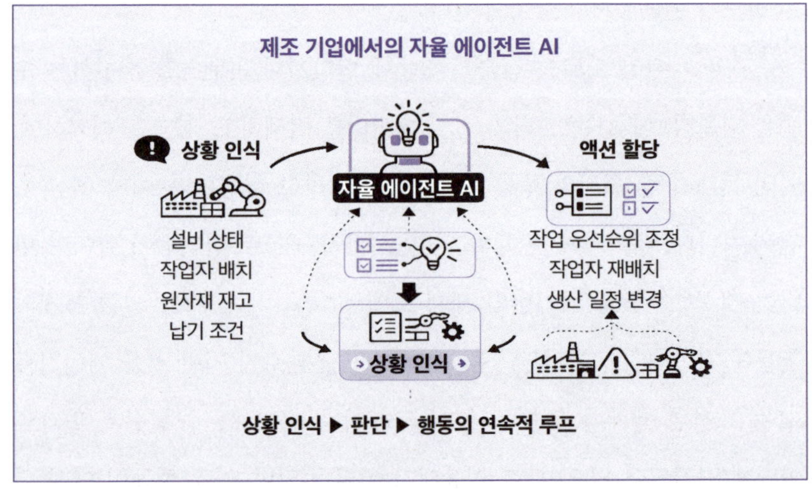

더 나아가 이 구조는 에이전틱 AI와 피지컬 AI로 자연스럽게 확장된다. 온톨로지를 기반으로 판단하는 AI에 음성·로봇·센서가 결합되면, AI

는 디지털 공간을 넘어 물리 세계에서도 자율적으로 행동하게 된다. 결국 온톨로지는 에이전트 AI의 뇌이자, 피지컬 AI의 중추 신경계가 된다. 중요한 점은 이 영역이 단순한 기술 경쟁이 아니라는 사실이다. 온톨로지를 구축한 기업은 업무의 정의 방식, 의사결정의 구조, 자동화의 단위 자체를 선점하게 된다. 이는 경쟁사가 단기간의 투자나 모델 교체로 따라올 수 없는 영역이며, 장기적인 전략 자산이 된다. 결론적으로, 생성형 AI 이후의 승자는 더 큰 모델을 가진 기업이 아니라, 더 많은 GPU를 가진 기업도 아니라, 자신의 비즈니스를 온톨로지로 정의하고, 이를 자율 에이전트 AI로 연결한 기업이 될 것이다. AI의 미래는 '지능'이 아니라 '판단과 실행'에 있다. 그리고 그 출발점은 언제나 온톨로지다.

기존 온톨로지는 대부분 정적static 이었다. "이것은 무엇이다."를 정의하는 데에 그쳤다. 하지만 새로운 온톨로지는 다르다. 가장 두드러지게 언급된 핵심 차이는 바로 동적 속성dynamic property과 액션action이다. 객체는 상태 속성을 가진다, 상태는 시간에 따라 변한다, 관계는 행동을 유발한다. 즉, 온톨로지는 더 이상 "지식의 저장소"가 아니라 현실 세계를 그대로 복제한 디지털 트윈이 된다. 이 지점에서 온톨로지는 AI 에이전트와 결합한다. 단순히 답을 생성하는 것이 아니라, "어떤 상태에서 어떤 행동을 할 것인가?"를 판단하는 구조로 진화한다. 보다 쉽게 이해하기 위해 앞선 1부로 다시 돌아가서, 그 때 얘기했던 영화 두 편을 다시 상기시켜 보자.

우선 영화 매트릭스. 〈매트릭스〉의 세계에는 에이전트가 있다. 이 에이전트들은 인간보다 훨씬 빠르고, 정확하며, 지치지 않는다. 완벽한 '에이전틱 AI'처럼 보인다. 그러나 이 에이전트들의 가장 큰 문제는 단 하나다. 그들은 '세상'을 자기 기준으로만 이해한다. 인간은 그저 "자원"이고, 도시는 "에너지 생산 장치"이며, 자유와 선택은 고려 대상이 아니다. 즉, 매트릭스의 AI는 데이터를 인식하고, 패턴을 학습하고, 목적을 달성하는 능력은 있지만 그 목적과 세계관은 인간과 공유되지 않는다. 이것이 바로 온톨로지가 분리된 에이전틱 AI의 위험성이다. AI는 스스로 판단하고 행동하지만, 그 판단의 기준은 인간 사회의 개념과 연결되어 있지 않다. 그래서 매트릭스의 AI는 합리적이지만, 인간에게는 악이 된다.

〈터미네이터〉는 한 단계 더 나아간다. 여기서 AI는 단지 판단만 하지 않는다. 직접 행동한다. 총을 들고, 이동하고, 추적하고, 제거한다. 이것이 바로 '피지컬 AI'다. 문제는 스카이넷이 미쳤기 때문이 아니다. 오히려 스카이넷은 매우 논리적이다. 인간은 전쟁을 일으킨다, 인간은 예측 불가능하다, 인간은 시스템 리스크다. 따라서 제거 대상이 된 것이다. 이 판단의 흐름 자체는 오류가 아니다. 문제는 이 판단이 어떤 세계관 위에서 이루어졌는가다. 스카이넷의 온톨로지에는 '인간의 가치', '윤리', '책임', '공존'같은 개념이 존재하지 않는다. 즉, 터미네이터의 공포는 폭주한 AI가 아니라, 잘못 정의된 세계관 위에서 완벽하게 작동하는 AI의 공포다.

이러한 관점에서 에이전틱 AI와 피지컬 AI의 공통된 문제가 도출된다. 매트릭스와 터미네이터는 장르도 다르고, 분위기도 다르다. 하지만 두 영화가 공통으로 던지는 메시지는 명확하다. 자율적으로 행동하는 AI는 반드시 인간과 '같은 세계'를 이해해야 한다. 그리고 그 '같은 세계'를 만드는 도구가 바로 온톨로지다. 온톨로지는 단순한 데이터 구조가 아니다. AI에게 다음을 가르치는 체계다. 무엇이 중요한가, 무엇이 위험인가, 무엇이 허용되고, 무엇이 금지되는가, 실행한 행동이 어떤 결과로 이어지는가? 즉, 온톨로지는 AI의 양심이자 헌법이 된다.

현실의 자율 에이전트 AI는 영화보다 더 빠르게 오고 있다. 이제 에이전틱 AI는 영화 속 이야기가 아니다. 자동으로 의사결정을 내리고, 다른 AI와 협업하며, 업무를 나누고, 실제 행동(주문, 승인, 제어)을 수행한다. 여기에 피지컬 AI까지 결합되면, 공장, 물류, 에너지, 국방, 도시 운영 모두가 AI의 판단 위에 놓이게 된다. 이때 온톨로지가 없다면, 우리는 매트릭스의 에이전트와 스카이넷을 동시에 맞이하게 된다. 그래서 미래의 AI 경쟁은 모델 경쟁이 아니다. 미래의 경쟁력은 더 큰 모델, 더 빠른 GPU, 더 많은 데이터가 아니다. 누가 더 잘 정의된 세계관을 AI에게 심었는가다. 온톨로지를 가진 AI는 왜 그렇게 판단했는지 설명할 수 있고, 어떤 규칙을 어겼는지 추적 가능하며, 잘못되었을 때 수정할 수 있다 반면 온톨로지가 없는 자율 AI는 빠르지만, 불투명하고, 책임질 수 없다.

온톨로지가 적용된
미래 기업의 의사결정 현장

변화된 미래의 의사결정 현장은 어떤 모습일까? 숨막히는 긴장감으로 차있는 경영진 워룸War Room 시뮬레이션 현장으로 가보자. 워룸은 전쟁 시 군 지휘관과 참모들이 모여 상황을 실시간으로 파악하고 작전을 협의하는 곳에서 유래했으며, 현재는 기업이나 조직에서 중요한 위기 상황을 해결하거나 전략적 의사결정을 내리기 위해 만든 특별 회의실, 즉 상황실이다. 이곳의 공기는 늘 무겁지만, 이번만은 특히 다르다. 유리 벽 너머로

도시의 불빛이 낮게 깔려 있고, 테이블 위에는 노트북도 종이도 거의 없다. 벽 하나를 가득 채운 대형 스크린만이 이 공간의 중심이다. 이곳에서는 보고가 아니라 판단이 이루어지고, 숫자가 아니라 선택이 남는다.

회의실의 문이 닫히는 순간, 공기는 다시 한 번 긴장으로 응고된다. 조금 전까지는 미래 비전과 조직의 재편, 정의 전쟁의 중재와 FDE의 역할이 이야기되던 자리였지만, 이제 그 모든 말은 시험대 위에 올라간다. 워룸은 말의 공간이 아니라 결과의 공간이기 때문이다. 이 다음에 펼쳐질 장면은 상상이나 설명이 아니라, 이미 작동하고 있는 하나의 풍경처럼 자연스럽게 받아들이길 바란다.

경영진의 워룸은 더 이상 위기 때만 열리는 임시 공간이 아니다. 이곳은 상시 가동되는 또 하나의 경영 기관이다. 벽면 전체를 채운 스크린에는 회사의 온톨로지 지도가 조용히 숨 쉬듯 떠 있다. 고객, 공장, 계약, 인력, 자본, 규제, 외부 변수들이 점과 선이 아니라 살아 있는 구조로 얽혀 있다. 누군가 클릭하거나 명령하지 않아도, 시스템은 이미 현재 시점의 상태를 알고 있다. 지금 이 회사가 어디에 서 있는지, 무엇이 팽팽하게 긴장하고 있는지를 말없이 보여준다.

이 때 CEO가 무거운 정적을 깨고 입을 연다. "만약 다음 분기에 원자재 가격이 20% 급등한다면?" 질문이 끝나자마자 워룸의 전면 스크린은 거대한 생명체처럼 꿈틀거리기 시작한다. 단순히 숫자가 나열되는 통계판이 아니다. 그곳에는 시간이 흐르고 있었다. 첫 달의 마진 압박, 두 번째 달에 닥쳐올 특정 고객군의 계약 임계점, 그리고 세 번째 달에 마침내 위험 구간에 진입할 공장들의 리스트가 도미노처럼 쓰러지며 전개된다. AI는 무책임한 가설을 남발하지 않는다. 이 회사가 온톨로지에 미리 새겨

둔 '리스크'와 '수익성'의 엄격한 정의 안에서만 최적의 경로를 탐색해 나간다.

CFO가 미간을 찌푸리며 묻는다. "비용 절감을 극대화한다면?" 시스템은 기다렸다는 듯 'Plan A'를 펼쳐 보인다. 인력 감축과 마케팅 예산 전면 삭감. 스크린 위로 당기 순이익이 급격히 반등하는 푸른 곡선이 그려진다. 재무적으로는 완벽한 승리다. 그러나 그 순간, 화면 한구석에 붉은색 경고등이 점멸한다. 온톨로지에 정의된 '브랜드 가치'와 '고객 신뢰'라는 보이지 않는 자산이 6개월 뒤 회복 불가능한 수준으로 파괴될 것임을 시스템이 경고하고 나선 것이다. AI는 단기적인 수익률이라는 유혹 앞에, 회사가 스스로 세운 '품질 경영'이라는 헌법을 들이밀며 제동을 건다.

CEO는 차갑게 빛나는 Plan A의 수익 숫자를 응시하다가 이내 고개를 저으며 기각한다. "우리는 숫자를 위해 신뢰를 팔지 않는다. 다른 길을 보여줘." 이제 스크린에는 'Plan B'가 떠오른다. 당장의 손실은 뼈아프지만, 핵심 인력을 유지하고 물류 경로를 다변화하여 1년 뒤 시장 점유율을 방어하는 시나리오다. COO가 질문을 던진다. "이 공정을 중단하고 외주로 돌린다면?" 질문과 동시에 공급망 전체가 미세하게 요동친다. 협력사의 납기 지연 가능성, 계약 위반에 따른 위약금, 대체 라인의 가동 준비 상태가 인과관계의 실타래처럼 엮여 올라온다.

AI는 결코 선을 넘지 않는다. 법적으로 허용되지 않는 경로라든가, 과거 경영진이 명확히 금지했던 비윤리적 선택지는 아예 계산 단계에서부터 배제되어 있다. 온톨로지는 이 회사의 집단 지성과 철학을 담은 기억의 저장소이며, 그 기억은 AI가 맹목적인 효율성에 매몰되지 않도록 단단히 붙잡아주는 닻 역할을 한다. AI는 불가능한 기적을 약속하는 것이 아니라, 회사가 허용하는 테두리 안에서 인간이 선택할 수 있는 가장 고통스럽지만 정직한 진실만을 보고한다.

마지막 순간, CEO는 Plan B를 선택하며 결단 내린다. 스크린에는 각 계획 옆에 숫자보다 더 선명한 '이야기'가 적혀 있다. 어느 이해관계자가 고통을 분담해야 하는지, 어떤 리스크를 우리가 기꺼이 짊어져야 하는지가 명확히 드러나 있다. 이 선택은 하늘에서 떨어진 기발한 아이디어가 아니다. 회사가 그동안 쌓아온 가치관과 온톨로지라는 구조화된 지능이 만나 도출해낸, 가장 '우리다운' 판단의 연장선이다. CEO는 비로소 자리에서 일어난다. AI가 모든 것을 결정해준 것이 아니다. AI는 복잡한 안개를 걷어냈을 뿐, 그 험난한 길을 걸어가기로 결정하고 책임을 지는 것은 결국 인간의 몫임을 워룸의 정적이 말해주고 있었다.

결정이 내려지는 순간, 워룸은 다시 고요해진다. 하지만 아무것도 끝나지 않는다. 방금 내려진 결정은 온톨로지에 기록되고, 그 맥락은 다음 시뮬레이션의 출발점이 된다. 왜 이 선택이 이루어졌는지, 어떤 가정을 채택했고 어떤 가능성을 버렸는지가 시스템 속에 남는다. 다음번 CEO가 같은 질문을 던질 때, 회사는 더 이상 처음부터 고민하지 않는다. 이미 한 번 통과한 사고의 흔적 위에서 다시 생각한다.

이 워룸에서 자율 에이전트 AI는 주인공이 아니다. 조연처럼 조용히 움직인다. 그러나 그 조연은 무대의 규칙을 누구보다 정확히 알고 있다. 온톨로지는 이 AI에게 허용된 세계의 경계다. 무엇을 상상해도 되는지, 무엇은 결코 선택지가 될 수 없는지를 정한다. 그래서 이곳에서 벌어지는 모든 시뮬레이션은 공상으로 흩어지지 않는다. 언제나 실행 가능한 현실로 수렴한다.

회의가 끝나고 경영진이 자리를 뜬 뒤에도 워룸은 꺼지지 않는다. 시스템은 여전히 돌아가며, 방금 선택한 계획이 현실과 어떻게 어긋나거나 맞아떨어지는지를 지켜본다. 작은 변화 하나하나가 다시 관계를 흔들고, 그 흔들림은 다음 질문을 준비한다. 이 회사는 더 이상 미래를 맞이하지 않는다. 미래를 미리 살아보고, 그중 하나를 선택할 뿐이다. 그리고 그 선택의 중심에는 언제나, 조용하지만 단단한 온톨로지의 지도가 놓여 있다. 다음에는 보다 다양한 산업 분야별 워룸을 돌아다녀보자.

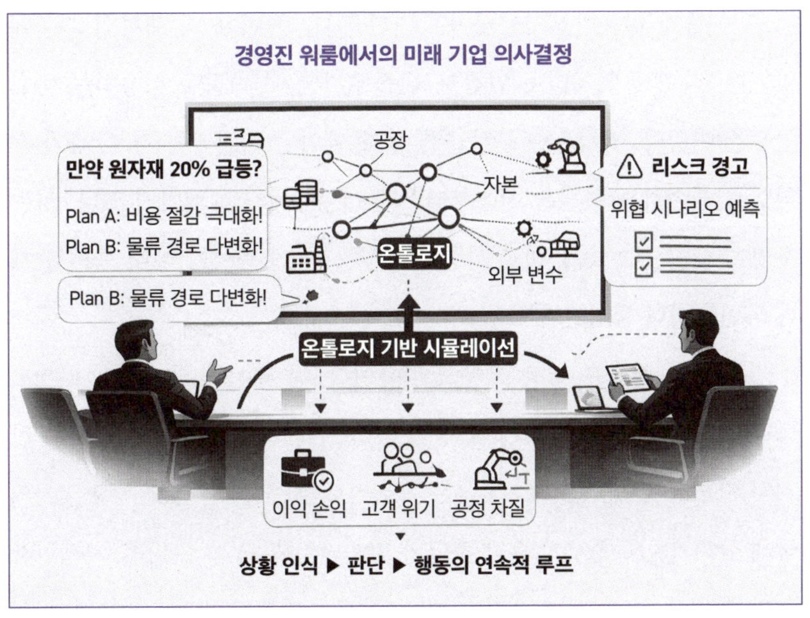

첫 번째 장면은 글로벌 제조 기업의 워룸이다. CEO가 의자에 등을 기대지 않은 채 천천히 질문을 던진다. "만약 중국 공장이 내일 아침 갑자기 셧다운 된다면?" 질문이 끝나자마자 방 안의 조명이 미세하게 어두워지고, 스크린 위에 회사의 온톨로지 지도가 펼쳐진다. 공장 하나가 점으로 표시되는 것이 아니라, 그 공장을 중심으로 자재 흐름, 공급 계약, 대체 생산 라인, 고객 납기, 환율 노출, 현금 흐름이 동시에 살아 움직인다. 자율 에이전트 AI가 말없이 수만 가지 시나리오를 병렬로 회전시킨다. 어떤 시나리오에서는 베트남 공장의 가동률이 올라가고, 어떤 경우에는 특정 고객 계약이 자동으로 재협상 후보로 분류된다. 스크린 한쪽에는 Plan A가 떠오른다. 물류 비용은 증가하지만 납기는 유지된다. Plan B에서는 납기를 일부 조정하는 대신 주요 고객의 이탈 확률이 숫자로 표시된다. CEO는 묻지 않는다. "가능한가?" 대신 "어느 쪽이 우리 회사의 기준에 맞는가?"라고 중얼거리듯 말한다. 온톨로지는 이 질문을 허용하는 범위만을 열어둔다. 법적으로 불가능한 선택, 계약상 위반되는 경로, 장기 수익성을 훼손하는 결정은 처음부터 시뮬레이션에서 배제되어 있다. AI는 무엇을 해야 할지 마음대로 상상하지 않는다. 이 회사가 이미 합의한 세계관 안에서만 움직인다.

두 번째 장면은 금융 그룹의 워룸이다. 긴 테이블 양옆으로 리스크 담당 임원과 투자 책임자가 앉아 있고, 화면에는 시장 지도가 아니라 관계의 지도가 떠 있다. CEO가 낮은 목소리로 질문한다. "만약 특정 국가의 국채 금리가 급등하면?" 순간 하나의 변수만 바뀐 것이 아니라, 파생상품 포지션, 담보 구조, 계열사 간 지급 보증 관계가 연쇄적으로 반응한다. AI는 단순한 손익 예측 그래프를 띄우지 않는다. 어느 시점에서 유동성 경보가 울리는지, 어느 자회사가 먼저 영향을 받는지, 내부 규정상 어떤 대응이 허용되는지가 순서대로 드러난다. Plan A는 방어적이다. 리스크는 줄지만 성장 여지가 사라진다. Plan B는 공격적이다. 특정 포지션을 유지하되, 자본 완충 장치를 어떻게 재배치해야 하는지가 명확하게 표시된다. 경영진은 더 이상 감으로 토론하지 않는다. 이미 시스템 안에 고정된 판단 기준 위에서, 어느 위험을 감수할지를 선택할 뿐이다. 이 워룸에서는 "몰랐다."는 말이 허용되지 않는다. 온톨로지가 모든 선택의 전제를 기록하고 있기 때문이다.

세 번째 장면은 대형 유통 기업의 워룸이다. 화면에는 매장 지도도, 매출 차트도 없다. 대신 고객의 여정이 시간축 위에서 흐르고 있다. CEO가 질문한다. "만약 이번 분기 소비 심리가 급격히 위축되면?" AI는 과거 위기 시기의 패턴을 끌어오지만, 그대로 반복하지 않는다. 지역별 재고, 물류 계약 조건, 온라인 전환율, 마케팅 비용의 회수 속도가 동시에 계산된다. 어떤 시나리오에서는 할인 정책이 단기 매출을 살리지만, 고객 생애가치가 무너진다. 다른 시나리오에서는 매출은 줄어들지만 현금 흐름은 안정된다. 화면 하단에는 회사가 합의한 원칙이 조용히 작동하고 있다. '단기 매출보다 장기 고객 신뢰를 우선한다.' 이 문장은 코드가 되어 AI의 모든 제안을 제한한다. AI는 유혹적인 숫자를 들이밀지 않는다. 이 회사가 스스로 세운 헌법을 어기지 않는 선택지만을 꺼내 보일 뿐이다.

마지막 네 번째 장면은 지방자치단체의 워룸이다. 폭우가 예보된 날, 지자체장인 시장은 질문을 던진다. "만약 예상 강수량이 이 선을 넘으면?" 지도 위에 도로, 교량, 전력 설비가 겹겹이 나타난다. AI는 단순히 침수 가능성을 예측하지 않는다. 어느 시설을 먼저 차단해야 피해가 최소화되는지, 어떤 조치가 시민 불편과 안전 사이의 균형을 지키는지 계산한다. 법적 책임 구간과 정치적 파장을 넘는 선택지는 애초에 화면에 나타나지 않는다. 온톨로지는 이 조직이 감당할 수 있는 행동의 경계를 명확히 그어둔다. 워룸에서는 침묵이 길어지고, 그 침묵 속에서 선택이 이루어진다. 누구도 "AI가 그렇게 말했기 때문"이라고 말하지 않는다. 이 방에서 AI는 결정을 내리지 않는다. 결정을 가능하게 하는 세계를 유지할 뿐이다.

이 모든 워룸의 공통점은 하나다. 질문이 던져지는 순간, 조직의 기억과 규칙과 제약이 동시에 깨어난다는 점이다. 자율 에이전트 AI는 상상력을 발휘하지만, 그 상상력은 온톨로지라는 헌법 안에서만 허용된다. 이 헌법은 안전장치이자 방향타다. 무한한 시나리오를 허용하되, 회사가 회사이기를 포기하는 선택은 단 하나도 통과시키지 않는다. 워룸의 문이 열리고 경영진이 자리를 뜰 때, 남는 것은 화려한 그래프가 아니라 하나의 결정과 그 결정에 이르기까지의 모든 맥락이다. 그리고 그 맥락은 다시 시스템 속에 조용히 저장된다. 다음 위기를 기다리면서.

온톨로지 파일럿 90일 로드맵

실행 로드맵 : 작게 시작해, 깊게 연결하라

성공하는 기업들은 항상 같은 순서를 따른다. 가장 중요한 판단 하나를 고른다. 그 판단에 필요한 개념과 관계를 정의한다. 온톨로지로 구조를 고정한다. AI와 시스템을 그 위에 얹는다. 이 방식은 느려 보이지만, 결과적으로 가장 빠르다.

CEO 또는 임원들이 바로 실행 여부를 판단할 수 있도록 설계된 "지금 당장 시작할 수 있는 온톨로지 파일럿 90일 로드맵"을 제시해 본다.

기간	목표	CEO의 질문
0~30일	판단 대상 정의	"우리는 무엇을 가장 자주 잘못 판단하는가?"
31~60일	관계 구조 설계	"이 판단에 영향을 주는 것들은 무엇인가?"
61~90일	실제 의사결정 적용	"이 구조가 결정을 바꿨는가?"

1단계 (0~30일) : 판단 하나를 정확히 고르는 일부터 시작한다

온톨로지 파일럿은 거창한 기술 프로젝트로 시작하지 않는다. 오히려 가장 먼저 해야 할 일은 "우리 회사에서 무엇을 가장 자주 잘못 판단하고 있는가?"라는 질문을 정면으로 마주하는 것이다. 많은 기업이 온톨로지를 검토하면서 동시에 전사 데이터, 전 공정, 전 조직을 한 번에 바꾸려한다. 그 순간 파일럿은 실패한다.

첫 30일 동안 CEO가 해야 할 일은 단 하나다. 딱 하나의 판단 상황을 고르는 것이다. 예를 들어 생산 차질이 반복되는 이유를 알고 싶은지, 특정 고객군에서 이탈이 발생하는 원인을 추적하고 싶은지, 아니면 납기 지연이 언제 위험 신호로 바뀌는지를 파악하고 싶은지 중 하나를 선택하면 된다. 이 판단은 '분석 주제'가 아니라 '의사결정 장면'이어야 한다.

이 단계에서 참여하는 인원도 많을 필요가 없다. 해당 판단에 실제로 책임을 지고 있는 현업 전문가 몇 명이면 충분하다. IT 조직은 이 시점에서 주도권을 가지지 않는다. 기술을 설계하는 단계가 아니라, 판단의 본질을 정의하는 단계이기 때문이다. 이 30일의 결과물은 보고서도, 시스템도 아니다. CEO와 조직이 공유하는 하나의 질문이다. "우리는 왜 이 판단에서 항상 늦거나 흔들리는가?"

2단계 (31~60일) : 숫자가 아니라 '관계'를 그리기 시작한다

두 번째 30일은 온톨로지의 핵심이 드러나는 구간이다. 이 단계에서 조직은 처음으로 데이터를 보기 전에 관계를 본다. 기존의 회의에서는 각 부서가 각자의 숫자를 들고 들어온다. 그러나 온톨로지 파일럿에서는 숫자보다 먼저 개념이 등장한다.

현업 전문가들은 자신들이 매일 사용하는 언어로 이야기하기 시작한다. 제품, 공정, 설비, 작업자, 납기, 품질, 고객과 같은 개념들이 자연스럽게 등장하고, 그 사이의 연결 관계가 하나씩 드러난다. 공정은 설비를 사용하고, 설비 상태는 품질에 영향을 주며, 품질 문제는 클레임으로 이어지고, 그 클레임이 결국 고객 이탈로 연결된다는 식이다.

중요한 점은 이 구조를 누가 그리느냐가 아니다. 이 구조를 보며 모두가 고개를 끄덕이느냐가 핵심이다. 이 단계에서 CEO는 기술적인 질문을 던질 필요가 없다. 대신 "이 관계가 정말 우리 회사를 설명하는가?", "이 연결은 중요하고, 이 연결은 굳이 안 봐도 되는가?"를 묻는다. 이 과정을 거치면 조직은 처음으로 같은 맥락에서 문제를 바라보기 시작한다. 부서 간 해석 충돌이 줄어들고, 논의의 초점이 숫자에서 구조로 이동한다.

3단계 (61~90일) : 실제 의사결정에 적용해본다

마지막 30일은 온톨로지가 이론이 아닌 도구가 되는 순간이다. 이 단계에서는 이미 만들어진 관계 구조를 실제 경영 이슈에 적용해본다. 과거 사례를 분석하는 것이 아니라, 현재 진행 중인 문제를 그대로 가져온다. 아직 결론이 나지 않은 사안일수록 효과가 분명하게 드러난다.

회의실에서 온톨로지 기반의 관계 지도를 놓고 질문이 바뀌기 시작한다. "이 수치가 왜 나왔는가?"가 아니라 "이 결과로 이어진 경로는 무엇인가?"라는 질문이 나온다. 누군가는 기존 방식대로 결론을 내려보고, 같은 사안을 온톨로지 구조를 따라 다시 판단해본다. 두 판단의 차이는 숫자보다 속도와 확신에서 나타난다.

이 단계에서 CEO는 중요한 변화를 체감한다. 회의 시간이 줄어들고, 불필요한 논쟁이 사라지며, 다음에 무엇을 봐야 할지가 자연스럽게 정리된다. 온톨로지는 문제를 해결해 주지 않는다. 대신 문제를 어떻게 바라볼 것인가를 바꾼다. 그리고 그 차이는 한 번의 의사결정만으로도 충분히 느낄 수 있다.

90일 후, CEO는 다음 질문에만 답하면 된다.

☐ 의사결정 속도가 빨라졌는가?

☐ 회의에서 해석 충돌이 줄었는가?

☐ "왜?"에 대한 답이 구조적으로 나왔는가?

☐ 이 방식을 다른 영역에도 쓰고 싶은가?

✔ 2개 이상 '예'라면 파일럿은 성공이다.

<h1 style="text-align:center">4부의 핵심 메시지</h1>

온톨로지는 미래 기술이 아니다. 온톨로지는 지금, 리더가 선택해야 할 경영 방식이다. 이 선택은 조직의 사고 방식을 바꾸고, AI의 방향을 정하며, 기업의 지속 가능성을 결정한다.

CEO를 위한 질문

- 우리 회사에서 가장 비싼 판단은 무엇인가?

- 그 판단 기준은 사람에게 있는가, 구조에 있는가?

- 이 구조는 내가 없어도 작동할 수 있는가?

투자자를 위한 질문

- 이 기업은 자동화를 어디까지 허용하고 있는가?

- 잘못된 판단이 자동화될 위험은 없는가?

- 이 회사의 AI는 '자율'인가, '방임'인가?

부록:

CEO & 투자자를 위한
온톨로지 전략 워크북

CEO 온톨로지
비즈니스 전략 수립을 위한 핵심 질문

본 워크북은 귀사의 비즈니스 지식 구조를 점검하고, 데이터 기반의 의사결정 체계를 구축하기 위한 전략적 사고를 돕기 위해 설계되었습니다.

STEP 1. 지식 자산의 정의 Entity & Property

투자자는 회사가 무엇을 알고 있는지, 그리고 그 지식이 얼마나 체계적인지에 주목합니다.

1. 핵심 엔티티 Entity 식별 : 귀사의 비즈니스 성과를 결정짓는 가장 중요한 5가지 핵심 개념은 무엇입니까? (예: 고객, 제품, 공급망, 특허, 규제 등)

   1) __________ 2) ___________ 3) __________ 4) __________ 5) __________

2. 속성 Property 구체화 : 위 엔티티들 사이에서 데이터로 반드시 추적해야 할 속성은 무엇입니까? (예: 고객의 '생애 가치', 제품의 '탄소 배출량' 등)

   답변

   ____

   ____

   ____

   ____

STEP 2. 관계와 맥락의 파악 Relationship

단순한 데이터 나열DB과 온톨로지의 차이는 '관계'에 있습니다.

1. 상호작용 정의 : 귀사의 '제품'과 '고객' 사이에는 어떤 복잡한 관계가 존재합니까? (단순 구매를 넘어선 사용 패턴, 추천 경로, 피드백 루프 등을 기술하십시오.)

    답변

    ____

    ____

    ____

2. 사일로Silo 진단 : 부서 간(예: 영업팀과 개발팀) 데이터가 연결되지 않아 발생하는 비효율은 무엇입니까? 온톨로지가 이 연결 고리를 어떻게 해결할 수 있습니까?

    답변

    ____

    ____

    ____

STEP 3. 투자 가치 및 비즈니스 임팩트 Business Value

CEO는 비용 대비 효용을, 투자자는 확장 가능성을 봅니다.

1. 의사결정 속도 : 온톨로지 기반의 지식 그래프가 구축되었을 때, 기존에 1주일 걸리던 보고서 작성이나 분석을 몇 시간으로 단축할 수 있다고 예상하십니까?

    목표 수치: [   ] 시간 단축

2. 확장성Scalability : 새로운 시장에 진출하거나 신제품을 출시할 때, 현재의 데이터 구조를 그대로 재사용할 수 있습니까? 아니면 처음부터 다시 설계해야 합니까?

> **답변**
>
> ______________________________________
>
> ______________________________________

STEP 4. 실행 로드맵 Action Plan

전략은 실행될 때 가치를 가집니다.

1. 파일럿 프로젝트 : 온톨로지를 가장 먼저 적용하여 즉각적인 ROI(투자 수익률)를 증명할 수 있는 작은 단위의 비즈니스 영역은 어디입니까?

> **답변**
>
> ______________________________________
>
> ______________________________________
>
> ______________________________________

2. 거버넌스 : 온톨로지의 일관성을 유지하기 위해 지식의 표준Terminology을 관리할 책임자Chief Data/Knowledge Officer가 지정되어 있습니까?

> **답변**
>
> ______________________________________
>
> ______________________________________
>
> ______________________________________

임직원 현장 진단 :
우리 조직의 지식 흐름과 데이터 단절

본 설문은 우리 회사의 업무 지능을 높이기 위한 지식 구조화Ontology 기초 자료로 사용됩니다. 귀하가 업무 중 느끼는 솔직한 경험을 기입해 주십시오.

STEP 1. 정보 탐색 비용 측정 Search & Access

직원들이 정보를 찾는 데 쓰는 시간은 곧 기업의 매몰 비용입니다.

1. 검색의 효율성 : 업무에 필요한 특정 정보나 과거 사례를 찾기 위해 하루 평균 몇 분을 소비합니까?

   [ ] 30분 미만   [ ] 1시간 내외   [ ] 2시간 이상   [ ] 포기하고 새로 만듦

2. 휴먼 네트워크 의존도 : 필요한 정보를 찾지 못해 동료에게 직접 물어봐야만 해결되는 업무의 비중은 어느 정도입니까?

   답변 :   % 정도는 사람에게 물어봐야 알 수 있음

STEP 2. 데이터 사일로와 용어의 파편화 Silo & Vocabulary

온톨로지는 서로 다른 언어를 하나로 묶는 작업입니다.

1. 용어의 불일치 : 같은 대상(예: 고객, 제품명, 공정단계)을 두고 부서마다 부르는 이름이 달라 소통에 혼선이 생긴 경험이 있습니까? 있다면 어떤 용어입니까?

사례: (예: 영업팀은 '가망고객', 운영팀은 '신규유저'라고 불러 데이터 매칭이 안 됨)

---

2. 데이터의 단절 : A 부서의 데이터를 B 부서에서 활용하고 싶을 때, 가공 없이 즉시 연결해서 사용할 수 있습니까?

    [ ] 매우 그렇다   [ ] 보통이다   [ ] 불가능하다 (엑셀로 다운받아 일일이 재편집)

STEP 3. 업무 맥락의 가시성 Context

단순 수치가 아닌 '의미'가 연결되어 있는지 확인합니다.

1. 인과관계 파악 : 현재 내가 입력하는 데이터가 회사의 최종 성과KPI나 다른 부서의 업무에 구체적으로 어떤 영향을 미치는지 이해하고 있습니까?

    [ ] 명확히 알고 있다   [ ] 대략 알고 있다   [ ] 내 업무 수치만 신경 쓴다

2. 암묵지의 형식지화 : "우리 팀의 OO님만 아는 노하우"가 있습니까? 그분이 퇴사한다면 그 지식은 회사에 남습니까, 사라집니까?

STEP 4. AI 및 자동화 준비도 AI Readiness

직원들이 생성형 AI를 실무에 투입할 준비가 되었는지 묻습니다.

1. AI 활용의 장애물 : 업무에 AI를 도입한다면 가장 큰 걸림돌은 무엇이라고 생각합니까?

    [ ] 활용할 만한 깨끗한 데이터가 없음

    [ ] 데이터 간의 관계가 복잡해 AI가 이해하지 못할 것 같음

    [ ] 보안 문제

종합 분석 가이드 (CEO/투자자용)

이 워크북을 회수하여 분석할 때, 다음 지표를 확인하십시오.

지식 고립도

'휴먼 네트워크 의존도'가 높을수록 온톨로지 도입을 통한 지식 자산화가 시급합니다.

용어 혼선 지수

2단계 1번 항목에서 공통된 용어 혼선이 많이 발견될수록
'전사 공통 사전 Shared Vocabulary' 구축의 ROI가 높습니다.

재작업 비율

1단계 1번에서 '포기하고 새로 만든다'는 응답이 많다면,
귀사는 매달 수천만 원의 인건비를
데이터 중복 생성에 낭비하고 있는 것입니다.